Sandra Thomann

Photographies de Valéry Guèdes
Stylisme d'Elisabeth Guèdes

AVEC COOKEO je BATCH COOK toute l'année

AU FIL DES SAISONS
52 menus

La CUISINE de D&T...

Moulinex

LANCEZ-VOUS DANS LE BATCH COOKING GRÂCE À VOTRE COOKEO !

Ça y est, il trône fièrement dans votre cuisine, prêt à vous simplifier la vie au quotidien ! Ultra-polyvalent grâce à ses différents modes de cuisson, votre Cookeo va vous permettre de concocter rapidement de savoureux petits plats pour tous les soirs de la semaine... et pour toute l'année !

Votre robot sera un allié précieux pour vous lancer dans le batch cooking ! Commencez par choisir l'un de ces 52 menus selon la saison et vos envies du moment, puis faites vos courses à l'aide de la liste fournie et réservez-vous 2 ou 3 heures le week-end pour cuisiner. Il ne vous reste plus qu'à suivre les étapes : placez les premiers ingrédients dans la cuve et programmez votre Cookeo grâce à son écran intuitif. Pendant ce temps, vous n'aurez plus qu'à enchaîner avec les préparations de la recette suivante et les plats ne demandant pas d'utiliser le robot, et ainsi de suite...

Autant de temps de gagné pour réaliser très rapidement tous vos dîners du lundi au vendredi !

À table !

cookeo AVEC
je BATCH COOK
toute l'année

Moulinex
Que préparons nous aujourd'hui ?
Bibliothèque de recettes
cookeo

SOMMAIRE

PRINTEMPS 17

AUTOMNE 229

HIVER 335

Le batch cooking
AU COOKEO : EN PRATIQUE

Le batch cooking permet de préparer à l'avance les repas de la semaine à venir : un peu d'organisation suffit pour regrouper et optimiser les courses et les préparations, à réaliser le week-end lorsque vous disposez d'un peu de temps !

LE BATCH COOKING, QU'EST-CE QUE C'EST ?

Le concept nous vient des pays anglo-saxons et signifie littéralement « cuisiner par lots », c'est-à-dire préparer un grand nombre d'ingrédients et de plats à l'avance, souvent le week-end, pour gagner du temps en semaine.

Pour qui ?

Le batch cooking est fait pour tout le monde !

Chacun y trouvera son compte : ceux qui courent après le temps seront ravis de retrouver des soirées sans stress avec des plats déjà prêts (ou presque), les parents seront satisfaits de préparer davantage de légumes et des repas plus sains pour leur famille sans y passer des heures, et ceux qui n'aiment pas cuisiner se prendront finalement au jeu !

Le batch cooking peut même devenir une activité familiale : à faire en couple pour gagner du temps et partager un bon moment, avec les enfants pour apprendre à cuisiner aux plus grands ou investir les plus petits dans le choix des menus... Le batch cooking devient ainsi ludique et la préparation des repas n'est plus une corvée réservée à un seul membre de la famille !

Quels avantages ?

Outre ce côté ludique que peut apporter le batch cooking, il a également plein d'autres avantages non négligeables :

- Des économies, car, en prévoyant les repas en avance, la liste de courses contient uniquement le nécessaire et il sera inutile de refaire des courses d'appoint en cours de semaine. Et en cuisinant tout de suite tous les ingrédients, on ne conserve plus d'aliments crus dans le réfrigérateur, ce qui implique un risque moindre de laisser les aliments se gâter ou dépasser leur date de péremption.

- Un gain pour la santé : menus après menus, ce sera l'occasion d'apprendre à cuisiner de nouveaux ingrédients (que vous n'utilisiez peut-être jamais), d'ajouter plus de légumes dans les plats et de varier davantage l'alimentation en équilibrant les repas sur toute la semaine.

- Un gain de temps, car au lieu de passer du temps à préparer les repas tous les jours, ils sont tous cuisinés en une seule fois, en profitant du temps de cuisson d'une recette pour en préparer une autre. Cela prend, en une session, moins de temps que s'il fallait faire les différentes recettes réparties sur une semaine. C'est un gain de temps également au moment des courses car, avec la liste toute prête, inutile de flâner dans les rayons à la recherche d'une idée de dîner pour le soir. Cela évite également de craquer sur des produits nouveaux ou tentants qui ne sont pas nécessaires.

- Un aspect très pratique, puisque le soir venu, tout est déjà prêt ou presque : plus besoin de réfléchir au menu et aux courses dans la journée, et surtout plus besoin de trop de préparation. Il suffit d'assembler et de réchauffer les plats !

POURQUOI ADOPTER LE BATCH COOKING AU COOKEO ?

Votre robot cuiseur Cookeo est un parfait allié pour vous lancer (et persévérer !) dans le batch cooking.

Pour les préparations du week-end :

Il permet d'optimiser les préparations grâce au mode sous pression et à ses temps de cuisson réduits. Le principe est simple : commencez par découper les ingrédients d'une première recette, puis lancez aussitôt sa cuisson. Pendant ce temps, vous pouvez enchainer avec les préparations des recettes suivantes, et ainsi de suite, en évitant les temps morts.

N'hésitez pas également à profiter d'un temps de cuisson plus long au Cookeo pour préparer une vinaigrette, lancer un plat au four ou à la poêle, voire commencer à ranger ou à faire la vaisselle !

Pour les assemblages en semaine :

L'utilité de votre Cookeo ne s'arrête pas aux préparations : il vous permettra également d'assembler une bonne partie de vos petits plats des soirs de semaine. Vous l'utiliserez pour lier des préparations, pour ajouter des pâtes dans une sauce, pour finir une cuisson rapidement...

Quel matériel pour « BATCH COOKER » ?

Vous n'aurez pas besoin de la cuisine équipée d'un grand chef pour vous lancer dans le batch cooking ! Mis à part les contenants que vous ne possédez peut-être pas encore en nombre suffisant, vous avez certainement déjà tout ce qu'il faut chez vous. Ensuite, si vous vous passionnez pour la cuisine à force de pratiquer, il sera toujours temps d'investir dans un peu de matériel...

Pour cuisiner, il vous faudra :

- **Votre Cookeo bien sûr, avec son panier vapeur, les moules et les verrines adaptés.**
- **Des couteaux bien affûtés, un Économe®, un presse-ail...**
- **Des planches à découper, des spatules, une passoire... bref, tout le petit matériel pour préparer vos ingrédients.**
- **Quelques plats allant au four, pour les gratins et autres préparations à enfourner, une poêle pour les préparations à réaliser part.**

Pour stocker, il vous faudra :

- **Des contenants (en verre de préférence) de différentes tailles, tous munis d'un couvercle hermétique.**
- **Des petits bocaux pour vos préparations liquides (vinaigrettes, sauces...). N'hésitez pas à recycler des pots en yaourts en verre et leurs couvercles, par exemple !**

TOUT
sur la conservation

La plupart des plats proposés dans les menus se conservent facilement 3 à 4 jours au réfrigérateur, donc, suivant le jour où vous préparez vos repas et les jours où vous allez les manger, il faudra prévoir de mettre quelques repas au congélateur.

Préférez toujours manger les plats avec des aliments fragiles (poissons, viandes) en premier et placez tout de suite au congélateur les plats qui attendront plus de 3 ou 4 jours. Par exemple, si vous faites votre batch cooking le samedi pour des plats consommés du lundi au vendredi, il vous faudra mettre les repas consommés les lundi, mardi et mercredi au réfrigérateur et ceux pour le jeudi et vendredi au congélateur.

Voici les signaux d'alerte à prendre en compte en complément de ces indications : emballages suspects, endommagés ou opercule bombé, odeurs ou goût anormaux, moisissures. En cas de doute, ne consommez surtout pas les aliments !

Pour chaque menu, les durées de conservation de chacun des plats sont données à titre indicatif, ainsi que les instructions pour une éventuelle congélation. Dans le doute, préférez toujours congeler le plat plutôt que le conserver trop longtemps au réfrigérateur.

LA CONGÉLATION

Les plats préparés peuvent être congelés dans des récipients adaptés : les contenants en verre sont parfaits pour cela car il n'y a pas besoin de les changer entre le congélateur, le réfrigérateur et le four. Attention en revanche aux chocs thermiques : il est important de bien laisser refroidir les plats avant de les mettre au frais et, inversement, de les laisser revenir à température ambiante avant de les enfourner.

Attention à respecter quelques règles d'hygiène pour une conservation optimale :

- Ne congelez jamais des aliments qui ont déjà été congelés et décongelés. Seule exception : les produits crus décongelés qui ont été cuits à cœur et peuvent être recongelés.
- Fermez toujours vos contenants de façon hermétique.
- Ne conservez pas vos plats plus de 2 mois au congélateur.

LA CONSERVATION SOUS VIDE

Si vous ne souhaitez pas passer par la case congélation, vous pouvez opter pour des contenants qui stockent les aliments sous vide. Deux systèmes existent : avec des sachets ou dans des boîtes. Je préfère personnellement la seconde option car elle permet de conserver davantage d'aliments préparés, sans les écraser, en revanche cela prend un peu plus de place. En mettant sous vide, vous pouvez prolonger le temps de conservation de vos préparations de 2 ou 3 jours.

Attention toutefois à la DLC (date limite de consommation) des ingrédients : les cuisiner et les mettre sous vide ne la prolonge pas, ils ne font donc pas consommer un plat dont les ingrédients ont passé la date.

Correspondances de poids DES LÉGUMINEUSES ET CÉRÉALES

Pour accompagner vos plats et un repas encore plus complet, vous devrez parfois prévoir d'ajouter des céréales ou des légumineuses. Voici un petit guide pour vous y retrouver dans les portions et les temps de cuisson au Cookeo.

LES LÉGUMINEUSES

(1 portion = 100 g cuit)
À faire tremper la veille

Haricots secs :
40 g de haricots secs = 100 g cuits
Cuisson sous pression : 40 min

Lentilles corail :
35 g de lentilles corail = 100 g cuites
Cuisson sous pression : 15 min

Lentilles vertes :
40 g de lentilles vertes = 100 g cuites
Cuisson sous pression : 24 min

Pois cassés :
35 g de pois cassés = 100 g cuits
Cuisson sous pression : 20 min

Pois chiches :
45 g de pois chiches = 100 g cuits
Cuisson sous pression : 45 min

LES CÉRÉALES

(1 portion = 100 g cuit)

Boulgour :
25 g de boulgour = 100 g cuit
Cuisson sous pression : 7 min

Épeautre :
40 g d'épeautre = 100 g cuit
Cuisson sous pression : 20 min

Quinoa :
20 g de quinoa = 100 g cuit
Cuisson sous pression : 3 min

Riz basmati :
30 g de riz complet = 100 g cuit
Cuisson sous pression : 7 min

Riz complet :
30 g de riz complet = 100 g cuit
Cuisson sous pression : 9 min

Sarrasin :
40 g de sarrasin = 100 g cuit
Cuisson sous pression : 6 min

Comment utiliser CE LIVRE ?

1 **Choisissez votre menu.** Vous découvrirez 52 menus au fil des saisons, un pour chaque semaine de l'année ! Choisissez-le selon vos envies ou ce que vous avez déjà chez vous. Dans chaque menu, vous trouverez 4 plats à réaliser avec votre Cookeo, ainsi qu'un plat à préparer au four ou à la poêle, à lancer pendant que votre robot travaille pour optimiser les temps au maximum et éviter d'attendre qu'il se libère.

 **: les plats à réaliser au Cookeo sont signalés par ce dessin.**

 **: les plats végétariens sont signalés par ce dessin.**

Pour certains menus, il se peut que l'un des plats ne vous convienne pas (vous n'aimez pas tel ingrédient? Vous préférez utiliser un autre légume que vous avez déjà en stock ?). Pour mieux vous repérer et ainsi supprimer ou modifier un plat en particulier au moment des préparations, chaque jour est identifié par une lettre (a pour le plat du lundi, b pour le plat du mardi...).

2 **Faites vos courses.** Pour chaque menu, une liste des courses classée par catégorie et par plat est proposée. Regardez ce que vous avez en stock, puis utilisez la liste pour vous rendre au supermarché ou au marché. Vous retrouverez une catégorie « Dans votre placard », avec quelques ingrédients récurrents qu'il est toujours bon d'avoir chez soi (huiles, épices, farine...).

3 **Lancez-vous dans les préparations.** Choisissez un moment où vous avez 2 ou 3 heures devant vous, souvent le week-end. Commencez par faire de la place sur votre plan de travail, sortez vos contenants ainsi que vos ustensiles. Placez en évidence l'ensemble des ingrédients de la liste de courses (à l'exception des produits frais que vous pouvez sortir au dernier moment, surtout s'il fait chaud !) et laissez-vous guider par les instructions pas à pas. Vous pourrez visualiser facilement le tout, grâce aux photographies des préparations terminées, prêtes à être mises au frais.

4 **Assemblez vos plats les soirs de semaine.** Pour chaque soir de la semaine, la préparation à utiliser est indiquée, ainsi que les éventuels ingrédients à ajouter. Suivez les dernières instructions pour finaliser votre petit plat en quelques minutes et savourez !

printemps

menu 1

Le menu de la semaine

LUNDI (A)

IRISH BEEF
STEW

2-3 jours au réfrigérateur, peut être congelé

MARDI (B)

BOULETTES DE POULET À LA GRECQUE,
ORZO AU CITRON ET SAUCE FETA

2-3 jours au réfrigérateur, les boulettes peuvent être congelées

MERCREDI (C)

BIRYANI
VÉGÉTARIEN

4-5 jours au réfrigérateur, peut être congelé

JEUDI (D)

POTÉE DE POIREAUX ET POMMES DE TERRE,
SAUCISSES FUMÉES

2-3 jours au réfrigérateur, peut être congelée

VENDREDI (E)

SOUPE MISO AUX CHAMPIGNONS,
NOUILLES ET ŒUF MOLLET

4-5 jours au réfrigérateur, peut être congelée (sans les œufs)

La liste des courses
POUR 4 PERSONNES

Coût : environ 50 €

FRUITS ET LÉGUMES

- ☐ 3 petits navets boule d'or (a)
- ☐ 6 brins de thym frais (a)
- ☐ 5 échalotes (a : 4/b : 1)
- ☐ 9 gousses d'ail (a : 3/b : 2/c : 2/e : 2)
- ☐ 5 carottes (a : 2/c : 2/e : 1)
- ☐ 450 g de champignons de Paris (a : 200/e : 250)
- ☐ Quelques brins d'aneth (b)
- ☐ 1 petit chou-fleur (c)
- ☐ 1 petit brocoli (c)
- ☐ 1 kg de pommes de terre (c : 0.2/d : 0.8)
- ☐ 2 oignons jaunes (c : 1/d : 1)
- ☐ 3 cm de gingembre frais (c/e)
- ☐ 4 blancs de poireaux (d)
- ☐ 2 citrons jaunes non traités (b : 1/c : 1) utilisés en semaine
- ☐ Quelques brins de ciboulette (d) utilisés en semaine
- ☐ 200 g de pousses d'épinards (e) utilisées en semaine

DANS VOTRE PLACARD

- ☐ Sel, poivre, curcuma, paprika fumé, étoile de badiane, garam masala, graines de cumin, graines de moutarde, graines de sésame, 3 feuilles de laurier
- ☐ 20 cl de bouillon de bœuf (a), 25 cl de bouillon de volaille (d), 1,5 l de bouillon de légumes (e)
- ☐ Sauce soja salée (e)
- ☐ 2 c. à soupe de farine (a)
- ☐ Chapelure (b)
- ☐ Huile d'olive

ÉPICERIE

- ☐ 12,5 cl de vin rouge (a)
- ☐ 1,2 kg de tomates concassées (a : 0.8/c : 0.4)
- ☐ 300 g de riz basmati (c)
- ☐ 30 g de champignons noirs (e)
- ☐ 3 c. à soupe de pâte miso (e)
- ☐ 400 g d'orzo (b) utilisé en semaine
- ☐ 50 g d'olives vertes dénoyautées (b) utilisées en semaine
- ☐ 200 g de nouilles de riz (e) utilisées en semaine

CRÉMERIE

- ☐ 100 g de feta (b)
- ☐ 2 yaourts à la grecque (b : 1/c : 1)
- ☐ 5 œufs (b : 1/e : 4 utilisés en semaine)
- ☐ 2 c. à soupe de crème fraîche (d) utilisée en semaine

VIANDE

- ☐ 900 g de paleron de bœuf (a)
- ☐ 4 escalopes de poulet (b)
- ☐ 4 saucisses fumées (d)

QUELQUES ACCOMPAGNEMENTS À PRÉVOIR

- Prévoyez un féculent pour accompagner l'irish beef stew (pâtes, riz, boulgour...) ou des légumes (haricots verts, par exemple).

MARDI
MERCREDI
LUNDI

VENDREDI
MARDI
VENDREDI
JEUDI

Les préparations DU WEEK-END

1

LANCEZ LES PREMIÈRES PRÉPARATIONS ET CUISSONS

(b) Hachez les escalopes de poulet en farce fine (ou faites-le faire par votre boucher) avec 1 échalote et 2 gousses d'ail épluchées. Assaisonnez avec 1 c. à café de paprika fumé, du sel et du poivre. Mélangez bien, ajoutez 1 œuf et de la chapelure, puis formez des boulettes de la taille d'une balle de golf. Réservez au frais.

(d) Dans une grande casserole d'eau bouillante, faites cuire les saucisses en suivant les indications du paquet. Laissez refroidir, coupez en rondelles et réservez.

2

DÉCOUPEZ ET PRÉPAREZ LES INGRÉDIENTS DES PREMIÈRES RECETTES

Épluchez les oignons, puis ciselez-les finement.

Pelez et dégermez les gousses d'ail restantes.

(a) Pelez les échalotes restantes, puis coupez-les en 4 dans la longueur.

(c/e) Râpez le gingembre en pâte.

(a/e) Brossez les champignons de Paris, coupez le pied et détaillez-les en lamelles épaisses.

3

LANCEZ LA SOUPE MISO AU COOKEO

(e) Dans la cuve du Cookeo, mettez 1,5 l de bouillon de légumes, 2 c. à soupe de sauce soja et 3 c. à soupe de pâte miso. Mélangez, ajoutez les champignons noirs, la moitié du gingembre râpé, 2 gousses d'ail pressées et 250 g de lamelles de champignons de Paris. Lancez le **mode sous pression** pour 8 min.

♦ Laissez refroidir, puis placez dans un contenant hermétique au frais.

4

PENDANT CE TEMPS, PRÉPAREZ LA SUITE DES INGRÉDIENTS

(d) Coupez les poireaux en rondelles.

(c/d) Pelez les pommes de terre et coupez-les en petits cubes.

(c) Détaillez le brocoli en fleurettes, épluchez le pied et coupez-le en dés.

(c) Détaillez le chou-fleur en fleurettes, épluchez le pied et coupez-le en dés.

5

ENCHAÎNEZ AVEC LA POTÉE AU COOKEO

(d) Rincez la cuve du Cookeo. Faites-y revenir 1 oignon ciselé, les poireaux en rondelles, 800 g de cubes de pommes de terre et les rondelles de saucisses dans un peu d'huile d'olive en **mode dorer**. Ajoutez 25 cl de bouillon de volaille, mélangez, puis lancez le **mode sous pression** pour 10 min.

♦ Laissez refroidir, puis placez dans un contenant hermétique au frais.

6

PENDANT CE TEMPS, PRÉPAREZ LA SUITE DES INGRÉDIENTS

(a/c/e) Épluchez les carottes, puis coupez-en 2 en fines rondelles, 2 en cubes et 1 en julienne.

♦ Placez la carotte en julienne dans un contenant hermétique au frais.

7

ENCHAÎNEZ AVEC LE BIRYANI AU COOKEO

(c) Rincez la cuve du Cookeo. Versez-y un peu d'huile d'olive et lancez le **mode dorer**. Ajoutez ½ c. à café de graines de moutarde, 1 étoile de badiane et ½ c. à café de graines de cumin. Laissez revenir 1 min, puis ajoutez 2 gousses d'ail pressées et le reste du gingembre râpé. Laissez cuire 1 min en remuant, puis ajoutez 1 oignon ciselé, 400 g de tomates concassées, 1 yaourt à la grecque, 1 feuille de laurier, 1 c. à café de curcuma, 1 c. à café de garam masala, salez et poivrez. Mélangez bien, puis ajoutez le riz basmati, 200 g de cubes de pommes de terre, les carottes en cubes, le chou-fleur, le brocoli et 15 cl d'eau. Lancez le **mode sous pression** pour 8 min.

♦ Laissez refroidir, puis placez dans un contenant hermétique au frais.

8

PENDANT CE TEMPS, PRÉPARER LE RESTE DES INGRÉDIENTS

(a) Épluchez les navets et coupez-les en petits cubes.

(a) Coupez le bœuf en cubes d'environ 3 cm, salez et poivrez.

(b) Ciselez l'aneth.

9

ENCHAÎNEZ AVEC L'IRISH BEEF STEW AU COOKEO

(a) Rincez la cuve du Cookeo. Faites-y dorer les cubes de bœuf dans un peu d'huile d'olive en **mode dorer**. Ajoutez les échalotes restantes et laissez caraméliser, puis ajoutez les champignons en lamelles, 2 carottes en rondelles, les navets, 3 gousses d'ail pressées, 2 feuilles de laurier et un peu de thym frais. Saupoudrez de 2 c. à soupe de farine et laissez cuire en remuant pendant 1 min. Ajoutez le vin rouge, 20 cl de bouillon de bœuf et 800 g de tomates concassées. Grattez bien le fond de la cuve avec une cuillère en bois pour détacher tous les sucs. Lancez le **mode sous pression** pour 30 min. Retirez le thym et les feuilles de laurier.

♦ Laissez refroidir, puis placez dans un contenant hermétique au frais.

10

PPENDANT CE TEMPS, PRÉPAREZ LES BOULETTES DE POULET (HORS COOKEO)

(b) Dans une poêle bien chaude, faites dorer les boulettes dans un peu d'huile d'olive.

♦ Laissez refroidir, puis placez dans un contenant hermétique au frais.

11

TERMINEZ AVEC LA SAUCE FETA (HORS COOKEO)

(b) Mixez la feta avec le yaourt à la grecque restant. Salez, poivrez et ajoutez l'aneth.

♦ Placez dans un bocal hermétique au frais.

Les assemblages
À FAIRE EN SEMAINE

Lundi **(a)**

IRISH BEEF STEW

Mes préparations : le ragoût de bœuf

Réchauffez le ragoût à la casserole à feu doux ou au Cookeo.

Servez éventuellement avec l'accompagnement de votre choix.

Mardi **(b)**

BOULETTES DE POULET À LA GRECQUE, ORZO AU CITRON ET SAUCE FETA

Mes préparations : les boulettes de poulet, la sauce feta

› *J'ajoute : 400 g d'orzo, 1 citron non traité, 50 g d'olives vertes dénoyautées*

Faites cuire l'orzo en suivant les indications du paquet. Pendant ce temps, réchauffez les boulettes à la poêle.

À la fin de la cuisson de l'orzo, ajoutez les olives vertes coupées en rondelles, le zeste et le jus du citron. Rectifiez l'assaisonnement et mélangez bien. Servez les boulettes avec la sauce feta.

Mercredi **(c)**

BIRYANI VÉGÉTARIEN

Mes préparations : le biryani

› *J'ajoute : 1 citron*

Réchauffez le biryani à la casserole ou au Cookeo. Servez arrosé d'un trait de jus de citron.

Jeudi **(d)**

POTÉE DE POIREAUX ET POMMES DE TERRE, SAUCISSES FUMÉES

Mes préparations : la potée de poireaux

› *J'ajoute : 2 c. à soupe de crème fraîche, quelques brins de ciboulette*

Réchauffez la potée à la casserole à feu doux ou au Cookeo.

Pendant ce temps mélangez la crème fraîche et la ciboulette ciselée. Versez le tout sur la potée en fin de cuisson.

Vendredi **(e)**

SOUPE MISO AUX CHAMPIGNONS, NOUILLES ET ŒUF MOLLET

Mes préparations : la soupe miso, la carotte en julienne

› *J'ajoute : 4 œufs, 200 g de nouilles de riz, 200 g de pousses d'épinards, 2 c. à soupe de graines de sésame*

Faites cuire les œufs 6 min à l'eau bouillante, rafraîchissez-les sous l'eau froide et écalez-les délicatement.

Pendant ce temps, dans une casserole, portez la soupe à frémissement, puis ajoutez les nouilles, la julienne de carotte et les épinards équeutés. Faites cuire en suivant les indications du paquet de nouilles.

Servez la soupe avec les nouilles dans des bols en ajoutant 1 œuf mollet coupé en 2 dans chaque bol et parsemez de sésame.

menu 2

Le menu de la semaine

LUNDI (A)

COLOMBO DE POISSON
AU LAIT DE COCO

♦ 1 jour au réfrigérateur, peut être congelé

MARDI (B)

SOUPE THAÏE AUX CREVETTES
ET LAIT DE COCO

♦ 2 jours au réfrigérateur, peut être congelée

MERCREDI (C)

QUICHE
AUX ASPERGES

♦ 3 jours au réfrigérateur, peut être congelée

JEUDI (D)

BŒUF BRAISÉ À LA BIÈRE
ET LÉGUMES

♦ 3-4 jours au réfrigérateur, peut être congelé

VENDREDI (E)

CHORBA
VÉGÉTARIENNE

♦ 4-5 jours au réfrigérateur, peut être congelée

La liste des courses

Coût : environ 50 €

POUR 4 PERSONNES

FRUITS ET LÉGUMES

- ☐ 400 g de pommes de terre (a)
- ☐ 2 citrons verts (a : 1/b : 1 utilisé en semaine)
- ☐ 5 oignons jaunes (a : 1/b : 1/d : 2/e : 1)
- ☐ 5 gousses d'ail (a : 2/b : 2/e : 1)
- ☐ 1 blanc de poireau (b)
- ☐ 200 g de champignons shiitakés (b)
- ☐ 1 cm de gingembre frais (b)
- ☐ 12 asperges (c)
- ☐ 2 navets boule d'or (d)
- ☐ 5 carottes (d : 4/e : 1)
- ☐ 1 branche de céleri (e)

POISSON

- ☐ 600 g de poisson blanc (cabillaud, lieu...) (a)
- ☐ 300 g de crevettes décortiquées (b)

DANS VOTRE PLACARD

- ☐ Sel, poivre, poudre de colombo, grains de poivre noir, graines de coriandre, cannelle, curcuma, paprika, 1 bouquet garni
- ☐ Farine (d)
- ☐ 3 cubes de bouillon de légumes (a : 1/b : 2)
- ☐ 30 cl de bouillon de bœuf (d)
- ☐ Sauce nuoc-mâm (b)
- ☐ Huile d'olive, huile de sésame

ÉPICERIE

- ☐ 55 cl de lait de coco (a : 30/ b : 25 utilisés en semaine)
- ☐ 1 c. à café de pâte de curry rouge (b)
- ☐ 20 cl de bière ambrée (d)
- ☐ 140 g de concentré de tomate (d : 70/e : 70)
- ☐ 400 g de tomates concassées (e)
- ☐ 100 g d'orzo (e)
- ☐ 100 g de vermicelles de riz (b) utilisés en semaine

CRÉMERIE

- ☐ 1 pâte brisée (c)
- ☐ 100 g de fromage de chèvre frais (c)
- ☐ 2 œufs (c)
- ☐ 20 cl de crème liquide (c)

VIANDE ET CHARCUTERIE

- ☐ 100 g de jambon (c)
- ☐ 700 g de bœuf à braiser (d)
- ☐ 300 g de poitrine fumée (d)

QUELQUES ACCOMPAGNEMENTS À PRÉVOIR

- Prévoyez du riz pour accompagner le colombo de poisson.
- Servez la quiche aux asperges avec une salade verte et/ou des crudités de saison.

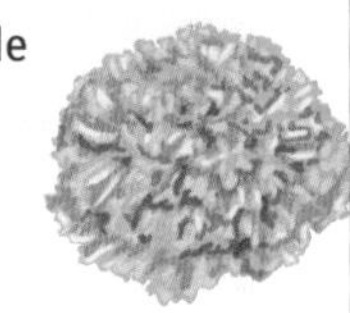

MARDI
JEUDI
LUNDI

MERCREDI
VENDREDI

Les préparations DU WEEK-END

1

LANCEZ LA PREMIÈRE CUISSON

(c) Épluchez les asperges et faites-les cuire 10 min dans une casserole d'eau bouillante salée. Égouttez et réservez.

2

DÉCOUPEZ ET PRÉPAREZ LES INGRÉDIENTS DES PREMIÈRES RECETTES

Épluchez les oignons et ciselez-les finement.

Pelez et dégermez les gousses d'ail.

(d/e) Épluchez les carottes, puis coupez-les en rondelles.

(e) Épluchez le céleri et coupez-le en rondelles, puis ciselez les feuilles.

3

LANCEZ LA CHORBA AU COOKEO

(e) Dans la cuve du Cookeo, faites revenir 1 oignon ciselé et 1 gousse d'ail pressée dans un peu d'huile d'olive en **mode dorer**. Ajoutez 1 carotte en rondelles, les rondelles de céleri, les tomates concassées et 70 g de concentré de tomate. Ajoutez 1,5 l d'eau, les feuilles de céleri ciselées, 1 c. à café de cannelle, 1 c. à café de curcuma et 1 c. à café de paprika. Lancez le **mode sous pression** pour 10 min.

♦ Laissez refroidir, puis placez dans un contenant hermétique au frais.

4

PENDANT CE TEMPS, PRÉPAREZ LA SUITE DES INGRÉDIENTS

(a) Épluchez les pommes de terre et coupez-les en cubes.

(a) Coupez le poisson blanc en gros cubes.

(b) Coupez le poireau en rondelles.

(b) Coupez les champignons en lamelles.

(b) Râpez le gingembre.

5

ENCHAÎNEZ AVEC LE COLOMBO AU COOKEO

(a) Rincez la cuve du Cookeo. Faites-y revenir 2 gousses d'ail pressées, 1 oignon jaune ciselé et 1 c. à soupe de poudre de colombo dans un peu d'huile en **mode dorer**. Ajoutez le jus de 1 citron vert, 30 cl de lait de coco, les cubes de pommes de terre et de poisson et 1 cube de bouillon de légumes. Lancez le **mode sous pression** pour 5 min.

♦ Laissez refroidir, puis placez dans un contenant hermétique au frais.

6

PENDANT CE TEMPS, PRÉPAREZ LE RESTE DES INGRÉDIENTS

Préchauffez le four à 180 °C.

(c) Coupez le jambon en petits dés.

(d) Coupez les navets en petits dés.

(d) Coupez le bœuf en cubes d'environ 3 cm, puis passez-les dans la farine pour les enrober.

(d) Coupez la poitrine fumée en gros lardons.

7

ENCHAÎNEZ AVEC LA SOUPE THAÏE AU COOKEO

(b) Rincez la cuve du Cookeo. Faites-y revenir le gingembre râpé, 2 gousses d'ail pressées, 1 oignon ciselé, le poireau en rondelles et 1 c. à café de pâte de curry rouge dans 1 c. à soupe d'huile de sésame en **mode dorer**. Mélangez et laissez cuire 1 min. Ajoutez 75 cl d'eau, 2 cubes de bouillon de légumes, les crevettes, les champignons en lamelles et 3 c. à soupe de sauce nuoc-mâm. Lancez le **mode sous pression** pour 5 min.

♦ Laissez refroidir, puis placez dans un contenant hermétique au frais.

8

PENDANT CE TEMPS, PRÉPAREZ LA QUICHE (HORS COOKEO)

(c) Foncez un moule à tarte préalablement beurré avec la pâte brisée et piquez le fond avec une fourchette.

Dans un bol, travaillez à la fourchette le fromage de chèvre avec les œufs et la crème. Mélangez bien et assaisonnez à votre goût (attention, le fromage est salé). Déposez les dés de jambon sur le fond de tarte, puis versez l'appareil au fromage. Disposez les asperges en étoile par-dessus et enfournez pour 40 à 45 min.

♦ Laissez refroidir, puis couvrez et placez au frais.

9

TERMINEZ AVEC LE BOEUF BRAISÉ AU COOKEO

(d) Rincez la cuve du Cookeo. Faites-y revenir les lardons de poitrine fumée et 2 oignons ciselés dans 1 c. à soupe d'huile d'olive en **mode dorer**. Ajoutez les cubes de bœuf et faites-les dorer sur toutes les faces. Déglacez avec la bière en grattant bien les sucs au fond de la cuve. Ajoutez 4 carottes en rondelles, les dés de navets, le reste du concentré de tomate, 1 bouquet garni, 1 c. à café de poivre noir et 1 c. à café de graines de coriandre. Ajoutez 30 cl de bouillon de bœuf, mélangez et lancez le **mode sous pression** pour 45 min.

♦ Laissez refroidir, puis placez dans un contenant hermétique au frais.

Les assemblages
À FAIRE EN SEMAINE

Lundi **(a)**

COLOMBO DE POISSON AU LAIT DE COCO

Ma préparation : le colombo de poisson

Réchauffez le colombo à la casserole à feu doux ou au Cookeo.

Servez éventuellement avec du riz.

Mardi **(b)**

SOUPE THAÏE AUX CREVETTES ET LAIT DE COCO

Ma préparation : la soupe thaïe

› *J'ajoute : 25 cl de lait de coco, 100 g de vermicelles de riz, 1 citron vert*

Réchauffez la soupe à la casserole à feu doux en ajoutant les vermicelles de riz et le lait de coco. Servez avec un trait de jus de citron vert.

Mercredi **(c)**

QUICHE AUX ASPERGES

Ma préparation : la quiche

Réchauffez la quiche 15 min environ au four à 160 °C. Couvrez d'une feuille de papier sulfurisé si la surface brunit trop.

Servez éventuellement avec une salade verte et/ou des crudités.

Jeudi **(d)**

BŒUF BRAISÉ À LA BIÈRE ET LÉGUMES

Ma préparation : le bœuf braisé

Réchauffez le bœuf braisé à la casserole à feu doux ou au Cookeo.

Vendredi **(e)**

CHORBA VÉGÉTARIENNE

Ma préparation : la chorba

› *J'ajoute : 100 g d'orzo*

Réchauffez la soupe à la casserole en la portant à frémissement. Ajoutez les pâtes et laissez cuire le temps indiqué sur le paquet.

menu 3

Le menu de la semaine

LUNDI (A)

RIZ
À L'ESPAGNOLE

2 jours au réfrigérateur, congélation déconseillée

MARDI (B)

NAVARIN D'AGNEAU
AUX HARICOTS

2-3 jours au réfrigérateur, peut être congelé

MERCREDI (C)

GRATIN DE PÂTES
AUX POIREAUX ET RICOTTA

3-4 jours au réfrigérateur, congélation déconseillée

JEUDI (D)

HACHIS PARMENTIER
VÉGÉTARIEN

3-4 jours au réfrigérateur, peut être congelé

VENDREDI (E)

CURRY
DE POIREAUX

4-5 jours au réfrigérateur, peut être congelé

La liste des courses
POUR 4 PERSONNES

Coût : environ 50 €

FRUITS ET LÉGUMES

- ☐ 8 oignons jaunes (a : 2/b : 1/c : 1/d : 2/e : 2)
- ☐ 1,2 kg de carottes (b : 0,4/d : 0,2/e : 0,6)
- ☐ 5 gousses d'ail (b : 2/d : 1/e : 2)
- ☐ 4 poireaux (c : 2/e : 2)
- ☐ 750 g de patates douces (d)

SURGELÉS

- ☐ 200 g de queues de crevettes crues (a)
- ☐ 100 g de petits pois (a)

VIANDE ET CHARCUTERIE

- ☐ 4 escalopes de poulet (a)
- ☐ 1 chorizo (a)
- ☐ 600 g d'épaule d'agneau désossée (b)

DANS VOTRE PLACARD

- ☐ Sel, poivre, cumin, paprika, muscade moulue, garam masala, cannelle
- ☐ 3 c. à soupe de farine (b : 2/d : 1)
- ☐ 35 cl de bouillon de légumes (a : 25/e : 10)
- ☐ Huile d'olive

ÉPICERIE

- ☐ 200 g de riz rond (a)
- ☐ 400 g de tomates pelées (a : 200/e : 200)
- ☐ 1 bocal de poivrons marinés (a/d)
- ☐ 150 g de haricots blancs secs (b) à faire tremper la veille
- ☐ 300 g de tomates concassées (b)
- ☐ 400 g de pâtes courtes (c)
- ☐ 200 g de lentilles vertes ou blondes (d)
- ☐ 250 g de pois chiches en boîte (e)
- ☐ 30 g de noix concassées (c) utilisées en semaine

CRÉMERIE

- ☐ 40 cl de crème de coco (e)
- ☐ 250 g de ricotta (c) utilisée en semaine
- ☐ 40 cl de crème liquide (c : 20/d : 20) utilisée en semaine
- ☐ 2 œufs (c : 1/d : 1) utilisés en semaine
- ☐ 100 g de fromage râpé (d) utilisé en semaine

LES ACCOMPAGNEMENTS À PRÉVOIR

- Servez le curry de poireaux avec la céréale de votre choix.

MARDI
JEUDI
LUNDI

VENDREDI
MERCREDI

Les préparations DU WEEK-END

1

LANCEZ LES PREMIÈRES PRÉPARATIONS ET CUISSONS

(d) Dans la cuve du Cookeo, mettez les lentilles, couvrez d'eau, puis lancez le **mode sous pression** pour 10 min. Égouttez et réservez.

(c) Dans une grande casserole d'eau salée, faites cuire les pâtes courtes en suivant les indications du paquet. Égouttez et réservez.

(a) Mettez les queues de crevettes surgelées dans une passoire et passez-les sous l'eau chaude quelques instants. Remuez et laissez-les égoutter pour les faire dégeler.

2

LANCEZ LA PURÉE DE PATATES DOUCES AU COOKEO

(d) Pelez les patates douces, coupez-les en cubes, puis déposez-les dans le panier vapeur du Cookeo. Versez 20 cl d'eau dans la cuve, placez-y le panier, puis lancez le **mode sous pression** pour 20 min. Écrasez en purée.

♦ Laissez refroidir, puis placez dans un contenant hermétique au frais.

3

DÉCOUPEZ ET PRÉPAREZ LES INGRÉDIENTS DES PREMIÈRES RECETTES

Pelez les oignons et émincez-les finement.

Pelez et dégermez les gousses d'ail.

(a) Coupez le poulet en dés.

(a) Coupez le chorizo en rondelles.

4

ENCHAÎNEZ AVEC LE RIZ À L'ESPAGNOLE AU COOKEO

(a) Rincez la cuve du Cookeo. Faites-y revenir 2 oignons ciselés dans un peu d'huile d'olive en **mode dorer**. Ajoutez le poulet, les crevettes et le chorizo et laissez cuire 2 min en remuant. Ajoutez le riz rond, 200 g de tomates pelées, la moitié des poivrons marinés égouttés, les petits pois surgelés et 25 cl de bouillon de légumes. Assaisonnez avec 1 c. à café de paprika, 1 c. à café de cumin, du sel et du poivre. Lancez le **mode sous pression** pour 10 min.

♦ Laissez refroidir, puis placez dans un contenant hermétique au frais.

6

ENCHAÎNEZ AVEC LA GARNITURE DU HACHIS AU COOKEO

(d) Rincez la cuve du Cookeo. Faites-y revenir 2 oignons ciselés et 1 gousse d'ail pressée dans un peu d'huile d'olive en **mode dorer**. Ajoutez 200 g de dés de carottes et le reste des poivrons marinés égouttés. Lancez le **mode sous pression** pour 5 min, puis ajoutez les lentilles cuites et 1 c. à soupe de farine. Salez et poivrez, puis mélangez bien.

♦ Laissez refroidir, puis placez dans un contenant hermétique au frais.

5

PENDANT CE TEMPS, PRÉPAREZ LA SUITE DES INGRÉDIENTS

(b/d/e) Pelez les carottes et coupez-les en dés.

(b) Coupez la viande d'agneau en cubes.

7

PENDANT CE TEMPS, PRÉPAREZ LE RESTE DES INGRÉDIENTS

(c/e) Nettoyez bien les poireaux, coupez-les en 4 dans la longueur, puis émincez-les.

8

ENCHAÎNEZ AVEC LE CURRY AU COOKEO

(e) Rincez la cuve du Cookeo. Faites-y revenir 2 oignons ciselés et 2 gousses d'ail pressées dans un peu d'huile d'olive 1 min en **mode dorer**. Ajoutez 2 poireaux émincés, 600 g de cubes de carottes et les pois chiches égouttés. Assaisonnez avec 1 c. à café de garam masala, ½ c. à café de cannelle, du sel et du poivre. Mélangez bien, puis ajoutez 200 g de tomates pelées, la crème de coco et 10 cl de bouillon de légumes. Mélangez, puis lancez le **mode sous pression** pour 10 min.

♦ Laissez refroidir, puis placez dans un contenant hermétique au frais.

9

PENDANT CE TEMPS, PRÉPAREZ LA GARNITURE DU GRATIN (HORS COOKEO)

(c) Dans une sauteuse, faites fondre 2 poireaux émincés et 1 oignon ciselé dans un peu d'huile d'olive pendant quelques minutes. Salez et poivrez, ajoutez aux pâtes cuites et mélangez.

♦ Laissez refroidir, puis placez dans un contenant hermétique au frais.

10

TERMINEZ AVEC LE NAVARIN AU COOKEO

(b) Rincez la cuve du Cookeo. Faites-y revenir les cubes d'agneau sur toutes les faces dans un peu d'huile d'olive en **mode dorer**. Ajoutez 1 oignon jaune ciselé et 2 gousses d'ail pressées. Mélangez bien et laissez cuire 2 min. Saupoudrez de 2 c. à soupe de farine et enrobez bien la viande. Ajoutez le reste de carottes en dés, les haricots blancs égouttés, les tomates concassées, 10 cl d'eau, salez et poivrez. Lancez le **mode sous pression** pour 25 min.

♦ Laissez refroidir, puis placez dans un contenant hermétique au frais.

Les assemblages
À FAIRE EN SEMAINE

Lundi **(a)**

RIZ À L'ESPAGNOLE

Ma préparation : le riz à l'espagnole

Réchauffez le riz à la casserole à feu doux ou au Cookeo. Si la préparation vous semble trop sèche, vous pouvez ajouter un peu de bouillon.

Mardi **(b)**

NAVARIN D'AGNEAU AUX HARICOTS

Ma préparation : le navarin

Réchauffez le navarin à la casserole à feu doux ou au Cookeo.

Mercredi **(c)**

GRATIN DE PÂTES AUX POIREAUX ET RICOTTA

Ma préparation : la garniture aux pâtes et poireaux

› *J'ajoute : 1 œuf, 250 g de ricotta, 20 cl de crème liquide, 30 g de noix concassées*

Dans un saladier, mélangez l'œuf avec la ricotta et la crème, assaisonnez en muscade moulue, sel et poivre. Versez les pâtes aux poireaux dans un ou plusieurs plat(s) à gratin et recouvrez de la préparation à la ricotta. Parsemez de noix concassées, puis enfournez pour 20 min à 180 °C.

Jeudi **(d)**

HACHIS PARMENTIER VÉGÉTARIEN

Mes préparations : la purée de patates douces, la garniture aux lentilles

› *J'ajoute : 1 œuf, 20 cl de crème liquide, 100 g de fromage râpé*

Ajoutez l'œuf, 3 c. à soupe de crème, du sel et du poivre dans la purée, puis mélangez bien. Répartissez la préparation aux lentilles dans un ou plusieurs plat(s) à gratin, arrosez du reste de crème et recouvrez de la purée. Parsemez de fromage râpé, puis enfournez pour 20 min à 180°C.

Vendredi **(e)**

CURRY DE POIREAUX

Ma préparation : le curry de poireaux

Réchauffez le curry à la casserole à feu doux ou au Cookeo.

Servez éventuellement avec du boulgour, du quinoa ou du riz basmati.

menu 4

Le menu de la semaine

LUNDI (A)

BURGER
AU PULLED CHICKEN

2-3 jours au réfrigérateur, peut être congelé

MARDI (B)

QUICHE
AU CHOU-FLEUR ET LARDONS

2-3 jours au réfrigérateur, peut être congelée

MERCREDI (C)

SALADE DE RIZ
PRINTANIÈRE

4-5 jours au réfrigérateur, ne pas congeler

JEUDI (D)

VELOUTÉ DE PETITS POIS,
MENTHE ET ŒUF POCHÉ

4-5 jours au réfrigérateur, peut être congelé (sans les œufs)

VENDREDI (E)

SOUPE
AUX NOUILLES SOBA

4-5 jours au réfrigérateur, peut être congelée (sans les pâtes)

La liste des courses

Coût : environ 50 €

POUR 4 PERSONNES

FRUITS ET LÉGUMES

- ☐ 3 gousses d'ail (a : 1/e : 2)
- ☐ 300 g de chou-fleur (b)
- ☐ 3 brins de menthe fraîche (c : 2/d : 1)
- ☐ 1 échalote (d)
- ☐ 2 carottes (e)
- ☐ 200 g de champignons de Paris (e)
- ☐ 1 oignon jaune (e)
- ☐ 2 avocats (a) utilisés en semaine
- ☐ Quelques feuilles de salade (a) utilisées en semaine
- ☐ 1 citron jaune (c) utilisé en semaine
- ☐ 200 g de pousses d'épinards (e) utilisées en semaine

SURGELÉS

- ☐ 1,15 kg de petits pois (c : 0,15 utilisés en semaine/d : 1)

DANS VOTRE PLACARD

- ☐ Sel, poivre, coriandre moulue, paprika fumé
- ☐ 40 cl de bouillon de légumes (a : 10 cl/d : 30 cl)
- ☐ Sauce soja (e)
- ☐ Moutarde à l'ancienne (b)
- ☐ Huile d'olive, huile de sésame

ÉPICERIE

- ☐ 200 g de tomates concassées (a)
- ☐ 2 c. à soupe de sauce barbecue (a)
- ☐ 300 g de riz basmati (c)
- ☐ 2 c. à soupe de miso blanc (e)
- ☐ 8 pains à burger (a) utilisés en semaine
- ☐ 1 bocal de cœurs d'artichauts (c) utilisé en semaine
- ☐ 4 tranches de pain de campagne (d) utilisées en semaine
- ☐ 200 g de nouilles soba (e) utilisées en semaine

CRÉMERIE

- ☐ 1 pâte brisée (b)
- ☐ 30 cl de crème liquide (b)
- ☐ 50 g de fromage râpé (b)
- ☐ 8 œufs (b : 4/d : 4 utilisés en semaine)
- ☐ 200 g de féta (c) utilisée en semaine
- ☐ Quelques copeaux de parmesan (d) utilisés en semaine

VIANDE ET CHARCUTERIE

- ☐ 4 escalopes de poulet (a)
- ☐ 200 g de lardons fumés (b)

LES ACCOMPAGNEMENTS À PRÉVOIR

- Prévoyez des frites et/ou des crudités pour accompagner les burgers.
- Servez la quiche avec une salade verte et/ou des crudités de saison.

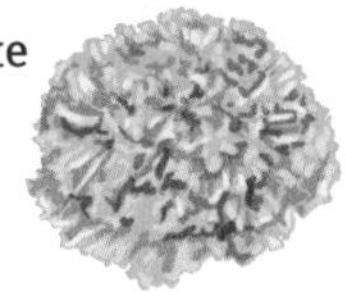

VENDREDI
LUNDI
MARDI

Moulinex
cookeo
MERCREDI
JEUDI

Les préparations DU WEEK-END

1

LANCEZ LA PREMIÈRE CUISSON AU COOKEO

(c) Dans la cuve du Cookeo, mettez le riz basmati, couvrez largement d'eau et lancez le **mode sous pression** pour la moitié du temps indiqué sur le paquet. Rincez à l'eau froide et égouttez.

2

DÉCOUPEZ ET PRÉPAREZ LES INGRÉDIENTS DES PREMIÈRES RECETTES

Pelez l'oignon et l'échalote, puis émincez-les finement.

Pelez et dégermez les gousses d'ail.

(c/d) Ciselez la menthe.

♦ Ajoutez-en les deux tiers au riz, puis placez le tout dans un contenant hermétique au frais.

3

ENCHAÎNEZ AVEC LE VELOUTÉ AU COOKEO

(d) Rincez la cuve du Cookeo. Faites-y revenir l'échalote ciselée dans un peu d'huile d'olive en **mode dorer**. Ajoutez 1 kg de petits pois surgelés et le reste de menthe ciselée, mélangez bien et laissez cuire 2 min. Couvrez de bouillon de légumes à hauteur et lancez le **mode sous pression** pour 10 min. Mixez, puis salez et poivrez à votre goût.

♦ Laissez refroidir, puis placez dans un contenant hermétique au frais.

4

PENDANT CE TEMPS, PRÉPAREZ LA SUITE DES INGRÉDIENTS

(b) Détaillez le chou-fleur en fleurettes.

(e) Brossez les champignons et taillez-les en lamelles.

(e) Épluchez les carottes et coupez-les en julienne.

5

ENCHAÎNEZ AVEC LE CHOU-FLEUR AU COOKEO

(b) Rincez la cuve du Cookeo. Mettez les fleurettes de chou-fleur dans le panier vapeur. Versez 20 cl d'eau dans la cuve et placez-y le panier. Lancez le **mode sous pression** pour 4 min. Égouttez et réservez.

6

ENCHAÎNEZ AVEC LA SOUPE AU COOKEO

(e) Rincez la cuve du Cookeo. Faites-y revenir l'oignon ciselé et 2 gousses d'ail pressées dans un peu d'huile d'olive en **mode dorer**. Ajoutez 1,5 l d'eau, les carottes en julienne et les champignons. Délayez la pâte miso dans une louche d'eau, puis ajoutez le tout dans la cuve avec 2 c. à soupe de sauce soja et mélangez bien. Lancez le **mode sous pression** pour 10 min.

♦ Laissez refroidir, puis placez dans un contenant hermétique au frais.

7

PENDANT CE TEMPS, PRÉPAREZ LA QUICHE (HORS COOKEO)

Préchauffez le four à 180 °C.

(b) Abaissez la pâte brisée et garnissez-en un moule à tarte beurré.

Dans une poêle bien chaude, faites revenir les lardons jusqu'à ce qu'ils soient dorés.

Dans un bol, fouettez 4 œufs avec la crème liquide, salez et poivrez.

Badigeonnez le fond de tarte de moutarde à l'ancienne, puis déposez-y le chou-fleur, les lardons et le fromage râpé. Recouvrez de l'appareil, puis enfournez pour 30 min.

Laissez refroidir, puis placez dans un contenant hermétique au frais.

8

TERMINEZ AVEC LE PULLED CHICKEN AU COOKEO

(a) Rincez la cuve du Cookeo. Mettez-y les escalopes de poulet avec 1 c. à café de paprika fumé, ½ c. à café de coriandre moulue, 1 pincée de sel et 1 gousse d'ail pressée. Salez et poivrez. Ajoutez 200 g de tomates concassées, la sauce barbecue et 10 cl de bouillon de légumes, puis lancez le **mode sous pression** pour 12 min. Effilochez le poulet à l'aide de fourchettes et mélangez-le à la sauce.

Laissez refroidir, puis placez dans un contenant hermétique au frais.

Les assemblages
À FAIRE EN SEMAINE

Lundi **(a)**

BURGER AU PULLED CHICKEN

Ma préparation : le pulled chicken

› *J'ajoute : 8 pains à burger, 2 avocats, quelques feuilles de salade*

Réchauffez le pulled chicken à la casserole à feu doux ou au Cookeo.

Servez chaud dans des pains à burger avec des tranches d'avocat et des feuilles de salade verte.

Servez éventuellement avec de la salade verte et/ou des frites.

Mardi **(b)**

QUICHE AU CHOU-FLEUR ET LARDONS

Ma préparation : la quiche

Réchauffez la quiche 15 min au four à 160 °C en couvrant si besoin d'une feuille de papier sulfurisé.

Servez éventuellement avec de la salade verte et/ou des crudités.

Mercredi **(c)**

SALADE DE RIZ PRINTANIÈRE

Ma préparation : le riz à la menthe

› *J'ajoute : 1 citron, 200 g de feta, 1 bocal de cœurs d'artichauts, 150 g de petits pois*

Faites décongeler les petits pois.

Pressez le citron et mettez le jus dans un saladier. Ajoutez la même quantité d'huile d'olive, salez et poivrez. Mélangez bien. Coupez la feta en petits cubes et les fonds d'artichauts en 2. Ajoutez-les dans le saladier avec la feta, les petits pois et le riz à la menthe.

Servez bien frais.

Jeudi **(d)**

VELOUTÉ DE PETITS POIS, MENTHE ET ŒUF POCHÉ

Ma préparation : le velouté

› *J'ajoute : 4 œufs, quelques copeaux de parmesan, 4 tranches de pain de campagne*

Réchauffez le velouté à la casserole à feu doux ou au Cookeo.

Pendant ce temps, portez un grand volume d'eau à ébullition, puis cassez-y les œufs et faites cuire 3 min. Retirez-les à l'aide d'une écumoire.

Servez le velouté avec les œufs pochés, le parmesan et le pain.

Vendredi **(e)**

SOUPE AUX NOUILLES SOBA

Ma préparation : la soupe

› *J'ajoute : 200 g de nouilles soba, 200 g de pousses d'épinards, huile de sésame*

Faites cuire les nouilles en suivant les indications du paquet. Rincez et égouttez, puis arrosez de 1 c. à soupe d'huile de sésame, mélangez et répartissez dans 4 bols.

Dans une casserole, portez la soupe à frémissement puis, hors du feu, ajoutez les pousses d'épinards équeutées. Mélangez et versez dans les bols sur les nouilles.

menu 5

Le menu de la semaine

LUNDI (A)

CABILLAUD
À LA CRÈME ET CITRON

1 jour au réfrigérateur, peut être congelé

MARDI (B)

POULET
FAÇON MAC & CHEESE

2-3 jours au réfrigérateur, peut être congelé (sans les pâtes)

MERCREDI (C)

ENDIVES
AU JAMBON

3-4 jours au réfrigérateur, peuvent être congelées

JEUDI (D)

SOUPE
DE RADIS ROSES

4-5 jours au réfrigérateur, peut être congelée

VENDREDI (E)

PATATES DOUCES
TEX-MEX

4-5 jours au réfrigérateur, peuvent être congelées

La liste des courses
POUR 4 PERSONNES

Coût : environ 50 €

FRUITS ET LÉGUMES

- ☐ 2 citrons jaunes non traités (a : 1/d : 1 utilisé en semaine)
- ☐ 3 oignons jaunes (b : 1/c : 1/e : 1)
- ☐ 5 gousses d'ail (b : 3/e : 2)
- ☐ 4 endives (c)
- ☐ 2 bottes de radis roses (d)
- ☐ 1 grosse pomme de terre (d)
- ☐ 1 oignon rouge (d)
- ☐ 700 g de patates douces (e)
- ☐ 200 g de pousses d'épinards (b) utilisées en semaine
- ☐ 2 avocats (e) utilisés en semaine
- ☐ 1 citron vert (e) utilisé en semaine
- ☐ 1 bouquet de coriandre (e) utilisé en semaine

POISSON

- ☐ 4 dos de cabillaud (a) utilisés en semaine

VIANDE ET CHARCUTERIE

- ☐ 4 escalopes de poulet (b)
- ☐ 4 tranches de jambon (c)

DANS VOTRE PLACARD

- ☐ Sel, poivre, paprika, origan séché, muscade moulue, cumin
- ☐ Farine (a/b/c)
- ☐ 1 cube de bouillon de volaille (c), 1 cube de bouillon de légumes (d)
- ☐ 50 cl de bouillon de légumes (b)
- ☐ Huile d'olive

ÉPICERIE

- ☐ 1 petit bocal de tomates séchées (b)
- ☐ 15 cl de vin blanc sec (b)
- ☐ 400 g de haricots rouges en boîte (e)
- ☐ 100 g de maïs doux en boîte (e)
- ☐ 200 g de tomates concassées (e)
- ☐ 70 g de concentré de tomate (e)
- ☐ 1 petit bocal de poivrons marinés (e)
- ☐ 300 g de macaronis (b) utilisés en semaine
- ☐ 1 pot de guacamole (e) utilisé en semaine
- ☐ 8 tortillas de maïs ou de blé (e) utilisées en semaine

CRÉMERIE

- ☐ 40 cl de crème fraîche épaisse (a : 30/d : 10 utilisée en semaine)
- ☐ 130 g de parmesan râpé (a : 80 dont 40 utilisé en semaine/b : 50 utilisé en semaine)
- ☐ 70 g de beurre (a : 30/c : 40 utilisé en semaine)
- ☐ 50 cl de crème liquide (b) utilisée en semaine
- ☐ 100 g de mozzarella râpée (b) utilisée en semaine
- ☐ 100 g de fromage râpé (b : 50/c : 50) utilisé en semaine
- ☐ 50 cl de lait (c) utilisé en semaine
- ☐ 1 yaourt à la grecque (e) utilisé en semaine

LES ACCOMPAGNEMENTS À PRÉVOIR

- Prévoyez du riz ou des pâtes pour accompagner le cabillaud.
- Servez les endives au jambon avec une salade verte.
- Accompagnez la soupe de radis de baguette grillée, de charcuterie ou d'un œuf au plat.

JEUDI
MARDI
JEUDI

VENDREDI
LUNDI
MERCREDI

Les préparations DU WEEK-END

1

LANCEZ LE POULET AU COOKEO

(b) Coupez les escalopes de poulet en dés et mélangez-les avec ½ c. à café de paprika, ½ c. à café d'origan, du sel, du poivre et 2 c. à soupe d'huile d'olive. Dans la cuve du Cookeo, faites revenir le poulet en **mode dorer**, jusqu'à ce qu'il soit cuit.

♦ Laissez refroidir, puis placez dans un contenant hermétique au frais.

2

DÉCOUPEZ ET PRÉPAREZ LES INGRÉDIENTS DES PREMIÈRES RECETTES

Pelez les oignons jaunes et émincez-les finement.

Pelez et dégermez les gousses d'ail.

Épluchez l'oignon rouge et ciselez-le finement.

(c) Coupez le pied des endives et retirez le cœur dur.

3

ENCHAÎNEZ AVEC LES ENDIVES AU COOKEO

(c) Rincez la cuve du Cookeo. Faites-y revenir 1 oignon jaune ciselé dans un peu d'huile d'olive en **mode dorer**. Enroulez chaque endive dans 1 tranche de jambon, puis ajoutez-les dans la cuve et laissez cuire 2 min en les retournant régulièrement. Ajoutez 1 cube de bouillon de volaille émietté et 20 cl d'eau, puis lancez le **mode sous pression** pour 15 min.

♦ Déposez dans un grand plat à four et laissez refroidir, puis couvrez et placez au frais.

4

PENDANT CE TEMPS, PRÉPAREZ LA SUITE DES INGRÉDIENTS

(e) Pelez la patate douce et coupez-la en cubes.

(d) Pelez la pomme de terre et coupez-la en petits cubes.

(d) Nettoyez les radis en réservant les fanes.

♦ Placez 10 radis dans un contenant hermétique au frais.

Hachez le reste des radis et les fanes.

5

ENCHAÎNEZ AVEC LA SOUPE DE RADIS AU COOKEO

(d) Rincez la cuve du Cookeo. Faites-y revenir l'oignon rouge ciselé dans un peu d'huile d'olive en **mode dorer**. Ajoutez les fanes de radis et laissez cuire 1 min. Ajoutez les cubes de pomme de terre, les radis hachés, 1 cube de bouillon de légumes et 1 l d'eau. Lancez le **mode sous pression** pour 10 min. Mixez et rectifiez l'assaisonnement.

♦ Laissez refroidir, puis placez dans un contenant hermétique au frais.

6

PENDANT CE TEMPS, PRÉPAREZ LA CRÈME AU CITRON (HORS COOKEO)

(a) Râpez le zeste de 1 citron jaune et mélangez-le avec 40 g de parmesan râpé. Dans une petite casserole, faites fondre 30 g de beurre, puis ajoutez 30 cl de crème fraîche, le jus du citron et le mélange de zeste et de parmesan. Salez et poivrez, puis laissez cuire à feu doux jusqu'à épaississement.

♦ Laissez refroidir, puis placez dans un contenant hermétique au frais.

7

ENCHAÎNEZ AVEC LES PATATES DOUCES TEX-MEX AU COOKEO

(e) Rincez la cuve du Cookeo. Faites-y revenir 1 oignon jaune ciselé et 2 gousses d'ail pressées dans un peu d'huile d'olive 1 min en **mode dorer**. Ajoutez les cubes de patate douce, ½ c. à soupe de cumin et mélangez bien. Laissez cuire 2 min, puis ajoutez les poivrons marinés, le maïs et les haricots rouges égouttés, les tomates concassées, le concentré de tomate et 10 cl d'eau. Salez, poivrez, mélangez et lancez le **mode sous pression** pour 8 min.

♦ Laissez refroidir, puis placez dans un contenant hermétique au frais.

8

TERMINEZ AVEC LA GARNITURE DU POULET FAÇON MAC & CHEESE (HORS COOKEO)

(b) Coupez les tomates séchées en lanières (réservez l'huile). Dans une sauteuse, versez un peu d'huile des tomates et faites-y fondre 1 oignon ciselé et 3 gousses d'ail pressées pendant 1 min, ajoutez le vin blanc et laissez réduire à frémissement. Ajoutez les tomates séchées et 1 c. à soupe de l'huile des tomates. Laissez cuire 1 min, puis ajoutez 3 c. à soupe de farine et mélangez bien. Laissez cuire 1 min.

♦ Laissez refroidir, puis placez dans un contenant hermétique au frais.

Les assemblages
À FAIRE EN SEMAINE

Lundi **(a)**

CABILLAUD À LA CRÈME ET CITRON

Ma préparation : la crème au citron

› *J'ajoute : 4 dos de cabillaud, 40 g de parmesan râpé, un peu de farine*

Lavez et séchez le cabillaud, puis passez-le dans la farine et faites-le dorer quelques instants dans une poêle avec un peu d'huile d'olive.

Versez la crème au citron dans un plat allant au four, puis déposez le cabillaud par-dessus. Saupoudrez de parmesan et enfournez pour 20 min à 180 °C.

Mardi **(b)**

POULET FAÇON MAC & CHEESE

Mes préparations : le poulet, la garniture aux tomates séchées

› *J'ajoute : 50 cl de bouillon de légumes, 50 cl de crème liquide, 300 g de macaronis, 200 g de pousses d'épinards, 50 g de parmesan râpé, 100 g de mozzarella râpée, 50 g de fromage râpé*

Dans la cuve du Cookeo, faites chauffer la garniture aux tomates séchées en **mode dorer**, ajoutez petit à petit en remuant le bouillon et la crème. Portez à frémissement. Ajoutez les macaronis, mélangez et lancez le **mode sous pression** pour la moitié du temps indiqué sur le paquet. Lancez le **mode mijoter** et ajoutez dans la cuve les épinards, les fromages, salez et poivrez et mélangez. Si la préparation est trop épaisse, vous pouvez ajouter un peu de crème ou de bouillon. Ajoutez le poulet, mélangez et servez bien chaud.

Mercredi **(c)**

ENDIVES AU JAMBON

Ma préparation : les endives au jambon

› *J'ajoute : 40 g de beurre, 40 g de farine, 50 cl de lait, 50 g de fromage râpé*

Préparez une béchamel. Faites fondre le beurre dans une casserole et ajoutez la farine. Laissez cuire un peu, puis ajoutez le lait en fouettant. Laissez épaissir, puis, hors du feu, assaisonnez en sel, poivre et muscade. Versez sur les endives, parsemez de fromage et enfournez pour 10 min à 180 °C.

Jeudi **(d)**

SOUPE DE RADIS ROSES

Mes préparations : la soupe, les radis

› *J'ajoute : 10 cl de crème épaisse, 1 citron*

Réchauffez la soupe à la casserole. Dans un bol, mélangez la crème avec le jus du citron. Délayez avec un peu de soupe et versez dans la casserole. Ajoutez les radis au moment de servir.

Vendredi **(e)**

PATATES DOUCES TEX-MEX

Ma préparation : les patates douces tex-mex

› *J'ajoute : 2 avocats, 1 citron vert, 1 yaourt à la grecque, 1 pot de guacamole, 8 tortillas, 1 bouquet de coriandre*

Réchauffez les patates douces à la casserole à feu doux. Au moment de servir, ajoutez les avocats en dés et le jus du citron vert, mélangez et parsemez de coriandre ciselée. Servez accompagné de yaourt, guacamole et tortillas.

menu 6

Le menu de la semaine

LUNDI (A)

PEANUT
BUTTER CHICKEN

2-3 jours au réfrigérateur, peut être congelé

MARDI (B)

SALADE MEXICAINE
AU POULET

3-4 jours au réfrigérateur, ne pas congeler

MERCREDI (C)

TARTE
CHÈVRE-ÉPINARDS

3-4 jours au réfrigérateur, peut être congelée

JEUDI (D)

BEIGNETS
DE POMMES DE TERRE FOURRÉS

4-5 jours au réfrigérateur, peuvent être congelés

VENDREDI (E)

CURRY DE BROCOLI
AUX LENTILLES CORAIL

4-5 jours au réfrigérateur, peut être congelé

La liste des courses
POUR 4 PERSONNES

Coût : environ 45 €

FRUITS ET LÉGUMES

- ☐ 4 feuilles de basilic (a)
- ☐ 4 citrons verts (a : 2 dont 1 utilisé en semaine/b : 2 dont 1 utilisé en semaine)
- ☐ 2 avocats (b) dont 1 utilisé en semaine
- ☐ 5 gousses d'ail (b : 2/c : 1/d : 2)
- ☐ 400 g de pousses d'épinards (c)
- ☐ 1 kg de pommes de terre (d)
- ☐ 250 g de champignons de Paris (d)
- ☐ 2 oignons jaunes (d : 1/e : 1)
- ☐ 1 brocoli (e)
- ☐ 2 carottes (e)
- ☐ 1 mangue (a) utilisée en semaine
- ☐ 2 poignées de mâche (b) utilisée en semaine

DANS VOTRE PLACARD

- ☐ Sel, poivre, gingembre moulu, muscade, épices pour grillades
- ☐ 80 g de farine (d)
- ☐ 40 g de fécule de maïs ou de pomme de terre (d)
- ☐ 20 cl de bouillon de légumes (e)
- ☐ Sauce soja (a), sauce nuoc-mâm (a)
- ☐ Tabasco® vert (b)
- ☐ Moutarde à l'ancienne (b)
- ☐ Vinaigre doux
- ☐ Huile d'olive, huile de sésame, huile de friture

ÉPICERIE

- ☐ 80 g de beurre de cacahuète (a)
- ☐ 60 cl de lait de coco (a : 40/e : 20)
- ☐ 4 c. à soupe de pâte de curry rouge (a : 3/e : 1)
- ☐ 40 g de tomates séchées (c)
- ☐ 200 g de lentilles corail (e)
- ☐ 200 g de maïs doux en boîte (b) utilisé en semaine
- ☐ 200 g de haricots rouges en boîte (b) utilisés en semaine

CRÉMERIE

- ☐ 100 g de yaourt à la grecque (b)
- ☐ 3 œufs (c)
- ☐ 1 bûchette de chèvre (c)
- ☐ 20 cl de crème liquide (c)
- ☐ 1 pâte brisée (c)

VIANDE ET CHARCUTERIE

- ☐ 6 escalopes de poulet (a : 4/b : 2)
- ☐ 150 g de dés de bacon (b) utilisés en semaine

LES ACCOMPAGNEMENTS À PRÉVOIR

- Accompagnez le peanut butter chicken et le curry de riz basmati ou de la céréale de votre choix.
- Prévoyez une salade verte et/ou des crudités pour accompagner la quiche et les beignets.

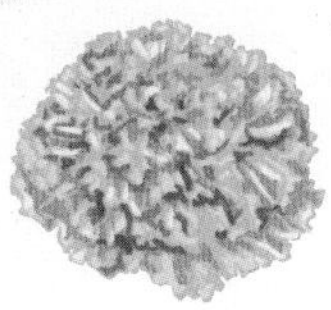

MERCREDI
LUNDI
VENDREDI

JEUDI
MARDI

Les préparations DU WEEK-END

1

LANCEZ LES PREMIÈRES PRÉPARATIONS ET CUISSONS

(d) Pelez les pommes de terre et placez-les dans le panier vapeur du Cookeo. Versez 20 cl d'eau dans la cuve et placez-y le panier. Lancez le **mode sous pression** pour 25 min. Écrasez en purée et assaisonnez en sel, poivre et muscade. Réservez.

(c) Ébouillantez les épinards 10 min dans un grand volume d'eau. Égouttez et réservez.

(a/b) Coupez les escalopes de poulet en morceaux.

(a) Déposez 4 escalopes de poulet en morceaux dans un plat avec 2 c. à soupe de pâte de curry rouge, 1 c. à café de gingembre moulu et 1 c. à soupe d'huile de sésame. Laissez mariner 30 min au frais.

(b) Mettez le reste de poulet dans un second plat, arrosez d'huile d'olive, d'un filet de jus de citron vert (réservez le reste du jus) et assaisonnez avec les épices pour grillades. Laissez mariner 30 min au frais.

2

DÉCOUPEZ ET PRÉPAREZ LES INGRÉDIENTS DES PREMIÈRES RECETTES

Épluchez les oignons et ciselez-les finement.

Pelez et dégermez les gousses d'ail.

(e) Épluchez les carottes et coupez-les en demi-rondelles.

(e) Détachez les fleurettes du brocoli.

3

LANCEZ LA CUISSON DU CURRY AU COOKEO

(e) Dans la cuve du Cookeo, faites revenir 1 oignon dans un peu d'huile d'olive en **mode dorer**. Ajoutez 1 c. à soupe de pâte de curry et les carottes en demi-rondelles, mélangez bien et laissez cuire 2 min. Ajoutez les fleurettes de brocoli, les lentilles corail, 20 cl de lait de coco et 20 cl de bouillon de légumes. Mélangez bien et rectifiez l'assaisonnement. Lancez le **mode sous pression** pour 8 min.

♦ Laissez refroidir, puis placez dans un contenant hermétique au frais.

4

PENDANT CE TEMPS, PRÉPAREZ LA SUITE DES INGRÉDIENTS

(a) Ciselez finement le basilic.

(c) Équeutez les épinards cuits.

5

ENCHAÎNEZ AVEC LE PEANUT BUTTER CHICKEN AU COOKEO

(a) Rincez la cuve du Cookeo. Faites-y revenir le poulet mariné au curry dans un peu d'huile de sésame en **mode dorer**. Ajoutez 1 c. à café de pâte de curry et le basilic. Mélangez bien, puis ajoutez 40 cl de lait de coco, 3 c. à soupe de sauce soja, 1 c. à soupe de sauce nuoc-mâm et 10 cl d'eau. Lancez le **mode sous pression** pour 8 min. Lorsque le poulet est cuit, ajoutez le beurre de cacahuète et le jus de 1 citron vert. Mélangez bien et poursuivez la cuisson 5 min en **mode mijoter**.

♦ Laissez refroidir, puis placez dans un contenant hermétique au frais.

6

PENDANT CE TEMPS, PRÉPAREZ LE RESTE DES INGRÉDIENTS

Préchauffez le four à 180 °C.

(d) Brossez les champignons et coupez-les en brunoise.

(c) Coupez la bûche de chèvre en rondelles.

(c) Coupez grossièrement les tomates séchées.

7

ENCHAÎNEZ AVEC LE POULET À LA MEXICAINE AU COOKEO

(b) Rincez la cuve du Cookeo. Faites-y revenir le poulet mariné au citron vert dans un peu d'huile d'olive en **mode dorer**, jusqu'à ce qu'il soit bien cuit.

♦ Laissez refroidir, puis placez dans un contenant hermétique au frais.

8

PENDANT CE TEMPS, PRÉPARÉZ LA TARTE (HORS COOKEO)

(c) Abaissez la pâte brisée, puis foncez-en un moule à tarte beurré. Piquez la pâte et réservez au frais. Mixez rapidement les épinards réservés avec 1 gousse d'ail, puis débarrassez dans un saladier. Ajoutez-y la crème liquide et les tomates séchées. Battez les œufs et ajoutez-les à la préparation. Poivrez et salez légèrement (le fromage est déjà salé). Versez l'appareil aux épinards sur le fond de tarte et disposez par-dessus les rondelles de chèvre. Enfournez pour 30 min.

♦ Laissez refroidir, puis placez dans un contenant hermétique au frais.

9

PRÉPAREZ LES BEIGNETS DE POMMES DE TERRE (HORS COOKEO)

(d) Dans une sauteuse, versez un peu d'huile d'olive et faites-y dorer 1 oignon et 2 gousses d'ail pressées. Ajoutez les champignons, salez et poivrez. Laissez cuire jusqu'à ce qu'ils aient rendu toute leur eau. Rectifiez l'assaisonnement. Laissez refroidir.

Ajoutez 80 g de farine et 40 g de fécule à la purée de pommes de terre refroidie. Travaillez comme une pâte, puis séparez-la en 8 portions. Roulez-les en boule, faites un trou au milieu et garnissez-le avec la poêlée aux champignons. Refermez bien la pâte sur la garniture et aplatissez légèrement en palet. Faites chauffer un fond d'huile dans une sauteuse et faites-y frire les palets de pommes de terre.

♦ Laissez refroidir, puis placez dans un contenant hermétique au frais.

10

TERMINEZ AVEC LA SAUCE SALADE (HORS COOKEO)

(b) Dans le bol d'un mixeur, mettez 1 avocat, 2 gousses d'ail, le yaourt à la grecque, le reste de jus de citron vert, 1 c. à café de moutarde à l'ancienne, 2 c. à soupe d'huile d'olive, 1 c. à café de vinaigre doux et quelques gouttes de Tabasco®. Mixez jusqu'à obtenir une texture lisse et homogène.

♦ Placez dans un bocal hermétique au frais.

Les assemblages
À FAIRE EN SEMAINE

Lundi **(a)**

PEANUT BUTTER CHICKEN

Ma préparation : le peanut butter chicken

› *J'ajoute : 1 mangue, 1 citron vert*

Réchauffez le poulet à la casserole à feu doux ou au Cookeo.

Pendant ce temps, coupez la mangue en dés. Arrosez-les du jus de citron vert et mélangez.

Servez le poulet avec la mangue et éventuellement du riz basmati.

Mardi **(b)**

SALADE MEXICAINE AU POULET

Mes préparations : le poulet à la mexicaine, la sauce salade

› *J'ajoute : 150 g de dés de bacon, 1 avocat, 1 citron vert, 2 poignées de mâche, 200 g de maïs doux en boîte, 200 g de haricots rouges en boîte*

Faites griller le bacon à la poêle.

Coupez l'avocat en tranches et arrosez-les d'un peu de jus de citron vert.

Dressez la mâche sur les assiettes, puis parsemez de haricots rouges et de maïs. Ajoutez les tranches d'avocat, le bacon et le poulet. Nappez de sauce et servez sans attendre.

Mercredi **(c)**

TARTE CHÈVRE-ÉPINARDS

Ma préparation : la tarte

Réchauffez la tarte 15 min au four à 160 °C en couvrant de papier sulfurisé si la surface brunit trop.

Servez éventuellement avec une salade verte et/ou des crudités.

Jeudi **(d)**

BEIGNETS DE POMMES DE TERRE FOURRÉS

Ma préparation : les beignets de pommes de terre

Réchauffez les beignets 15 min au four à 160 °C en couvrant de papier sulfurisé s'ils brunissent trop vite.

Servez éventuellement avec une salade verte et/ou des crudités.

Vendredi **(e)**

CURRY DE BROCOLI AUX LENTILLES CORAIL

Ma préparation : le curry

Réchauffez le curry à la casserole à feu doux ou au Cookeo.

menu 7

Le menu de la semaine

LUNDI (A)

POULET AU LAIT DE COCO
ET CITRON VERT

2-3 jours au réfrigérateur, peut être congelé

MARDI (B)

QUICHE
AUX LÉGUMES DU SOLEIL

3-4 jours au réfrigérateur, peut être congelée

MERCREDI (C)

CAKE AUX OLIVES
ET JAMBON

3-4 jours au réfrigérateur, peut être congelé

JEUDI (D)

CANNELLONIS
COURGETTE-RICOTTA

3-4 jours au réfrigérateur, congélation déconseillée

VENDREDI (E)

SALADE DE RIZ
AU CURRY

4-5 jours au réfrigérateur, ne pas congeler

La liste des courses

POUR 4 PERSONNES

Coût : environ 50 €

FRUITS ET LÉGUMES

- ☐ 4 gousses d'ail (a : 1/b/d : 2/d : 1)
- ☐ 3 citrons verts (a : 2/e : 1)
- ☐ 4 tomates allongées (b)
- ☐ 1 oignon rouge (b/d)
- ☐ 3 aubergines (b/d)
- ☐ 3 courgettes (b/d)
- ☐ 2 poivrons rouges (b/d/e)
- ☐ 750 g de petits pois (soit 150 g écossés) (e)

DANS VOTRE PLACARD

- ☐ Sel, poivre, curry, cumin, curcuma
- ☐ 1 sachet de thé noir parfumé (e)
- ☐ 25 g de chapelure (b)
- ☐ 50 g de farine (c)
- ☐ 25 g de fécule de maïs (c)
- ☐ 1/2 sachet de levure chimique (c)
- ☐ 1 cube de bouillon de légumes (a)
- ☐ Huile d'olive, huile de sésame

ÉPICERIE

- ☐ 50 cl de lait de coco (a)
- ☐ 1 petit pot de pesto (b/d)
- ☐ 100 g d'olives vertes dénoyautées (c)
- ☐ 1 boîte de cannellonis (d)
- ☐ 150 g de riz basmati (e)
- ☐ 100 g de lentilles corail (e)
- ☐ 50 g de raisins secs (e)

CRÉMERIE

- ☐ 4 œufs (b : 1/c : 2/d : 1)
- ☐ 1 pâte brisée (b)
- ☐ 50 g de parmesan râpé (b)
- ☐ 100 g de mozzarella râpée (b)
- ☐ 8 cl de lait (c)
- ☐ 100 g de fromage râpé (c : 50/d : 50)
- ☐ 250 g de ricotta (d)
- ☐ 20 cl de crème épaisse (d)

VIANDE ET CHARCUTERIE

- ☐ 4 escalopes de poulet (a)
- ☐ 80 g de dés de jambon (c)

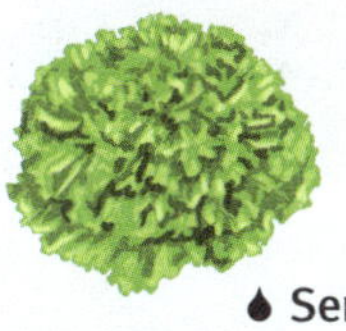

LES ACCOMPAGNEMENTS À PRÉVOIR

- Servez le poulet au lait de coco et citron vert avec du riz basmati (ou une autre céréale ou un féculent).
- Prévoyez une salade verte et/ou des crudités pour accompagner la quiche et le cake.

MARDI
JEUDI

LUNDI
MERCREDI
VENDREDI
VENDREDI

Les préparations DU WEEK-END

1

LANCEZ LES PREMIÈRES PRÉPARATIONS ET CUISSONS

(e) Faites gonfler les raisins secs dans un bol de thé noir chaud pendant 30 min.

(e) Dans la cuve du Cookeo, mettez le riz basmati, couvrez largement d'eau et lancez le **mode sous pression** pour la moitié du temps indiqué sur le paquet. Égouttez et rafraîchissez sous l'eau froide.

(e) Écossez les petits pois.

(e) Dans la cuve du Cookeo, mettez les lentilles corail et les petits pois, couvrez largement d'eau non salée et lancez le **mode sous pression** pour 5 min. Égouttez et laissez refroidir.

2

DÉCOUPEZ ET PRÉPAREZ LES INGRÉDIENTS DES PREMIÈRES RECETTES

Épluchez l'oignon rouge et ciselez-le finement.

Pelez et dégermez les gousses d'ail.

(c) Coupez les olives en morceaux.

3

LANCEZ LE CAKE AU COOKEO

(c) Dans un saladier, mélangez la farine, la fécule de maïs et la levure chimique, puis creusez un puits. Cassez-y 2 œufs et fouettez vigoureusement. Incorporez petit à petit le lait, puis 4 cl d'huile d'olive tout en continuant de mélanger. Assaisonnez en sel et poivre, puis ajoutez 50 g de fromage râpé, les dés de jambon et les olives vertes. Versez la préparation dans un moule adapté au Cookeo tapissé de papier sulfurisé. Versez 20 cl d'eau dans la cuve et placez-y le panier vapeur contenant le moule. Lancez le **mode sous pression** pour 25 min. Laissez refroidir quelques instants avant de démouler.

♦ Laissez refroidir complètement, puis couvrez et placez au frais.

4

PENDANT CE TEMPS, PRÉPAREZ LA SUITE DES INGRÉDIENTS

(b/d) Coupez les aubergines en petits cubes.

(b/d) Coupez 1 courgette en petits cubes et râpez les 2 autres avec une râpe à gros trous.

(b) Coupez les tomates en rondelles.

(b/d/e) Épépinez les poivrons et coupez-les en petits cubes.

(a) Coupez les escalopes de poulet en lanières

(e) Égouttez les raisins secs. Ajoutez-les dans un contenant avec 1 poivron en cubes, le riz, les lentilles et les petits pois cuits.

♦ Placez le contenant hermétique au frais.

5

ENCHAÎNEZ AVEC LES LÉGUMES AU COOKEO

(b/d) Rincez la cuve du Cookeo. Faites-y revenir l'oignon rouge et 2 gousses d'ail pressées dans un peu d'huile d'olive en **mode dorer**. Ajoutez les dés d'aubergine, de courgette et de 1 poivron, salez et poivrez, puis lancez le **mode sous pression** pour 8 min. Réservez la moitié des légumes cuits dans un saladier et l'autre moitié dans le fond d'un (ou plusieurs) plat(s) à gratin.

6

PENDANT CE TEMPS, PRÉPAREZ LA QUICHE (HORS COOKEO)

Préchauffez le four à 180 °C.

(b) Dans le saladier contenant les légumes, ajoutez la chapelure, 2 c. à soupe de pesto, 1 œuf et le parmesan. Mélangez bien et rectifiez l'assaisonnement.

Garnissez un moule à tarte beurré de la pâte brisée. Saupoudrez le fond d'un peu de chapelure et déposez la moitié des rondelles de tomates. Recouvrez de la préparation aux légumes, puis du reste des tomates. Saupoudrez de chapelure et parsemez de la mozzarella râpée. Enfournez pour 30 min.

♦ Laissez refroidir, puis couvrez et placez au frais.

7

ENCHAÎNEZ AVEC LE POULET AU LAIT DE COCO AU COOKEO

(a) Rincez la cuve du Cookeo. Faites-y griller les lanières de poulet dans un peu d'huile en **mode dorer**, jusqu'à ce qu'elles soient bien cuites. Salez et poivrez, puis réservez.

Mettez 1 gousse d'ail pressée dans la cuve et laissez fondre quelques instants avant d'ajouter le lait de coco, le jus de 2 citrons verts et 1 cube de bouillon de légumes. Lancez le **mode mijoter** pour 5 min. Rectifiez l'assaisonnement, remettez le poulet et mélangez.

♦ Laissez refroidir, puis placez dans un contenant hermétique au frais.

8

PRÉPAREZ LES CANNELLONIS, À ENFOURNER APRÈS LA QUICHE (HORS COOKEO)

(d) Dans un saladier, mélangez les courgettes râpées avec la ricotta, 1 gousse d'ail pressée et 1 œuf. Salez et poivrez. Garnissez les cannellonis de cette préparation et déposez-les dans le (ou les) plats(s) à gratin, par-dessus les légumes. Nappez de crème épaisse, du reste de pesto et de 50 g de fromage râpé. Enfournez pour 30 min.

♦ Laissez refroidir, puis couvrez et placez au frais.

9

TERMINEZ AVEC LA VINAIGRETTE (HORS COOKEO)

(e) Mélangez le jus de 1 citron vert, 2 c. à soupe d'huile de sésame, 2 c. à café de curry, 1 c. à café de cumin et 1 c. à café de curcuma.

♦ Placez dans un bocal hermétique au frais.

Les assemblages
À FAIRE EN SEMAINE

Lundi **(a)**

POULET AU LAIT DE COCO ET CITRON VERT

Ma préparation : le poulet au lait de coco

Réchauffez le poulet à la poêle ou au Cookeo.

Servez éventuellement avec du riz basmati.

Mardi **(b)**

QUICHE AUX LÉGUMES DU SOLEIL

Ma préparation : la quiche

Réchauffez éventuellement la quiche 15 min au four à 160 °C en couvrant si besoin d'une feuille de papier sulfurisé.

Servez éventuellement avec une salade verte et/ou des crudités.

Mercredi **(c)**

CAKE AUX OLIVES ET JAMBON

Ma préparation : le cake

Servez éventuellement avec une salade verte et/ou des crudités.

Jeudi **(d)**

CANNELLONIS COURGETTE-RICOTTA

Ma préparation : les cannellonis

Réchauffez les cannellonis 10 min au four à 160 °C ou 4 min au four à micro-ondes.

Vendredi **(e)**

SALADE DE RIZ AU CURRY

Mes préparations : la salade de riz et lentilles, la vinaigrette

Mélangez la salade et la vinaigrette et servez bien frais.

menu 8

Le menu de la semaine

LUNDI (A)

CRÈME D'ASPERGES
AU SAUMON

2 jours au réfrigérateur, peut être congelée

MARDI (B)

LAPIN
À L'ITALIENNE

2 jours au réfrigérateur, peut être congelé

MERCREDI (C)

ALOO MATAR
(CURRY VÉGÉTARIEN)

4-5 jours au réfrigérateur, peut être congelé

JEUDI (D)

PÂTES À LA SAUCE
AUX AUBERGINES ET TOMATES

4-5 jours au réfrigérateur, la sauce peut être congelée

VENDREDI (E)

SALADE DE PENNE
À LA GRECQUE

4-5 jours au réfrigérateur, ne pas congeler

La liste des courses

POUR 4 PERSONNES

Coût : environ 50 €

FRUITS ET LÉGUMES

- ☐ 1 kg d'asperges blanches (a)
- ☐ 2 brins de romarin (b)
- ☐ 6 gousses d'ail (b : 2/c : 2/d : 2)
- ☐ 500 g de pommes de terre (c)
- ☐ 1 oignon rouge (c)
- ☐ 2 belles aubergines (d)
- ☐ 1 oignon jaune (d)
- ☐ 250 g de tomates cerises (e)
- ☐ 1 concombre (e)
- ☐ 1 petite botte de ciboulette (a) utilisée en semaine
- ☐ Quelques brins de coriandre (c) utilisés en semaine
- ☐ 2 brins de basilic (d) utilisés en semaine

POISSON

- ☐ 6 tranches de saumon fumé (a) utilisées en semaine

SURGELÉS

- ☐ 150 g de petits pois (c)

DANS VOTRE PLACARD

- ☐ Sel, poivre, curcuma, garam masala, gingembre moulu, piment de Cayenne, menthe séchée, herbes de Provence
- ☐ 1 cube de bouillon de légumes (a)
- ☐ Vinaigre de vin rouge
- ☐ Huile d'olive

ÉPICERIE

- ☐ 20 cl de vin blanc sec (b)
- ☐ 600 g de tomates concassées (c : 400/d : 200)
- ☐ 300 g de penne (e)
- ☐ 150 g d'olives noires dénoyautées (b : 100/e : 50) utilisées en semaine
- ☐ 3 c. à soupe de pignons de pin (b) utilisés en semaine
- ☐ 300 g de pâtes sèches courtes (d) utilisées en semaine

CRÉMERIE

- ☐ 80 g de beurre (a)
- ☐ 25 cl de crème liquide (a) utilisée en semaine
- ☐ 50 g de ricotta (d) utilisée en semaine
- ☐ 80 g de parmesan râpé (d) utilisé en semaine
- ☐ 150 g de feta (e) utilisée en semaine

VIANDE

- ☐ 1 lapin en morceaux sans les abats (b)

LES ACCOMPAGNEMENTS À PRÉVOIR

- Vous pouvez servir la crème d'asperges avec des tartines de pain grillé.
- Prévoyez des pâtes fraîches pour accompagner le lapin.
- Servez le curry végétarien avec du riz basmati.

VENDREDI
LUNDI
MERCREDI
JEUDI

MARDI

Les préparations DU WEEK-END

1

LANCEZ LA PREMIÈRE CUISSON AU COOKEO

(e) Dans la cuve du Cookeo, mettez les penne, couvrez largement d'eau et lancez le **mode sous pression** pour la moitié du temps indiqué sur le paquet. Rafraîchissez-les sous un filet d'eau froide pour stopper la cuisson. Égouttez bien et réservez.

2

DÉCOUPEZ ET PRÉPAREZ LES INGRÉDIENTS DES PREMIÈRES RECETTES

Épluchez les oignons et ciselez-les finement.

Pelez et dégermez les gousses d'ail.

(a) Pelez les asperges et coupez-les en petits tronçons.

3

ENCHAÎNEZ AVEC LA CRÈME D'ASPERGE AU COOKEO

(a) Rincez la cuve du Cookeo. Faites-y revenir les morceaux d'asperges dans 80 g de beurre 5 min en **mode dorer** en remuant régulièrement. Ajoutez 1 cube de bouillon de légumes émietté et 30 cl d'eau. Lancez le **mode sous pression** pour 20 min. Rectifiez l'assaisonnement, puis mixez.

♦ Laissez refroidir, puis placez dans un contenant hermétique au frais.

4

PENDANT CE TEMPS, PRÉPAREZ LA SUITE DES INGRÉDIENTS

(d) Coupez les aubergines en cubes.

(c) Épluchez les pommes de terre, puis coupez-les en morceaux.

5

ENCHAÎNEZ AVEC LA SAUCE TOMATE AU COOKEO

(d) Rincez la cuve du Cookeo. Faites-y revenir 2 gousses d'ail pressées et l'oignon jaune ciselé dans 1 c. à soupe d'huile d'olive en **mode dorer**. Ajoutez les cubes d'aubergines et laissez cuire 3 min. Ajoutez 200 g de tomates concassées, puis lancez le **mode sous pression** pour 5 min.

♦ Laissez refroidir, puis placez dans un contenant hermétique au frais.

6

ENCHAÎNEZ AVEC LE CURRY AU COOKEO

(c) Rincez la cuve du Cookeo. Faites-y revenir 2 gousses d'ail pressées, l'oignon rouge ciselé, les dés de pommes de terre et les petits pois encore surgelés dans un peu d'huile d'olive en **mode dorer**. Mélangez, puis ajoutez ½ c. à café de curcuma, 1 c. à soupe de garam masala, ½ c. à café de gingembre moulu et ½ c. à café de piment de Cayenne. Ajoutez 400 g de tomates concassées, couvrez d'eau à hauteur, salez et poivrez. Lancez le **mode sous pression** pour 15 min.

♦ Laissez refroidir, puis placez dans un contenant hermétique au frais.

7

PENDANT CE TEMPS, PRÉPAREZ LE RESTE DES INGRÉDIENTS

(e) Coupez les tomates cerises en 4.

(e) Coupez le concombre en petits dés.

♦ Placez le concombre, les tomates cerises et les penne refroidies dans un contenant hermétique au frais.

8

TERMINEZ AVEC LE LAPIN AU COOKEO

(b) Rincez la cuve du Cookeo. Faites-y revenir les morceaux de lapin sur toutes les faces dans un peu d'huile d'olive en **mode dorer**. Ajoutez 2 brins de romarin et 2 gousses d'ail écrasées. Salez, puis ajoutez 2 c. à soupe de vinaigre de vin rouge et le vin blanc. Grattez bien les sucs au fond de la cocotte. Lancez le **mode sous pression** pour 20 min. Retirez le romarin.

♦ Laissez refroidir, puis placez dans un contenant hermétique au frais.

Les assemblages
À FAIRE EN SEMAINE

Lundi **(a)**

CRÈME D'ASPERGES AU SAUMON

Ma préparation : la crème d'asperges

› *J'ajoute : 25 cl de crème liquide, 6 tranches de saumon fumé, 1 petite botte de ciboulette*

Réchauffez la crème d'asperges à la casserole à feu doux en ajoutant la crème liquide.

Coupez le saumon en lamelles. Servez le tout dans des bols avec quelques brins de ciboulette.

Mardi **(b)**

LAPIN À L'ITALIENNE

Ma préparation : le lapin

› *J'ajoute : 100 g d'olives noires dénoyautées, 3 c. à soupe de pignons de pin*

Réchauffez le lapin dans une cocotte à feu moyen avec les olives noires et les pignons de pin en rajoutant de l'eau si besoin.

Servez éventuellement avec des pâtes fraîches.

Mercredi **(c)**

ALOO MATAR (CURRY VÉGÉTARIEN)

Ma préparation : le curry

› *J'ajoute : quelques brins de coriandre*

Réchauffez le curry à la casserole à feu doux ou au Cookeo. Servez avec la coriandre ciselée et éventuellement du riz basmati.

Jeudi **(d)**

PÂTES À LA SAUCE AUX AUBERGINES ET TOMATES

Ma préparation : la sauce

› *J'ajoute : 300 g de pâtes sèches courtes, 50 g de ricotta, 80 g de parmesan râpé, 2 brins de basilic*

Dans la cuve du Cookeo, mettez la sauce aux aubergines avec 20 cl d'eau et les pâtes. Lancez le **mode sous pression** pour la moitié du temps indiqué sur l'emballage des pâtes.

Servez chaud avec le basilic, la ricotta et le parmesan.

Vendredi **(e)**

SALADE DE PENNE À LA GRECQUE

Ma préparation : les penne aux crudités

› *J'ajoute : 150 g de feta, 50 g d'olives noires dénoyautées, ½ c. à café de menthe séchée, 1 c. à café d'herbes de Provence*

Arrosez la salade de penne d'huile d'olive, puis ajoutez la feta en dés, les olives, la menthe et les herbes de Provence. Mélangez bien et rectifiez l'assaisonnement.

menu 9

Le menu de la semaine

LUNDI (A)

CAKE AU JAMBON
ET PETITS LÉGUMES

♦ 2-3 jours au réfrigérateur, peut être congelé

MARDI (B)

AUBERGINES RÔTIES
AUX LENTILLES, SAUCE TAHINI

♦ 4-5 jours au réfrigérateur, peuvent être congelées

MERCREDI (C)

SALADE DE CHOU-FLEUR
AU MAÏS ET CONCOMBRE

♦ 4-5 jours au réfrigérateur, ne pas congeler

JEUDI (D)

POIS CHICHES AUX CAROTTES,
DATTES ET FETA

♦ 4-5 jours au réfrigérateur, peuvent être congelés

VENDREDI (E)

QUINOA BOWL,
SAUCE THAÏE

♦ 4-5 jours au réfrigérateur, ne pas congeler

La liste des courses

Coût : environ 50 €

POUR 4 PERSONNES

FRUITS ET LÉGUMES

- ☐ 2 carottes nouvelles avec les fanes (a)
- ☐ 125 g de petits pois à écosser (a)
- ☐ 2 oignons nouveaux (a)
- ☐ 2 belles aubergines (soit environ 900 g) (b)
- ☐ 4 brins de romarin (b)
- ☐ 10 gousses d'ail (b : 6/d : 4)
- ☐ 2 oignons jaunes (b : 1/d : 1)
- ☐ 2 citrons jaunes (b : 1/d : 1 utilisé en semaine)
- ☐ 6 carottes (b : 2/d : 2/e : 2)
- ☐ 1 chou-fleur (c)
- ☐ 1 concombre (c)
- ☐ 2 oignons rouges (c : 1/e : 1)
- ☐ 3 cm de gingembre (d/e)
- ☐ 1/2 chou rouge (e)

ÉPICERIE

- ☐ 300 g de lentilles vertes (b)
- ☐ 150 g de tahini (b)
- ☐ 300 g de pois chiches (d) à faire tremper la veille
- ☐ 6 dattes (d)
- ☐ 70 g de concentré de tomate (d)
- ☐ 200 g de lentilles corail (e)
- ☐ 200 g de quinoa (e)
- ☐ 50 g de beurre de cacahuète (e)
- ☐ 30 g de pignons de pin (b) utilisés en semaine
- ☐ 150 g de maïs doux en boîte (c) utilisé en semaine
- ☐ 1 bocal de poivrons marinés (c) utilisé en semaine
- ☐ 50 g de noix de cajou (e) utilisées en semaine

SURGELÉS

- ☐ 300 g de queues de crevettes (e) utilisées en semaine

CRÉMERIE

- ☐ 4 cl de lait (a)
- ☐ 1 petite boule de mozzarella (a)
- ☐ 6 œufs (a : 2/c : 4)
- ☐ 200 g de féta (d) utilisée en semaine

DANS VOTRE PLACARD

- ☐ Sel, poivre, cumin, cannelle, 2 feuilles de laurier
- ☐ 125 g de farine (a)
- ☐ 1/2 sachet de levure chimique (a), 1/2 c. à café de bicarbonate (d)
- ☐ 1 l de bouillon de légumes (b)
- ☐ Miel (e)
- ☐ Sauce soja (e)
- ☐ Mayonnaise (c)
- ☐ Vinaigre balsamique, vinaigre de cidre, vinaigre de riz
- ☐ Huile d'olive, huile de sésame

CHARCUTERIE

- ☐ 80 g de dés de jambon (a)

LES ACCOMPAGNEMENTS À PRÉVOIR

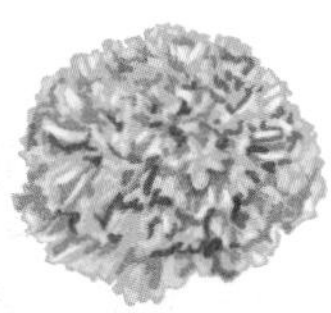

- Accompagnez le cake de salade verte et/ou de crudités.
- Servez les pois chiches avec des œufs au plat et des tranches de pain grillées.

JEUDI
VENDREDI
MARDI
VENDREDI

MERCREDI
VENDREDI
LUNDI
VENDREDI

Les préparations DU WEEK-END

1

LANCEZ LES PREMIÈRES PRÉPARATIONS ET CUISSONS

Préchauffez le four à 200 °C.

(e) Dans la cuve du Cookeo, mettez les lentilles corail, couvrez d'un grand volume d'eau non salée et lancez le **mode sous pression** pour 8 min. Égouttez et réservez.

(b) Coupez les aubergines en 2 et quadrillez la chair avec la pointe d'un couteau. Déposez-les sur une plaque recouverte de papier sulfurisé, arrosez généreusement d'huile d'olive, salez et poivrez. Déposez 1 brin de romarin sur chaque demi-aubergine et enfournez pour 25 min.

♦ Laissez refroidir, puis placez dans un contenant hermétique au frais.

(c) Faites cuire 4 œufs 10 min dans de l'eau bouillante.

♦ Laissez refroidir, puis conservez-les dans leur coquille au frais.

(e) Dans la cuve du Cookeo, versez le quinoa, couvrez d'un grand volume d'eau salée et lancez le **mode sous pression** pour 5 min. Égouttez.

♦ Laissez refroidir, puis placez les lentilles corail et le quinoa dans un contenant hermétique au frais.

2

DÉCOUPEZ ET PRÉPAREZ LES INGRÉDIENTS DES PREMIÈRES RECETTES

Pelez les oignons jaunes et les oignons nouveaux, puis ciselez-les finement.

Pelez les oignons rouges et émincez-les en demi-rondelles.

Pelez et dégermez les gousses d'ail.

(d/e) Râpez le gingembre en purée.

(b/d/e) Épluchez les carottes et coupez-en 2 en rondelles, 2 en tronçons et râpez les 2 autres.

♦ Placez les carottes râpées dans un contenant hermétique au frais.

3

ENCHAÎNEZ AVEC LES LENTILLES AU COOKEO

(b) Rincez la cuve du Cookeo. Faites-y revenir 1 oignon jaune ciselé et les 2 carottes en rondelles dans 1 c. à soupe d'huile d'olive 2 min en **mode dorer**. Ajoutez 3 gousses d'ail pressées, les lentilles vertes, 2 feuilles de laurier et 1 l de bouillon de légumes. Mélangez, puis lancez le **mode sous pression** pour 12 min. Retirez l'excédent de liquide, salez et poivrez.

♦ Laissez refroidir, puis placez dans un contenant hermétique au frais.

4

PENDANT CE TEMPS, PRÉPAREZ LA SUITE DES INGRÉDIENTS

(d) Dénoyautez les dattes et coupez-les en morceaux.

5

ENCHAÎNEZ AVEC LES POIS CHICHES AU COOKEO

(d) Mettez 1 oignon jaune ciselé, 4 gousses d'ail pressées et la moitié du gingembre dans un mixeur et réduisez en purée. Rincez la cuve du Cookeo. Faites-y revenir la purée d'oignon et d'ail dans un peu d'huile d'olive 1 min en **mode dorer**. Ajoutez ½ c. à café de cumin, ½ c. à café de cannelle, les dattes et le concentré de tomate. Mélangez et laissez cuire 1 min. Ajoutez les de pois chiches égouttés, les 2 carottes en tronçons, 2 feuilles de laurier, ½ c. à café de bicarbonate et 75 cl d'eau. Salez et poivrez généreusement. Lancez le **mode sous pression** pour 30 min, puis retirez l'excédent de liquide.

♦ Laissez refroidir, puis placez dans un contenant hermétique au frais.

6

PENDANT CE TEMPS, PRÉPAREZ LE RESTE DES INGRÉDIENTS

(a) Épluchez les carottes nouvelles et coupez-les en petits dés, puis ciselez finement les fanes.

(a) Écossez les petits pois.

(a) Coupez la mozzarella en dés.

(c) Détachez les fleurettes du chou-fleur.

♦ Placez-les dans un contenant hermétique au frais avec 1 oignon rouge.

(c) Coupez le concombre en demi-rondelles.

♦ Placez-le dans un récipient hermétique au frais.

(e) Émincez finement le chou rouge.

♦ Placez-le dans un contenant hermétique au frais avec 1 oignon rouge.

7

ENCHAÎNEZ AVEC LE CAKE AU COOKEO

(a) Rincez la cuve du Cookeo. Fouettez 2 œufs avec 4 cl d'huile d'olive, le lait et ½ c. à café de vinaigre balsamique. Salez et poivrez, puis ajoutez 125 g de farine et ½ sachet de levure chimique tamisées. Ajoutez les dés de jambon et de mozzarella, les petits pois, les oignons nouveaux, les carottes nouvelles et leurs fanes. Mélangez bien et versez dans un moule adapté au Cookeo. Couvrez de film alimentaire et déposez dans le panier vapeur. Versez 20 cl d'eau dans la cuve et placez-y le panier. Lancez le **mode sous pression** pour 45 min.

♦ Laissez refroidir, puis couvrez et placez au frais.

8

PENDANT CE TEMPS, PRÉPAREZ LA SAUCE TAHINI (HORS COOKEO)

(b) Dans le bol d'un mixeur, mettez 3 gousses d'ail, le jus de 1 citron, ½ c. à café de cumin et le tahini. Mixez jusqu'à obtenir une texture lisse et homogène. Ajoutez un peu d'eau pour fluidifier et assaisonnez à votre goût en sel et poivre.

♦ Placez dans un bocal hermétique au frais.

9

TERMINEZ AVEC LA SAUCE SALADE (HORS COOKEO)

(e) Dans un bol, mettez le beurre de cacahuète et 1 c. à soupe de miel et faites fondre au micro-ondes. Ajoutez le reste du gingembre râpé, 3 c. à soupe de sauce soja, 1 c. à café d'huile de sésame, 1 c. à café d'huile d'olive et 1 c. à soupe de vinaigre de riz. Mélangez bien en ajoutant de l'eau si la sauce est trop épaisse.

♦ Placez dans un bocal hermétique au frais.

Les assemblages
À FAIRE EN SEMAINE

Lundi **(a)**

CAKE AU JAMBON ET PETITS LÉGUMES

Ma préparation : le cake

Réchauffez le cake 10 min au four à 180 °C.

Servez éventuellement avec une salade verte et/ou des crudités.

Mardi **(b)**

AUBERGINES RÔTIES AUX LENTILLES, SAUCE TAHINI

Ma préparation : les aubergines rôties, les lentilles vertes cuisinées, la sauce tahini

› J'ajoute : 30 g de pignons de pin

Réchauffez les lentilles vertes à la casserole à feu doux. Passez rapidement les aubergines sous le gril du four. Faites griller les pignons de pin dans une poêle à sec.

Dressez les lentilles dans des assiettes avec les aubergines, nappez de sauce et parsemez de pignons de pin.

Mercredi **(c)**

SALADE DE CHOU-FLEUR AU MAÏS ET CONCOMBRE

Mes préparations : les œufs durs, le contenant avec le chou-fleur et l'oignon rouge, le concombre

› J'ajoute : 150 g de maïs doux, 1 bocal de poivrons marinés, 1 c. à soupe de mayonnaise

Dans un saladier, écrasez les jaunes d'œufs à la fourchette. Ajoutez 3 c. à soupe de vinaigre de cidre, 3 c. à soupe d'huile d'olive et la mayonnaise. Mélangez bien et rectifiez l'assaisonnement. Ajoutez le chou-fleur, l'oignon rouge, le maïs, les poivrons et le concombre en demi-rondelles. Mélangez bien et servez frais.

Jeudi **(d)**

POIS CHICHES AUX CAROTTES, DATTES ET FETA

Ma préparation : les pois chiches cuisinés

› J'ajoute : 1 citron, 200 g de feta

Réchauffez les pois chiches à la casserole à feu doux en remuant.

Au moment de servir, ajoutez le jus du citron et parsemez de feta émiettée.

Vendredi **(e)**

QUINOA BOWL, SAUCE THAÏE

Mes préparations : les lentilles corail et le quinoa, les carottes râpées, le chou rouge, la sauce salade

› J'ajoute : 300 g de queues de crevettes, 50 g de noix de cajou concassées

Dans une poêle, faites griller les crevettes décongelées avec un peu d'huile d'olive. Salez et poivrez.

Pendant ce temps, dressez les bowls avec les lentilles, le quinoa, les carottes et le chou rouge. Ajoutez les crevettes, nappez de sauce, parsemez de noix de cajou concassées et mélangez.

menu 10

Le menu de la semaine

LUNDI (A)

MARMITE
DE LA MER

1 jour au réfrigérateur, peut être congelée

MARDI (B)

POULET AUX RATTES DU TOUQUET
ET CITRON

2-3 jours au réfrigérateur, congélation déconseillée

MERCREDI (C)

AUBERGINES FARCIES
À L'AGNEAU ET CITRON CONFIT

2-3 jours au réfrigérateur, peuvent être congelées

JEUDI (D)

BOULETTES DE HARICOTS ROUGES,
SAUCE TOMATE

4-5 jours au réfrigérateur, peuvent être congelées

VENDREDI (E)

GRATIN
DE FENOUIL

4-5 jours au réfrigérateur, peut être congelé

La liste des courses

POUR 4 PERSONNES

Coût : environ 50 €

FRUITS ET LÉGUMES

- ☐ 7 gousses d'ail (a : 2/c : 1/d : 4)
- ☐ 3 oignons jaunes (a : 1/d : 2)
- ☐ 5 bulbes de fenouil (a : 1/e : 4)
- ☐ 1 poivron jaune (b)
- ☐ 2 citrons jaunes (b)
- ☐ 800 g de pommes de terre rattes (b)
- ☐ 2 oignons rouges (b : 1/c : 1)
- ☐ 2 aubergines (c)
- ☐ 1 bouquet de persil plat (c)
- ☐ 2 kg de tomates rondes (d)
- ☐ 3 brins de basilic (d)
- ☐ 300 g de champignons de Paris (e)
- ☐ 1 échalote (e)

POISSON

- ☐ 350 g de cabillaud (a)
- ☐ 500 g de moules (a)
- ☐ 500 g de queues de crevettes (a)

DANS VOTRE PLACARD

- ☐ Sel, poivre, curcuma, herbes séchées (persil, origan, sauge...), zaatar, paprika fumé, cumin, coriandre moulue, curry
- ☐ 1 cube de bouillon de légumes (a)
- ☐ Sauce nuoc-mâm (a)
- ☐ 2 morceaux de sucre (d)
- ☐ Huile d'olive

ÉPICERIE

- ☐ 250 g de tomates pelées en boîte (a)
- ☐ 28 cl de vin blanc (a : 20/b : 8)
- ☐ 140 g de concentré de tomate (a : 70/d : 70)
- ☐ 1 citron confit (c)
- ☐ 500 g de haricots rouges en boîte (d)
- ☐ 50 g de flocons d'avoine (d)

CRÉMERIE

- ☐ 1 œuf (c)
- ☐ 50 g de beurre (e)
- ☐ 20 cl de crème liquide (e) utilisée en semaine
- ☐ 100 g de fromage râpé (e) utilisé en semaine

VIANDE ET CHARCUTERIE

- ☐ 1 chorizo (a)
- ☐ 4 cuisses de poulet (b)
- ☐ 350 g d'épaule d'agneau hachée (c)

LES ACCOMPAGNEMENTS À PRÉVOIR

- Prévoyez du riz basmati pour accompagner la marmite de la mer.
- Vous pouvez servir les boulettes de haricots avec du boulgour.
- Accompagnez le gratin d'une salade verte et/ou de crudités de saison.

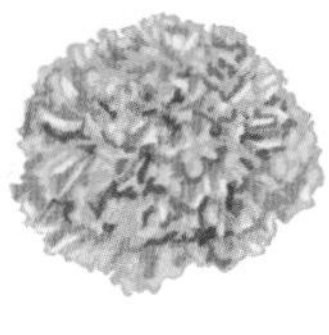

MARDI
VENDREDI
JEUDI

JEUDI
LUNDI
MERCREDI

Les préparations DU WEEK-END

1

LANCEZ LES PREMIÈRES PRÉPARATIONS ET CUISSONS

Préchauffez le four à 180 °C.

(b) Mettez les cuisses de poulet dans un plat, ajoutez 6 cl d'huile d'olive, 8 cl de vin blanc, le jus de 1 citron et 2 c. à café d'herbes séchées. Mélangez et laissez mariner 30 min au frais.

(e) Coupez 4 fenouils en grosses tranches, puis déposez-les dans le panier vapeur du Cookeo. Versez 20 cl d'eau dans la cuve, placez-y le panier et lancez le **mode sous pression** pour 10 min.

♦ Laissez refroidir, puis placez dans un contenant hermétique au frais.

(c) Lavez les aubergines, retirez le pédoncule et coupez-les en 2 dans la longueur. Quadrillez la chair, puis creusez-la délicatement. Réservez la chair, puis déposez les aubergines sur une plaque recouverte de papier sulfurisé et enfournez pour 20 min. Réservez.

2

DÉCOUPEZ ET PRÉPAREZ LES INGRÉDIENTS DES PREMIÈRES RECETTES

Épluchez les oignons jaunes et ciselez-les finement.

Pelez et dégermez les gousses d'ail.

(b) Pelez les oignons rouges. Coupez-en 1 en rondelles grossières et ciselez l'autre.

(e) Épluchez et ciselez finement l'échalote.

(d) Coupez les tomates en 4.

(d) Ciselez le basilic.

3

LANCEZ LA SAUCE TOMATE AU COOKEO

(d) Rincez la cuve du Cookeo. Faites-y revenir 1 oignon jaune ciselé et 2 gousses d'ail pressées dans un peu d'huile d'olive en **mode dorer**. Ajoutez les tomates en quartiers, le basilic ciselé, 2 morceaux de sucre, salez et poivrez. Lancez le **mode sous pression** pour 10 min.

♦ Laissez refroidir, puis placez dans un contenant hermétique au frais.

4

PENDANT CE TEMPS, PRÉPAREZ LA SUITE DES INGRÉDIENTS

(c) Coupez le citron confit en petits dés.

(c) Effeuillez le persil.

5

ENCHAÎNEZ AVEC LES AUBERGINES FARCIES AU COOKEO

(c) Rincez la cuve du Cookeo. Mettez-y la viande hachée avec la chair des aubergines, 1 gousse d'ail pressée, l'oignon rouge ciselé, le citron confit et le persil. Ajoutez 1 c. à soupe d'huile d'olive et 1 c. à café de zaatar. Ajoutez l'œuf, salez et poivrez. Mélangez bien la farce, puis faites-la revenir dans 1 c. à soupe d'huile d'olive en mode dorer. Garnissez les aubergines rôties de cette farce.

♦ Laissez refroidir, puis placez dans un contenant hermétique au frais.

6

PENDANT CE TEMPS, PRÉPAREZ LE RESTE DES INGRÉDIENTS

(a) Coupez le chorizo en fines rondelles.

(a) Émincez le fenouil restant.

(a) Coupez le cabillaud en gros cubes et nettoyez les moules.

(b) Coupez le poivron en lanières.

(b) Coupez le citron restant en 4.

(b) Rincez les pommes de terre et séchez-les.

(e) Brossez les champignons et coupez-les en lamelles.

7

PRÉPAREZ LES BOULETTES, À ENFOURNER APRÈS LES AUBERGINES (HORS COOKEO)

(d) Dans un mixeur, mettez les haricots rouges égouttés, 1 oignon jaune, 2 gousses d'ail, 70 g de concentré de tomate et les flocons d'avoine. Mixez jusqu'à obtenir une pâte. Ajoutez 2 c. à café de paprika fumé, 1 c. à café de cumin, 1 c. à café de coriandre moulue, salez et poivrez. Formez une vingtaine de boulettes en humidifiant vos mains et déposez-les sur une plaque recouverte de papier sulfurisé. Enfournez pour 20 min.

♦ Laissez refroidir, puis placez dans un contenant hermétique au frais.

8

ENCHAÎNEZ AVEC LA MARMITE DE LA MER AU COOKEO

(a) Rincez la cuve du Cookeo. Faites-y revenir le chorizo en **mode dorer**, jusqu'à ce qu'il soit bien grillé, puis réservez. Ajoutez le fenouil émincé et 1 oignon jaune ciselé et faites cuire 1 min. Ajoutez 2 gousses d'ail pressées et 70 g de concentré de tomate, laissez cuire 1 min en remuant, puis déglacez avec 20 cl de vin blanc. Ajoutez les tomates pelées grossièrement concassées, 1 cube de bouillon de légumes émietté, 1 c. à soupe de sauce nuoc-mâm, 1 c. à café de curcuma et le chorizo. Ajoutez les cubes de cabillaud, les moules et les crevettes, couvrez de 60 cl d'eau et lancez le **mode sous pression** pour 5 min.

♦ Laissez refroidir, puis placez dans un contenant hermétique au frais.

9

PRÉPAREZ LES CHAMPIGNONS DU GRATIN (HORS COOKEO)

(e) Dans une poêle, faites fondre 1 échalote dans 50 g de beurre, ajoutez les lamelles de champignons et laissez cuire à feu moyen jusqu'à ce qu'ils aient rendu toute leur eau. Ajoutez 2 c. à café de curry, salez et poivrez.

♦ Laissez refroidir, puis placez dans un contenant hermétique au frais.

10

TERMINEZ AVEC LE POULET, À ENFOURNER APRÈS LES BOULETTES (HORS COOKEO)

(b) Répartissez le poivron jaune, l'oignon rouge en rondelles, les quartiers de citron et les pommes de terre dans un grand plat allant au four. Placez les cuisses de poulet par-dessus, arrosez avec la marinade, salez et poivrez. Enfournez pour 1 h.

♦ Laissez refroidir, puis placez dans un contenant hermétique au frais.

Les assemblages
À FAIRE EN SEMAINE

Lundi **(a)**

MARMITE DE LA MER

Ma préparation : la marmite de la mer

Réchauffez la marmite de poisson à la casserole à feu doux.

Servez éventuellement avec du riz basmati.

Mardi **(b)**

POULET AUX RATTES DU TOUQUET ET CITRON

Ma préparation : le poulet aux rattes

Réchauffez le poulet aux rattes 15 min au four à 160 °C en couvrant si besoin d'une feuille de papier sulfurisé.

Mercredi **(c)**

AUBERGINES FARCIES À L'AGNEAU ET CITRON CONFIT

Ma préparation : les aubergines farcies

Réchauffez les aubergines 15 min au four à 160 °C en couvrant si besoin d'une feuille de papier sulfurisé.

Jeudi **(d)**

BOULETTES DE HARICOTS ROUGES, SAUCE TOMATE

Mes préparations : la sauce tomate, les boulettes de haricots

Réchauffez les boulettes de haricots rouges dans la sauce tomate à la casserole à feu doux.

Vendredi **(e)**

GRATIN DE FENOUIL

Mes préparations : les fenouils, les champignons

› *J'ajoute : 20 cl de crème liquide, 100 g de fromage râpé*

Déposez les fenouils dans un plat à gratin, ajoutez les champignons, la crème, puis parsemez de fromage râpé. Enfournez pour 20 min à 180 °C.

menu 11

Le menu de la semaine

LUNDI (A)

RIZ SAUTÉ
À L'ANANAS ET CREVETTES

2 jours au réfrigérateur, congélation déconseillée

MARDI (B)

ONE PAN DE POULET
AUX POIS CASSÉS

2-3 jours au réfrigérateur, peut être congelé

MERCREDI (C)

SALADE D'ORGE
À L'ITALIENNE

4-5 jours au réfrigérateur, ne pas congeler

JEUDI (D)

POIS CHICHES
À L'AIGRE-DOUCE

4-5 jours au réfrigérateur, peuvent être congelés

VENDREDI (E)

TERRINE DE LÉGUMES
PRINTANIÈRE

4-5 jours au réfrigérateur, peut être congelée

La liste des courses

POUR 4 PERSONNES

Coût : environ 50 €

FRUITS ET LÉGUMES

- ☐ 2 carottes (a)
- ☐ 1 petit piment (a) (facultatif)
- ☐ 2 oignons jaunes (a : 1/b : 1)
- ☐ 6 gousses d'ail (a : 2/c : 2/d : 2)
- ☐ 1 tête d'ail (b)
- ☐ 1 orange (b)
- ☐ 80 g de basilic frais (c)
- ☐ 3 carottes nouvelles avec les fanes (e)
- ☐ 250 g de petits pois à écosser (e)
- ☐ 6 asperges vertes (e)
- ☐ 1 échalote (e)
- ☐ 1 bouquet de coriandre (a/b) utilisé en semaine
- ☐ 1 citron vert (b) utilisé en semaine
- ☐ 250 g de tomates cerises (c) utilisées en semaine

SURGELÉS

- ☐ 24 crevettes (a)

DANS VOTRE PLACARD

- ☐ Sel, poivre, gingembre moulu, coriandre, cumin
- ☐ 1 c. à soupe de fécule de maïs (d)
- ☐ Sucre semoule (d)
- ☐ Sauce soja (a/d)
- ☐ 50 cl de bouillon de volaille (b)
- ☐ Vinaigre de riz (d)
- ☐ Huile d'olive, huile de sésame

ÉPICERIE

- ☐ 150 g de maïs doux en boîte (a)
- ☐ 150 g de riz complet (a)
- ☐ 1 grande boîte d'ananas sans sucre ajouté (a/d)
- ☐ 200 g de pois cassés (b)
- ☐ 3 cl de sirop d'érable (b) dont 1 cl utilisé en semaine
- ☐ 200 g d'orge perlé (c)
- ☐ 2 c. à soupe de pignons de pin (c)
- ☐ 400 g de pois chiches en boîte (d)
- ☐ 70 g de concentré de tomate (d)
- ☐ 1 boîte de cœurs d'artichauts (c) utilisés en semaine

CRÉMERIE

- ☐ 60 g de parmesan râpé (c)
- ☐ 5 œufs (e)
- ☐ 20 cl de crème fraîche épaisse (e)
- ☐ 200 g de billes de mozzarella (c) utilisées en semaine

VIANDE

- ☐ 4 cuisses de poulet (b)

LES ACCOMPAGNEMENTS À PRÉVOIR

- Vous pouvez accompagner les pois chiches à l'aigre-douce de la céréale de votre choix ou de pâtes.
- Servez la terrine de légumes avec une salade verte et/ou des crudités de saison.

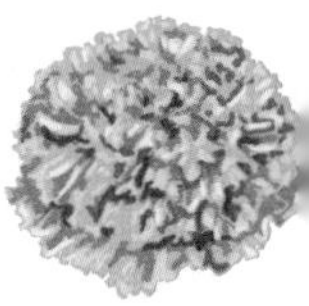

JEUDI
MARDI

LUNDI
VENDREDI
MERCREDI

Les préparations DU WEEK-END

1

LANCEZ LES PREMIÈRES PRÉPARATIONS ET CUISSONS

Préchauffez le four à 200 °C.

Épluchez 1 oignon et coupez-le en 6.

(b) Coupez l'orange en 6.

(b) Coupez la tête d'ail en 2 dans la hauteur.

(c) Faites cuire l'orge en suivant les indications du paquet, puis laissez refroidir à température ambiante. Réservez.

(b) Dans un grand saladier, mélangez les pois cassés crus, 50 cl de bouillon de volaille, 15 cl d'eau et ½ c. à café de sel. Versez la préparation dans un plat creux allant au four. Mettez les cuisses de poulet dans le saladier avec l'orange en morceaux, la tête d'ail coupée en 2, l'oignon coupé en 6, 1 c. à café de coriandre et 1 c. à café de cumin. Ajoutez 5 cl d'huile d'olive, 2 cl de sirop d'érable, salez et poivrez. Mélangez bien jusqu'à ce que tout soit bien enrobé. Déposez le poulet et sa marinade au-dessus des pois cassés dans le plat. Couvrez et enfournez pour 1 h.

♦ Laissez refroidir, puis couvrez et placez au frais.

2

DÉCOUPEZ ET PRÉPAREZ LES INGRÉDIENTS DES PREMIÈRES RECETTES

Épluchez l'oignon restant et ciselez-le finement.

Pelez l'échalote et émincez-la finement.

Pelez et dégermez les gousses d'ail.

(a/d) Égouttez l'ananas en séparant les fruits et le jus. Coupez-le en dés.

3

LANCEZ LES POIS CHICHES AU COOKEO

(d) Mettez 2 gousses d'ail dans un mixeur avec le jus de la boîte d'ananas, le concentré de tomate, 1 c. à soupe de fécule de maïs, 3 c. à soupe de vinaigre de riz, 2 c. à soupe de sauce soja, 1 c. à soupe de sucre et 6 cl d'eau. Mixez jusqu'à obtenir une pâte homogène. Versez-la dans la cuve du Cookeo, ajoutez les pois chiches égouttés et lancez le **mode sous pression** pour 5 min.

♦ Laissez refroidir, puis placez dans un contenant hermétique au frais.

4

PENDANT CE TEMPS, PRÉPAREZ LA SUITE DES INGRÉDIENTS

(a) Pelez les carottes et râpez-les grossièrement.

(a) Épépinez le piment, puis émincez-le finement.

5

LANCEZ LE RIZ SAUTÉ AU COOKEO

(a) Rincez la cuve du Cookeo. Faites-y revenir les crevettes dans un peu d'huile de sésame en **mode dorer**, jusqu'à ce qu'elles prennent une jolie couleur rosée, puis réservez. Mettez 1 oignon ciselé et 2 gousses d'ail pressées à la place des crevettes et faites dorer 2 min. Ajoutez les carottes, les dés d'ananas, le maïs égoutté et le riz complet, couvrez d'eau à hauteur et lancez le **mode sous pression** pour 6 min. Pendant ce temps, dans un bol, mélangez 8 c. à soupe de sauce soja, 4 c. à soupe d'huile de sésame et 1 c. à café de gingembre moulu et éventuellement le piment émincé. Ajoutez la sauce et les crevettes dans la cuve en fin de cuisson.

♦ Laissez refroidir, puis placez dans un contenant hermétique au frais.

6

PENDANT CE TEMPS, PRÉPAREZ LE RESTE DES INGRÉDIENTS

(e) Épluchez les carottes nouvelles, coupez-les en cubes et ciselez les fanes.

(e) Écossez les petits pois.

(e) Épluchez les asperges et coupez-les en petits tronçons.

7

LANCEZ LA TERRINE AU COOKEO

(e) Rincez la cuve du Cookeo. Battez les œufs avec la crème épaisse, salez, poivrez et ajoutez 1 échalote ciselée. Tapissez un moule à cake adapté au Cookeo de film alimentaire, déposez-y les fanes de carottes nouvelles, le tiers des petits pois, des carottes nouvelles et des asperges. Couvrez d'un peu de préparation aux œufs, puis répétez les couches jusqu'à épuisement. Couvrez de film alimentaire. Versez 40 cl d'eau dans la cuve du Cookeo et placez-y le panier vapeur contenant le moule. Lancez le **mode sous pression** pour 45 min.

♦ Laissez refroidir, puis placez dans un contenant hermétique au frais.

8

TERMINEZ AVEC L'ORGE AU PESTO (HORS COOKEO)

(c) Mixez le basilic avec 1 pincée de sel, puis ajoutez le parmesan râpé et les pignons de pin et mixez à nouveau. Ajoutez 2 gousses d'ail et 20 cl d'huile d'olive et mixez encore jusqu'à obtenir une texture fine et crémeuse. Ajoutez ce pesto à l'orge, rectifiez l'assaisonnement et mélangez bien.

♦ Placez dans un contenant hermétique au frais.

Les assemblages
À FAIRE EN SEMAINE

Lundi **(a)**

RIZ SAUTÉ À L'ANANAS ET CREVETTES

Ma préparation : le riz sauté

› *J'ajoute : la moitié de la coriandre*

Réchauffez le riz sauté à la casserole à feu doux.

Servez parsemé de coriandre.

Mardi **(b)**

ONE PAN DE POULET AUX POIS CASSÉS

Ma préparation : le poulet aux pois cassés

› *J'ajoute : 1 cl de sirop d'érable, 1 citron vert, la moitié de la coriandre*

Badigeonnez le poulet avec le sirop d'érable et enfournez pour 20 min à 200 °C.

Servez avec un trait de jus de citron vert et parsemez de coriandre.

Mercredi **(c)**

SALADE D'ORGE À L'ITALIENNE

Ma préparation : l'orge au pesto

› *J'ajoute : 200 g de billes de mozzarella, 250 g de tomates cerises, 1 boîte de cœurs d'artichauts*

Ajoutez à l'orge les billes de mozzarella, les tomates cerises et les cœurs d'artichauts coupés en 2. Servez bien frais.

Jeudi **(d)**

POIS CHICHES À L'AIGRE-DOUCE

Ma préparation : les pois chiches cuisinés

Réchauffez les pois chiches à feu doux à la casserole ou au Cookeo.

Servez éventuellement avec la céréale de votre choix.

Vendredi **(e)**

TERRINE DE LÉGUMES PRINTANIÈRE

Ma préparation : la terrine

Servez frais éventuellement avec une salade verte et/ou des crudités.

menu 12

Le menu de la semaine

LUNDI (A)

COCOTTE
TERRE ET MER

1 jour au réfrigérateur, peut être congelée

MARDI (B)

FILET MIGNON
AUX POIVRONS

2-3 jours au réfrigérateur, peut être congelé

MERCREDI (C)

COUSCOUS VÉGÉTARIEN
AU BOULGOUR

4-5 jours au réfrigérateur, peut être congelé

JEUDI (D)

CÔTELETTES D'AGNEAU
ET PURÉE DE POIS CASSÉS

4 jours au réfrigérateur, peuvent être congelées

VENDREDI (E)

SALADE D'AUBERGINES RÔTIES
AU FROMAGE FRAIS

4-5 jours au réfrigérateur, ne pas congeler

La liste des courses

POUR 4 PERSONNES

Coût : environ 50 €

FRUITS ET LÉGUMES

- ☐ 2 citrons jaunes (a : 1 utilisé en semaine/b : 1)
- ☐ 2 oignons rouges (a : 1/b : 1)
- ☐ 7 gousses d'ail (a : 4/b : 1/c : 2)
- ☐ 1 poivron jaune (b)
- ☐ 2 poivrons rouges (b : 1/c : 1)
- ☐ 2 courgettes (b : 1/c : 1)
- ☐ 5 aubergines (b : 1/c : 1/e : 3)
- ☐ 2 carottes (c)
- ☐ 1 branche de céleri (c)
- ☐ 2 oignons jaunes (c : 1/d : 1)

POISSON

- ☐ 1 l de coques (a)

DANS VOTRE PLACARD

- ☐ Sel, gros sel, poivre, herbes de Provence, ras el-hanout
- ☐ 1 c. à soupe de miel (b)
- ☐ 1 cube de bouillon de légumes (c), 1 cube de bouillon de volaille (d)
- ☐ 25 cl de bouillon de légumes (a)
- ☐ Huile d'olive, huile de colza

ÉPICERIE

- ☐ 400 g de tomates concassées (a)
- ☐ 33 cl de bière blonde (a)
- ☐ 140 g de concentré de tomate (a : 70/b : 70)
- ☐ 200 g de boulgour (c)
- ☐ 100 g de pois chiches en boîte (c)
- ☐ 500 g de pois cassés (d)

CRÉMERIE

- ☐ 150 g de fromage frais (e)

VIANDE ET CHARCUTERIE

- ☐ 1 chorizo (a)
- ☐ 300 g de lardons fumés (a)
- ☐ 1 filet mignon de porc ou de veau (b)
- ☐ 8 côtelettes d'agneau (d) utilisées en semaine

LES ACCOMPAGNEMENTS À PRÉVOIR

- Accompagnez la cocotte terre et mer de riz basmati ou d'une autre céréale.
- Vous pouvez servir la salade d'aubergines avec des tranches de pain de campagne et de la charcuterie.

LUNDI
MERCREDI
MARDI

JEUDI
MERCREDI
VENDREDI

Les préparations DU WEEK-END

1

LANCEZ LES PREMIÈRES PRÉPARATIONS

(a) Mettez les coques dans l'évier et couvrez-les d'eau froide. Ajoutez 1 poignée de gros sel et laissez-les dégorger 1 h en brassant et en renouvelant l'eau.

(b) Dans un bol, mélangez 2 c. à soupe d'huile d'olive, le jus de 1 citron, 1 c. à soupe de miel, 1 gousse d'ail épluchée et pressée, 1 c. à café d'herbes de Provence, du sel et du poivre. Déposez le filet mignon dans un plat et arrosez de la marinade. Laissez mariner 30 min au frais.

2

DÉCOUPEZ ET PRÉPAREZ LES INGRÉDIENTS DES PREMIÈRES RECETTES

Épluchez les oignons jaunes et ciselez-les finement.

Épluchez et émincez les oignons rouges.

Pelez et dégermez le reste des gousses d'ail.

3

LANCEZ LA PURÉE DE POIS CASSÉS AU COOKEO

(d) Dans la cuve du Cookeo, faites revenir 1 oignon jaune dans un peu d'huile d'olive 1 min en **mode dorer**. Ajoutez les pois cassés, 1 cube de bouillon de volaille et 1 l d'eau, puis lancez le **mode sous pression** pour 17 min.

♦ Laissez refroidir, puis placez dans un contenant hermétique au frais.

4

PENDANT CE TEMPS, PRÉPARэZ LA SUITE DES INGRÉDIENTS

(b/c/e) Coupez 2 aubergines en petits dés et 3 en gros dés.

(b/c) Coupez les courgettes en dés.

(b/c) Épépinez les poivrons, puis coupez-les en lanières.

5

ENCHAÎNEZ AVEC LES POIVRONS ET LE FILET MIGNON AU COOKEO

(b) Rincez la cuve du Cookeo. Faites-y revenir 1 oignon rouge dans un peu d'huile d'olive 1 min en **mode dorer**. Ajoutez 1 aubergine en petits dés et 1 courgette en dés, les lanières de 1 poivron rouge et de 1 poivron jaune, 70 g de concentré de tomate, 10 cl d'eau, salez et poivrez. Lancez le **mode sous pression** pour 10 min. Ajoutez 1 filet d'huile d'olive dans la cuve, puis le filet mignon avec sa marinade. Lancez le **mode sous pression** pour 20 min.

♦ Laissez refroidir, puis placez dans un contenant hermétique au frais.

6

PENDANT CE TEMPS, PRÉPAREZ LE RESTE DES INGRÉDIENTS

Préchauffez le four à 200 °C.

(a) Coupez le chorizo en rondelles.

(c) Épluchez les carottes et coupez-les en gros dés.

(c) Épluchez la branche de céleri et coupez-la en tronçons de 2 cm.

(e) Coupez le fromage frais en gros dés.

7

ENCHAÎNEZ AVEC LA COCOTTE TERRE ET MER AU COOKEO

(a) Rincez la cuve du Cookeo. Faites-y revenir le chorizo, les lardons et 1 oignon rouge dans 1 filet d'huile d'olive en **mode dorer**. Ajoutez 4 gousses d'ail pressées, les coques et les tomates concassées. Versez la bière et grattez bien les sucs au fond de la cuve. Ajoutez enfin 25 cl de bouillon et 70 g de concentré de tomate. Lancez le **mode sous pression** pour 8 min.

♦ Laissez refroidir, puis placez dans un contenant hermétique au frais.

8

PENDANT CE TEMPS, PRÉPAREZ LES AUBERGINES (HORS COOKEO)

(e) Mettez les 3 aubergines en gros dés dans un plat allant au four. Salez, poivrez et arrosez de 3 c. à soupe d'huile de colza. Enfournez pour 30 min en remuant régulièrement. Laissez un peu refroidir, puis ajoutez le fromage frais, arrosez d'huile de colza, d'herbes de Provence et rectifiez l'assaisonnement.

♦ Laissez refroidir, puis placez dans un contenant hermétique au frais.

9

TERMINEZ AVEC LE COUSCOUS AU COOKEO

(c) Rincez la cuve du Cookeo. Faites-y revenir 1 oignon jaune ciselé et 2 gousses d'ail pressées dans un peu d'huile d'olive en **mode dorer**. Ajoutez 2 carottes, 1 aubergine en petits dés et 1 courgette en dés, la branche de céleri en tronçons et 1 poivron rouge en lanières. Laissez cuire 2 min, puis ajoutez les pois chiches égouttés, 1 cube de bouillon de légumes émietté et couvrez d'eau à la moitié de la hauteur. Ajoutez 2 c. à café de ras el-hanout, mélangez, puis lancez le **mode sous pression** pour 15 min. Sortez les légumes à l'aide d'une écumoire.

♦ Laissez refroidir, puis placez dans un contenant hermétique au frais.

Ajoutez le boulgour dans la cuve contenant toujours le bouillon et lancez le **mode sous pression** pour 4 min.

♦ Laissez refroidir, puis placez dans un contenant hermétique au frais.

Les assemblages
À FAIRE EN SEMAINE

Lundi **(a)**

COCOTTE TERRE ET MER

Ma préparation : la cocotte de la mer

› *J'ajoute : 1 citron*

Réchauffez la cocotte à la casserole à feu doux.

Servez bien chaud arrosé de jus de citron et éventuellement avec du riz basmati.

Mardi **(b)**

FILET MIGNON AUX POIVRONS

Mes préparations : le filet mignon et les légumes cuisinés

Réchauffez le filet mignon et les légumes à la cocotte ou au Cookeo.

Mercredi **(c)**

COUSCOUS VÉGÉTARIEN AU BOULGOUR

Mes préparations : les légumes du couscous, le boulgour

Réchauffez séparément les légumes et le boulgour à la casserole à feu doux ou au micro-ondes.

Jeudi **(d)**

CÔTELETTES D'AGNEAU ET PURÉE DE POIS CASSÉS

Ma préparation : la purée de pois cassés

› *J'ajoute : 8 côtelettes d'agneau*

Réchauffez la purée de pois cassés à la casserole à feu doux en ajoutant un filet d'huile d'olive.

Pendant ce temps, dans une poêle, faites griller les côtelettes d'agneau.

Vendredi **(e)**

SALADE D'AUBERGINES RÔTIES AU FROMAGE FRAIS

Ma préparation : la salade d'aubergines

Servez éventuellement avec de la charcuterie.

menu 13

Le menu de la semaine

LUNDI (A)

LASAGNES DE COURGETTES
À LA BOLOGNAISE

2-3 jours au réfrigérateur, peuvent être congelées

MARDI (B)

ONE PAN DE SAUCISSES
ET LÉGUMES

2-3 jours au réfrigérateur, peut être congelé

MERCREDI (C)

CAKE AU CHÈVRE
ET COURGETTE

3-4 jours au réfrigérateur, peut être congelé

JEUDI (D)

PÂTES
AUX POIVRONS

4-5 jours au réfrigérateur, peuvent être congelées

VENDREDI (E)

SUSHI
CAKE

5 jours au réfrigérateur (avec le saumon frais ou congelé), ne pas congeler

La liste des courses

Coût : environ 50 €

POUR 4 PERSONNES

FRUITS ET LÉGUMES

- ☐ 2 branches de céleri (a)
- ☐ 1 carotte (a)
- ☐ 3 petites courgettes (a : 2/c : 1)
- ☐ 3 échalotes (a : 1/d : 2)
- ☐ 400 g de pommes de terre grenailles (b)
- ☐ 200 g de haricots verts (b)
- ☐ 1 brocoli (b/d)
- ☐ 5 poivrons rouges (b : 2/d : 3)
- ☐ 1 poivron vert (d)
- ☐ 2 gousses d'ail (d)
- ☐ 1 citron vert (e) utilisé en semaine
- ☐ 1 avocat (e) utilisé en semaine
- ☐ 1 concombre (e) utilisé en semaine

POISSON

- ☐ 2 pavés de saumon sans la peau (e) utilisés en semaine

DANS VOTRE PLACARD

- ☐ Sel, poivre, paprika, ail semoule, origan séché
- ☐ 2 c. à soupe de graines de sésame (e) utilisées en semaine
- ☐ 130 g de farine (a : 80/c : 50)
- ☐ 25 g de fécule de maïs (c)
- ☐ 1/2 sachet de levure chimique (c)
- ☐ 30 g de sucre semoule (e)
- ☐ Sauce soja (e)
- ☐ 1 c. à café de wasabi (e)
- ☐ Vinaigre de riz (e)
- ☐ Huile d'olive, huile de sésame

ÉPICERIE

- ☐ 400 g de pulpe de tomate (a)
- ☐ 70 g de concentré de tomate (a)
- ☐ 300 g de riz à sushi (e)
- ☐ 300 g de pâtes sèches (d) utilisées en semaine
- ☐ 2 feuilles d'algue nori (e) utilisées en semaine

CRÉMERIE

- ☐ 1 boule de mozzarella (a)
- ☐ 80 g de beurre (a)
- ☐ 56 cl de lait (a : 50/c : 6)
- ☐ 2 œufs (c)
- ☐ 50 g de gruyère râpé (c)
- ☐ 100 g de bûche de chèvre (c)
- ☐ 200 g de feta (a) utilisée en semaine
- ☐ 30 g de parmesan râpé (d) utilisé en semaine

VIANDE ET CHARCUTERIE

- ☐ 500 g de viande hachée (a)
- ☐ 6 saucisses fumées (b)

LES ACCOMPAGNEMENTS À PRÉVOIR

- Prévoyez une salade verte et/ou des crudités de saison pour accompagner les lasagnes et le cake.

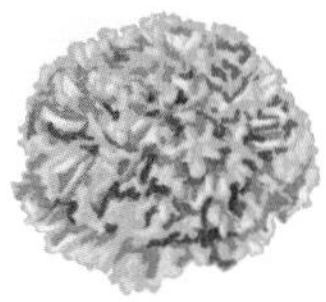

MARDI

LUNDI

MERCREDI
JEUDI
VENDREDI

Les préparations DU WEEK-END

1

LANCEZ LES PREMIÈRES PRÉPARATIONS

(a) Coupez 2 courgettes en tranches et faites-les dégorger 30 min avec un peu de sel.

(e) Lavez le riz à l'eau froide dans une passoire jusqu'à ce que l'eau soit claire. Laissez-le reposer 30 min dans la passoire.

2

DÉCOUPEZ ET PRÉPAREZ LES INGRÉDIENTS DES PREMIÈRES RECETTES

Pelez et ciselez les échalotes.

Pelez et dégermez les gousses d'ail.

(a) Épluchez la carotte et coupez-la en brunoise.

(a) Coupez les branches de céleri en brunoise.

3

LANCEZ LA SAUCE DES LASAGNES AU COOKEO

(a) Dans la cuve du Cookeo, faites revenir 1 échalote ciselée, la carotte et le céleri dans un peu d'huile d'olive 2 min en **mode dorer**. Ajoutez la viande hachée, la pulpe de tomate et le concentré de tomate, salez et poivrez. Lancez le **mode sous pression** pour 5 min. Réservez.

4

PENDANT CE TEMPS, PRÉPAREZ LA SUITE DES INGRÉDIENTS

(b/d) Détachez les fleurettes de brocoli et coupez le pied en petits cubes.

(b/d) Pelez et épépinez les poivrons, puis coupez-les en lanières.

5

ENCHAÎNEZ AVEC LA SAUCE AUX POIVRONS AU COOKEO

(d) Rincez la cuve du Cookeo. Faites-y revenir 2 échalotes et 2 gousses d'ail pressées dans un peu d'huile en **mode dorer**. Ajoutez 3 poivrons rouges, 1 poivron vert, le pied du brocoli et 10 cl d'eau. Lancez le **mode sous pression** pour 10 min. Salez, poivrez et ajoutez du paprika.

♦ Laissez refroidir, puis placez dans un contenant hermétique au frais.

6

PENDANT CE TEMPS, PRÉPAREZ LE RESTE DES INGRÉDIENTS

Préchauffez le four à 180 °C.

(c) Râpez la courgette restante.

(b) Lavez les pommes de terre et coupez-les en 2 sans les éplucher.

(b) Équeutez les haricots verts.

(c) Coupez la bûche de chèvre en dés.

(b) Coupez les saucisses en rondelles épaisses.

(a) Coupez la mozzarella en tranches.

7

ENCHAÎNEZ AVEC LE RIZ AU COOKEO

(e) Rincez la cuve du Cookeo. Mettez-y le riz à sushi avec 42 cl d'eau froide. Lancez le **mode sous pression** pour 9 min.

Dans un bol, mélangez 30 g de sucre, 1 c. à café de sel et 5 cl de vinaigre de riz.

Versez le riz dans un grand plat et étalez-le bien, puis remuez-le à l'aide d'une spatule tout en ajoutant le mélange de vinaigre sucré.

♦ Laissez refroidir, puis couvrez et placez au frais.

8

PENDANT CE TEMPS, PRÉPAREZ LE ONE PAN (HORS COOKEO)

(b) Préparez 1 (ou 2) plaque(s) recouverte(s) de papier sulfurisé et déposez-y les pommes de terre, les haricots verts, les fleurettes de brocoli, 2 poivrons rouges et les saucisses. Arrosez d'huile d'olive et parsemez de paprika, d'ail semoule et d'origan séché. Enfournez la (ou les) plaque(s) pour 25 à 30 min en remuant et en les inversant à mi-cuisson.

♦ Laissez refroidir, puis placez dans un contenant hermétique au frais.

9

ENCHAÎNEZ AVEC LE CAKE AU COOKEO

(c) Rincez la cuve du Cookeo. Dans une sauteuse, faites cuire la courgette râpée 10 min dans un peu d'huile d'olive, laissez cuire à feu doux.

Dans un saladier, mettez 50 g de farine, la fécule de maïs et la levure chimique, puis creusez un puits. Cassez-y les œufs, battez jusqu'à obtenir une préparation homogène, puis versez 6 cl de lait et 4 cl d'huile d'olive tout en battant. Ajoutez le gruyère râpé, les courgettes cuites et le chèvre, rectifiez l'assaisonnement et mélangez. Versez la préparation dans un moule à cake adapté au Cookeo. Versez 20 cl d'eau dans la cuve et placez-y le panier contenant le moule. Lancez le **mode sous pression** pour 25 min.

♦ Laissez refroidir, puis couvrez et placez au frais.

10

TERMINEZ AVEC LES LASAGNES, À ENFOURNER APRÈS LE ONE PAN (HORS COOKEO)

(a) Préparez une béchamel. Dans une casserole, faites fondre 80 g de beurre, puis ajoutez 80 g de farine. Mélangez bien au fouet et laissez cuire 2 min. Ajoutez 50 cl de lait petit à petit en fouettant. Laissez épaissir sur feu doux. Rectifiez l'assaisonnement et réservez au chaud.

Montez les lasagnes. Disposez une couche de lamelles de courgettes dans le fond d'un (ou plusieurs) plat(s) à gratin, puis ajoutez une couche de sauce à la viande. Recouvrez de courgettes, puis d'une couche de béchamel. Répétez l'opération jusqu'à épuisement des ingrédients. Terminez par une couche de courgette et de béchamel, puis recouvrez de tranches de mozzarella. Enfournez pour 30 min.

♦ Laissez refroidir, puis couvrez et placez au frais.

Les assemblages
À FAIRE EN SEMAINE

Lundi **(a)**

LASAGNES DE COURGETTE À LA BOLONAISE

Ma préparation : les lasagnes

› *J'ajoute : 200 g de feta*

Émiettez la feta et parsemez-en la surface des lasagnes. Réchauffez-les 15 min au four à 160 °C en couvrant si besoin d'une feuille de papier sulfurisé.

Mardi **(b)**

ONE PAN DE SAUCISSES ET LÉGUMES

Ma préparation : la plaque de saucisses et légumes

Réchauffez les saucisses et légumes 15 min au four à 160 °C en couvrant si besoin d'une feuille de papier sulfurisé.

Mercredi **(c)**

CAKE AU CHÈVRE ET COURGETTE

Ma préparation : le cake

Réchauffez le cake au four à 160 °C si vous le souhaitez.

Servez éventuellement avec une salade verte et/ou des crudités.

Jeudi **(d)**

PÂTES AUX POIVRONS

Ma préparation : la sauce aux poivrons

› *J'ajoute : 300 g de pâtes sèches, 30 g de parmesan râpé*

Dans une casserole, faites cuire les pâtes 2 min de moins que le temps indiqué sur le paquet, puis égouttez en conservant ½ louche d'eau de cuisson. Remettez les pâtes dans la casserole, ajoutez la sauce et l'eau de cuisson. Saupoudrez de parmesan et laissez cuire 2 min.

Vendredi **(e)**

SUSHI CAKE

Ma préparation : le riz à sushi

› *J'ajoute : 2 pavés de saumon, 1 c. à soupe de sauce soja, 1 c. à café d'huile de sésame, 1 c. à café de wasabi, 1 citron vert, 1 avocat, 1 concombre, 2 feuilles d'algues nori, 2 c. à soupe de graines de sésame*

Coupez le saumon en petits dés, puis mettez-les dans un bol avec la sauce soja, l'huile de sésame, le wasabi et le jus de citron vert. Mélangez bien et réservez au frais.

Coupez l'avocat et le concombre en fines lamelles. Découpez les feuilles de nori en 4 disques de 8 cm et ciselez le reste en petites paillettes. Dressez directement sur les assiettes à l'aide d'un emporte-pièce de 8 cm de diamètre : commencez par y déposer un disque d'algue nori, puis 3 ou 4 c. à soupe de riz à sushis. Recouvrez de lamelles d'avocat, puis du saumon assaisonné et du riz à sushis sur le dessus. Tassez bien le tout, parsemez de graines de sésame et de paillettes d'algue. Décorez de concombre et d'une cuillerée de saumon. Servez bien frais.

été

menu 14

Le menu de la semaine

LUNDI (A)

ENCORNETS
À LA PROVENÇALE

1 jour au réfrigérateur, peuvent être congelés

MARDI (B)

SALADE
CALIFORNIENNE

2 jours au réfrigérateur, peut être congelée

MERCREDI (C)

GNOCCHIS MAISON
À LA SAUCE TOMATE

3-4 jours au réfrigérateur, peuvent être congelés

JEUDI (D)

QUICHE SANS PÂTE
AU CHORIZO

4 jours au réfrigérateur, peut être congelée

VENDREDI (E)

TACOS
MEXICAINS

4-5 jours au réfrigérateur, peuvent être congelés

La liste des courses
POUR 4 PERSONNES

Coût : environ 60 €

FRUITS ET LÉGUMES

- ☐ 1 oignon jaune (a)
- ☐ 3 brins de thym (a)
- ☐ 5 poivrons (1 vert, 3 rouges et 1 jaune) (a : 2/b : 0,5/d : 2/e : 0,5)
- ☐ 4 gousses d'ail (a : 2/c : 2)
- ☐ 3 brins de romarin frais (a : 2 dont 1 utilisé en semaine/c : 1)
- ☐ 6 tomates (a : 4/e : 2)
- ☐ 250 g de tomates cerises (b)
- ☐ 1 citron vert (b)
- ☐ 500 g de pommes de terre à chair farineuse (type bintje ou chérie) (c)
- ☐ 2 échalotes (c)
- ☐ 2 oignons rouges (d : 1/e : 1)
- ☐ 4 avocats (b : 2/e : 2) utilisés en semaine
- ☐ 1 laitue (b/e) utilisée en semaine

POISSON

- ☐ 1 kg d'encornets en rondelles (frais ou surgelés) (a)
- ☐ 300 g de queues de crevettes crues (b)

DANS VOTRE PLACARD

- ☐ Sel, poivre, muscade, paprika fumé, cumin, piment (facultatif), origan, 1 feuille de laurier
- ☐ 315 g de farine (c : 250/d : 65)
- ☐ Moutarde à l'ancienne
- ☐ Huile d'olive

ÉPICERIE

- ☐ 15 cl de vin blanc sec (a)
- ☐ 2 petites boîtes de maïs (b : 1/e : 1)
- ☐ 400 g de tomates concassées (c)
- ☐ 140 g de concentré de tomate (c : 70/e : 70)
- ☐ 50 cl de coulis de tomate (c : 30/e : 20)
- ☐ 65 g de farine de maïs (d)
- ☐ 5 tomates séchées (d)
- ☐ 200 g de haricots rouges en boîte (e)
- ☐ 50 g d'amandes (b) utilisées en semaine
- ☐ 8 tortillas de maïs (e) utilisées en semaine

CRÉMERIE

- ☐ 1 yaourt nature (b)
- ☐ 5 œufs (c : 1/d : 4)
- ☐ 2 boules de mozzarella (c : 1 utilisée en semaine/d : 1)
- ☐ 50 cl de lait (d)
- ☐ 130 g de crème fraîche (d)
- ☐ 70 g de fromage râpé (d)
- ☐ 30 g de parmesan râpé (c) utilisé en semaine

VIANDE ET CHARCUTERIE

- ☐ 1 chorizo (d)
- ☐ 500 g de bœuf haché (e)

LES ACCOMPAGNEMENTS À PRÉVOIR

- Prévoyez du riz ou une autre céréale pour accompagner les encornets.
- Vous pouvez accompagner la quiche de salade verte et/ou de crudités.

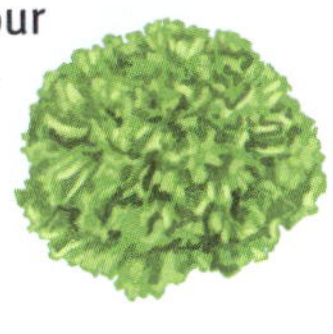

VENDREDI
MARDI
JEUDI
MARDI

LUNDI
MERCREDI

Les préparations DU WEEK-END

1

LANCEZ LES PREMIÈRES PRÉPARATIONS ET CUISSONS

(c) Dans la cuve du Cookeo, versez 20 cl d'eau et placez-y le panier vapeur contenant les pommes de terre. Lancez le **mode sous pression** pour 28 min. Épluchez les pommes de terre, puis écrasez-les en purée. Réservez dans un grand saladier.

(b) Mettez les queues de crevettes dans un plat et arrosez-les du jus du citron vert et de 2 c. à soupe d'huile d'olive. Ajoutez un peu de piment si vous le souhaitez, mélangez et réservez au moins 30 min au frais.

2

DÉCOUPEZ ET PRÉPAREZ LES INGRÉDIENTS DES PREMIÈRES RECETTES

Épluchez les oignons et ciselez-les finement.

Pelez et dégermez les gousses d'ail.

(c) Pelez et ciselez finement les échalotes.

(a/e) Coupez les tomates en dés.

(a) Coupez 1 poivron jaune et 1 poivron rouge en dés.

3

ENCHAÎNEZ AVEC LES ENCORNETS AU COOKEO

(a) Rincez la cuve du Cookeo. Faites-y revenir l'oignon jaune ciselé dans 2 c. à soupe d'huile d'olive 2 min en **mode dorer**. Ajoutez les 2 poivrons en dés et laissez cuire 2 min. Ajoutez les encornets, 4 tomates en dés, le vin blanc, les brins de thym, 1 brin de romarin, 1 feuille de laurier et 2 gousses d'ail écrasées. Mélangez, puis lancez le **mode sous pression** pour 20 min.

♦ Laissez refroidir, puis placez dans un contenant hermétique au frais.

4

PENDANT CE TEMPS, PRÉPAREZ LA SUITE DES INGRÉDIENTS

(b/d/e) Épépinez les poivrons restants, puis coupez-en 1 en lanières et le reste en petits dés (vous pouvez panacher pour avoir de la couleur dans toutes les recettes).

(d) Coupez 1 boule de mozzarella en rondelles.

(d) Coupez les tomates séchées en lanières.

(d) Coupez le chorizo en petits dés.

5

ENCHAÎNEZ AVEC LA SAUCE TOMATE AU COOKEO

(c) Rincez la cuve du Cookeo. Faites revenir 1 brin de romarin frais et les échalotes dans un peu d'huile d'olive 2 min en **mode dorer**. Ajoutez 2 gousses d'ail pressées, les tomates concassées, 70 g de concentré de tomate et 30 cl de coulis de tomate. Assaisonnez en sel, poivre et origan, puis lancez le **mode sous pression** pour 6 min.

♦ Laissez refroidir, puis placez dans un contenant hermétique au frais.

6

PENDANT CE TEMPS, PRÉPAREZ LE RESTE DES INGRÉDIENTS

(b) Coupez les tomates cerises en 2.

♦ Placez-les dans une boîte hermétique au frais avec 1 boîte de maïs égoutté et la moitié des lanières de poivron.

7

ENCHAÎNEZ AVEC LA GARNITURE DES TACOS AU COOKEO

(e) Rincez la cuve du Cookeo. Faites-y revenir 1 oignon rouge dans un peu d'huile d'olive en **mode dorer**. Ajoutez la viande hachée, salez, poivrez et faites revenir 2 min. Ajoutez le reste des lanières de poivrons, les haricots rouges et 1 boîte de maïs égouttés, les tomates en dés restantes, 20 cl de coulis de tomate et 70 g de concentré de tomate. Ajoutez 1 c. à café de cumin et un peu de piment si vous le souhaitez. Mélangez bien, rectifiez l'assaisonnement et lancez le **mode sous pression** pour 8 min.

♦ Laissez refroidir, puis placez dans un contenant hermétique au frais.

8

PENDANT CE TEMPS, PRÉPAREZ LES CREVETTES (HORS COOKEO)

(b) Dans une poêle, faites griller les crevettes marinées dans un peu d'huile d'olive jusqu'à ce qu'elles soient bien cuites.

♦ Laissez refroidir, puis placez dans un contenant hermétique au frais.

9

ENCHAÎNEZ AVEC LA QUICHE AU COOKEO

(d) Dans une poêle, faites revenir 1 oignon rouge et les dés de poivrons dans un peu d'huile d'olive. Ajoutez les tomates séchées, le chorizo, 1 c. à café de paprika, 1 pincée de muscade, salez et poivrez. Mélangez bien et laissez cuire 5 min.

Dans un bol, mélangez 4 œufs battus avec 65 g de farine, la farine de maïs, le lait et la crème fraîche. Fouettez bien, puis ajoutez le fromage râpé. Versez la préparation au chorizo dans un moule à manqué adapté au Cookeo de 20 cm de diamètre beurré, recouvrez de rondelles de mozzarella, puis de l'appareil aux œufs. Couvrez le moule de film alimentaire. Rincez la cuve du Cookeo. Versez 20 cl d'eau dans la cuve, placez-y le panier contenant le moule et lancez le **mode sous pression** pour 20 min.

♦ Laissez refroidir, puis placez dans un contenant hermétique au frais.

10

PENDANT CE TEMPS, PRÉPAREZ LES GNOCCHIS (HORS COOKEO)

(c) Faites un puits dans la purée de pommes de terre refroidie et déposez-y 1 jaune d'œuf, 1 c. à café de sel, un peu de poivre et ½ c. à café de muscade râpée. Ajoutez 100 g de farine et mélangez avec les doigts. Incorporez 150 g de farine au fur et à mesure jusqu'à obtenir une boule non collante (vous n'aurez peut-être pas besoin de toute la farine). Roulez en boudins, puis coupez en tronçons d'environ 2 cm et formez des boules. Appuyez chaque boule sur le dos d'une fourchette et exerçant une petite pression avec le pouce pour donner la forme du gnocchi. Disposez sur un torchon et laissez sécher au moins 1 h à température ambiante.

♦ Placez dans un contenant hermétique au frais.
NB : Les gnocchis ne seront jamais complètement secs (ne vous fiez pas aux produits industriels), rangez-les en couches séparées par du papier sulfurisé pour éviter qu'ils ne collent.

11

TERMINEZ AVEC LA SAUCE (HORS COOKEO)

(b) Mélangez le yaourt avec 1 c. à café de moutarde à l'ancienne et 1 c. à soupe d'huile d'olive. Assaisonnez en sel, poivre et épices de votre choix.

♦ Placez dans un bocal hermétique au frais.

Les assemblages
À FAIRE EN SEMAINE

Lundi **(a)**

ENCORNETS À LA PROVENÇALE

Ma préparation : les encornets

› *J'ajoute : 1 brin de romarin*

Réchauffez les encornets à la casserole à feu doux.

Au moment de servir, retirez la feuille de laurier, le thym et les gousses d'ail et parsemez de romarin frais. Servez éventuellement avec du riz ou une céréale.

Mardi **(b)**

SALADE CALIFORNIENNE

Mes préparations : les crevettes grillées, le contenant de tomates, poivrons et maïs, la sauce salade

› *J'ajoute : la moitié de la laitue, 2 avocats, 50 g d'amandes*

Dressez les assiettes avec un peu de laitue, le mélange de tomates cerises, poivrons et maïs et les avocats coupés en cubes. Ajoutez les crevettes, parsemez d'amandes et nappez de sauce.

Mercredi **(c)**

GNOCCHIS À LA SAUCE TOMATE

Mes préparations : les gnocchis, la sauce tomate

› *J'ajoute : 1 boule de mozzarella, 30 g de parmesan râpé*

Portez un grand volume d'eau à ébullition et faites-y cuire les gnocchis jusqu'à ce qu'ils remontent à la surface (environ 2 à 3 min).

Pendant ce temps, dans une casserole, portez la sauce tomate à frémissement. Ajoutez les gnocchis égouttés et recouvrez de la mozzarella en cubes et du parmesan râpé. Laissez cuire quelques instants le temps que le fromage fonde et servez bien chaud.

Jeudi **(d)**

QUICHE SANS PÂTE AU CHORIZO

Ma préparation : la quiche sans pâte

Réchauffez éventuellement la quiche 10 min au four à 160 °C.

Servez éventuellement avec une salade verte et/ou des crudités.

Vendredi **(e)**

TACOS MEXICAINS

Ma préparation : la garniture des tacos

› *J'ajoute : 8 tortillas de maïs, 2 avocats, le reste de laitue*

Réchauffez la garniture des tacos à la casserole et réchauffez légèrement les tortillas au micro-ondes ou au four.

Placez sur la table les tortillas, la garniture, les feuilles de laitue et les avocats en rondelles (éventuellement transformés en guacamole) pour que chacun assemble ses tacos.

menu 15

Le menu de la semaine

LUNDI (A)

FRITTATA
AUX COURGETTES

2-3 jours au réfrigérateur, peut être congelée

MARDI (B)

JAMBALAYA

2-3 jours au réfrigérateur, peut être congelé

MERCREDI (C)

CURRY D'AUBERGINES
AUX POIS CHICHES

3-4 jours au réfrigérateur, peut être congelé

JEUDI (D)

MOQUECA
DE PEIXE

2-3 jours au réfrigérateur, peut être congelée

VENDREDI (E)

AUBERGINES
À LA PARMESANE

4-5 jours au réfrigérateur, peuvent être congelées

La liste des courses
POUR 4 PERSONNES

Coût : environ 50 €

FRUITS ET LÉGUMES

- ☐ 200 g de pommes de terre (a)
- ☐ 1 courgette (a)
- ☐ 1 poignée de pousses d'épinards (a)
- ☐ 2 poivrons rouges (b : 1/d : 1)
- ☐ 3 oignons jaunes (c : 1/d : 1/e : 1)
- ☐ 7 gousses d'ail (c : 3/d : 2/e : 2)
- ☐ 5 aubergines (c : 2/e : 3)
- ☐ 2 citrons verts (d)
- ☐ 1 petit piment fort ou doux (d)
- ☐ 1 botte de cerfeuil (d)
- ☐ 6 tomates (d : 3/e : 3)
- ☐ 1 petit bouquet de basilic (e)
- ☐ 1 citron jaune (c) utilisé en semaine

DANS VOTRE PLACARD

- ☐ Sel, poivre, paprika, graines de moutarde, piment de Cayenne, cumin, coriandre moulue, oignon en poudre, ail semoule, origan séché, thym séché, herbes de Provence
- ☐ 3 c. à soupe de chapelure (e)
- ☐ Tabasco® (b)
- ☐ 1 l de bouillon de légumes (b : 0,75/ c : 0,25)
- ☐ Huile d'olive, huile de colza

ÉPICERIE

- ☐ 300 g de riz rond arborio (b)
- ☐ 1 kg de tomates concassées (b : 0,4/c : 0,4/e : 0,2)
- ☐ 200 g de pois chiches en boîte (c)
- ☐ 25 cl de lait de coco (d)

CRÉMERIE

- ☐ 6 œufs (a)
- ☐ 4 c. à soupe de parmesan râpé (e)
- ☐ 1 boule de mozzarella (e)

POISSON

- ☐ 400 g de crevettes (d)
- ☐ 4 dos de cabillaud (d)
- ☐ 12 queues de grosses crevettes (b) utilisées en semaine

VIANDE ET CHARCUTERIE

- ☐ 2 escalopes de poulet (b)
- ☐ 1/2 chorizo (b)

LES ACCOMPAGNEMENTS À PRÉVOIR

- Vous pouvez accompagner la frittata et les aubergines avec de la charcuterie.
- Le curry peut être servi avec une céréale de votre choix.

MARDI
LUNDI
JEUDI

MERCREDI
MARDI
VENDREDI

Les préparations DU WEEK-END

1

LANCEZ LES PREMIÈRES PRÉPARATIONS ET CUISSONS

Préchauffez le four en position gril à 230-250 °C.

(c) Retirez le pédoncule des aubergines. Coupez-en 2 en petits cubes et déposez-les dans une passoire et saupoudrez de 1 c. à soupe de sel. Laissez dégorger environ 1 h, puis pressez pour retirer un maximum d'eau.

(e) Taillez les 3 aubergines restantes dans le sens de la longueur en tranches régulières de 1 cm environ. Déposez-les sur une plaque recouverte de papier sulfurisé, badigeonnez-les de 2 c. à café d'huile d'olive et enfournez pour 10 min.

(d) Décortiquez les crevettes entières en conservant le bout de la queue. Rincez le poisson, coupez-le en cubes, puis mettez-le dans un plat avec les crevettes. Arrosez du jus des citrons verts et réservez au moins 15 min au frais.

2

DÉCOUPEZ ET PRÉPAREZ LES INGRÉDIENTS DES PREMIÈRES RECETTES

Épluchez les oignons et ciselez-les finement.

Pelez et dégermez les gousses d'ail.

(b/d) Épépinez les poivrons rouges et coupez-les lanières.

(b) Coupez le poulet et le chorizo en dés.

3

LANCEZ LE JAMBALAYA AU COOKEO

(b) Dans un bol, mélangez 3 c. à café de paprika, 1 c. à café d'origan séché, 1 c. à café de thym séché, 1 c. à café de graines de moutarde, 1 pincée de poivre noir moulu, 1 pincée de piment de Cayenne, 1 c. à café d'oignon en poudre, ½ c. à café d'ail semoule et ½ c. à café de cumin.

Dans la cuve du Cookeo, faites revenir le riz dans 1 c. à soupe d'huile en remuant 1 min en **mode dorer**, jusqu'à ce que les grains deviennent translucides. Ajoutez 1 poivron rouge en lanières, la moitié du mélange d'épices et quelques gouttes de Tabasco® selon votre goût. Mélangez, puis versez 75 cl de bouillon de légumes et 400 g de tomates concassées. Lancez le **mode sous pression** pour 5 min. Réservez.

Faites chauffer 3 c. à soupe d'huile dans la cuve et faites-y revenir le poulet et le chorizo en **mode dorer**. Ajoutez le reste du mélange d'épices et laissez cuire 3 à 4 min.

♦ Laissez refroidir, puis placez le riz et la garniture dans des contenants hermétiques séparés au frais.

4

PENDANT CE TEMPS, PRÉPAREZ LA SUITE DES INGRÉDIENTS

Baissez la température du four à 180 °C en chaleur tournante.

(d/e) Retirez le pédoncule des tomates et coupez-les en tranches fines.

(d) Coupez le piment en fines lanières.

(d) Effeuillez le cerfeuil.

5

ENCHAÎNEZ AVEC LA MOQUECA AU COOKEO

(d) Rincez la cuve du Cookeo. Faites-y revenir 1 oignon jaune ciselé, le piment et 2 gousses d'ail pressées dans un filet d'huile de colza en **mode dorer**. Ajoutez 1 poivron rouge en lanières, 3 tomates en tranches, le cerfeuil, le poisson et les crevettes. Ajoutez le lait de coco, salez et poivrez, puis lancez le **mode sous pression** pour 5 min.

♦ Laissez refroidir, puis placez dans un contenant hermétique au frais.

6

PENDANT CE TEMPS, PRÉPAREZ LE RESTE DES INGRÉDIENTS

(a) Épluchez les pommes de terre, puis coupez-les en rondelles de 3 à 4 mm.

(a) Coupez la courgette en rondelles.

(a) Équeutez les pousses d'épinards.

(e) Coupez la boule de mozzarella en tranches.

(e) Ciselez le basilic.

7

ENCHAÎNEZ AVEC LA FRITTATA AU COOKEO

(a) Rincez la cuve du Cookeo. Faites-y revenir les rondelles de pomme de terre dans un peu d'huile d'olive 5 min en **mode dorer** en remuant régulièrement. Réservez dans un saladier. Mettez les rondelles de courgettes dans la cuve avec les pousses d'épinards et faites-les revenir 5 min en **mode dorer** en remuant. Réservez avec les pommes de terre et mélangez.

Battez les œufs en omelette, ajoutez-les dans le saladier, salez, poivrez et mélangez bien. Tapissez le panier vapeur de papier sulfurisé et versez-y la préparation. Versez 20 cl d'eau dans la cuve et placez-y le panier. Lancez le **mode sous pression** pour 20 min.

♦ Laissez refroidir, puis placez dans un contenant hermétique au frais.

8

PRÉPAREZ LES AUBERGINES, À ENFOURNER APRÈS LES TRANCHES (HORS COOKEO)

(e) Dans un bol, mélangez 4 c. à soupe de parmesan râpé et 3 c. à soupe de chapelure. Badigeonnez un plat à gratin d'huile d'olive, puis versez-y 100 g de tomates concassées. Saupoudrez d'herbes de Provence. Recouvrez de tranches d'aubergines grillées, salez et poivrez, puis recouvrez de tranches de tomates. Ajoutez 1 gousse d'ail pressée et la moitié de 1 oignon jaune ciselé, puis répartissez la moitié du mélange de parmesan et chapelure. Renouvelez les couches jusqu'à épuisement des ingrédients. Terminez avec le reste du mélange de chapelure et parmesan, recouvrez de tranches de mozzarella et de basilic ciselé. Nappez de 1 c. à café d'huile d'olive et enfournez pour 25 min.

♦ Laissez refroidir, puis placez dans un contenant hermétique au frais.

9

TERMINEZ AVEC LE CURRY AU COOKEO

(c) Rincez la cuve du Cookeo. Faites-y revenir 1 oignon ciselé et 3 gousses d'ail pressées dans un filet d'huile en **mode dorer** et laissez fondre quelques instants. Saupoudrez avec ½ c. à café de cumin, 1 c. à café de paprika et ½ c. à café de coriandre moulue. Ajoutez les cubes d'aubergines, 400 g de tomates concassées, les pois chiches égouttés et 25 cl de bouillon de légumes, salez, poivrez et mélangez bien. Lancez le **mode sous pression** pour 6 min.

♦ Laissez refroidir, puis placez dans un contenant hermétique au frais.

Les assemblages
À FAIRE EN SEMAINE

Lundi **(a)**

FRITTATA
AUX COURGETTES

Ma préparation : la frittata

Réchauffez la frittata 10 min au four à 160 °C.

Mardi **(b)**

JAMBALAYA

Mes préparations : la garniture au poulet et chorizo, le riz cuisiné

› *J'ajoute : 12 queues de crevettes*

Mélangez les 2 préparations, ajoutez les crevettes et réchauffez le tout à la casserole à feu doux ou au Cookeo.

Mercredi **(c)**

CURRY D'AUBERGINES
AUX POIS CHICHES

Ma préparation : le curry d'aubergines

› *J'ajoute : 1 citron jaune*

Réchauffez le curry à la casserole à feu doux ou au Cookeo.

Servez arrosé d'un trait de jus de citron, éventuellement avec une céréale.

Jeudi **(d)**

MOQUECA DE PEIXE

Ma préparation : la moqueca

Réchauffez la moqueca à la casserole à feu doux ou au Cookeo.

Vendredi **(e)**

AUBERGINES
À LA PARMESANE

Ma préparation : les aubergines à la parmesane

Réchauffez les aubergines 10 min au four à 160 °C.

menu 16

Le menu de la semaine

LUNDI (A)

FEUILLETÉS AU PULLED CHICKEN,
SAUCE RANCH

2-3 jours au réfrigérateur, le poulet peut être congelé

MARDI (B)

ZAALOUK D'AUBERGINES
ET FOCACCIA AUX TOMATES CERISES

2-3 jours au réfrigérateur, la focaccia peut être congelée

MERCREDI (C)

COURGETTES
FARCIES

4-5 jours au réfrigérateur, peuvent être congelées

JEUDI (D)

AUBERGINES ET TOMATES GRILLÉES
À LA BURRATA

3-4 jours au réfrigérateur, peuvent être congelées

VENDREDI (E)

SALADE DE LENTILLES ET QUINOA
À LA FETA

4-5 jours au réfrigérateur, peut être congelée

La liste des courses
POUR 4 PERSONNES

Coût : environ 50 €

FRUITS ET LÉGUMES

- ☐ 1 échalote (a)
- ☐ 5 brins de ciboulette (a)
- ☐ 3 brins d'aneth (a)
- ☐ 3 brins de persil plat (a)
- ☐ 1 courgette longue (b)
- ☐ 1 poivron rouge (b)
- ☐ 3 brins de romarin frais (b)
- ☐ 500 g de tomates cerises (b : 100/d : 400)
- ☐ 9 gousses d'ail (b : 2/c : 2/d : 5)
- ☐ 3 grosses aubergines (b : 1/d : 2)
- ☐ 5 tomates allongées (b : 2/e : 3)
- ☐ 4 courgettes rondes (c)
- ☐ 1 oignon jaune (c)
- ☐ 1 botte de radis (e)

DANS VOTRE PLACARD

- ☐ Sel, fleur de sel, poivre, paprika fumé, cumin, ail semoule, oignon en poudre, herbes de Provence
- ☐ 500 g de farine (b)
- ☐ 1 sachet de levure de boulanger déshydratée (b)
- ☐ 50 g de chapelure (e)
- ☐ Mayonnaise (a)
- ☐ Moutarde à l'ancienne (a)
- ☐ Vinaigre doux, vinaigre balsamique
- ☐ Huile d'olive

ÉPICERIE

- ☐ 400 g de tomates concassées (c)
- ☐ 100 g de lentilles vertes (e)
- ☐ 150 g de quinoa (e)
- ☐ 4 croûtes feuilletées (a) utilisées en semaine

CRÉMERIE

- ☐ 200 g de yaourt à la grecque (a)
- ☐ 30 g de parmesan râpé (d)
- ☐ 100 g de féta (e)
- ☐ 100 g de cheddar râpé (a) utilisé en semaine
- ☐ 1 burrata (d) utilisée en semaine

VIANDE

- ☐ 4 escalopes de poulet (a)
- ☐ 300 g de viande hachée (mélange de bœuf et porc) (c)

LES ACCOMPAGNEMENTS À PRÉVOIR

- Vous pouvez servir une salade verte et/ou des crudités avec les feuilletés.
- Les plats végétariens peuvent être accompagnés d'une viande grillée minute (côtelettes d'agneau, aiguillettes de poulet…) ou de charcuterie.

JEUDI
MARDI
LUNDI

JEUDI
MARDI
VENDREDI
VENDREDI
MERCREDI

Les préparations DU WEEK-END

1

LANCEZ LES PREMIÈRES PRÉPARATIONS ET CUISSONS

(e) Dans la cuve du Cookeo, mettez le quinoa, couvrez d'eau salée et lancez le **mode sous pression** pour 5 min. Égouttez et réservez.

(b) Dans le bol d'un robot muni du pétrin ou dans un saladier, versez 500 g de farine et creusez un puits. Déposez-y la levure déshydratée, puis versez 30 cl d'eau. Ajoutez 15 g d'huile d'olive et 8 g de sel fin. Pétrissez à vitesse lente ou à la main. Une fois la boule de pâte formée (elle reste collante c'est normal), couvrez et laissez reposer 20 min.

(e) Dans la cuve du Cookeo, mettez les lentilles vertes, couvrez largement d'eau et lancez le **mode sous pression** pour 24 min. Égouttez et réservez.

2

DÉCOUPEZ ET PRÉPAREZ LES INGRÉDIENTS DES PREMIÈRES RECETTES

Préchauffez le four à 180 °C.

Épluchez l'oignon et ciselez-le finement.

Pelez et dégermez les gousses d'ail.

(a) Épluchez et ciselez finement l'échalote.

(a) Ciselez finement l'aneth, la ciboulette et le persil.

(a) Coupez les escalopes de poulet en 2 dans la longueur.

(e) Coupez la feta en petits cubes.

(b/d) Coupez 1 aubergine en petits cubes et les 2 autres en tranches d'environ 0,5 cm.

(b/e) Coupez les tomates allongées en petits cubes.

3

PRÉPAREZ LES AUBERGINES ET TOMATES GRILLÉES (HORS COOKEO)

(d) Huilez un grand plat creux allant au four, puis déposez-y 400 g de tomates cerises et 4 gousses d'ail pressées. Ajoutez 2 c. à soupe d'huile d'olive, 1 c. à soupe de vinaigre balsamique, salez et poivrez, puis mélangez bien. Déposez les aubergines en tranches par-dessus, arrosez d'un filet d'huile d'olive et parsemez de fleur de sel. Enfournez pour 30 min en remuant de temps en temps, jusqu'à ce que les légumes soient bien rôtis.

♦ Laissez refroidir, puis couvrez et placez au frais.

4

ENCHAÎNEZ AVEC LE PULLED CHICKEN AU COOKEO

(a) Dans un bol, mélangez le yaourt à la grecque, 4 c. à soupe de mayonnaise, l'échalote ciselée, les herbes ciselées, ½ c. à café d'ail semoule, 1 c. à café d'oignon en poudre, salez et poivrez.

Tapissez le panier vapeur du Cookeo de papier sulfurisé et déposez-y les escalopes de poulet en les faisant se chevaucher le moins possible, puis badigeonnez-les avec la sauce. Versez 20 cl d'eau dans la cuve et placez-y le panier. Lancez le **mode sous pression** pour 20 min. Effilochez le poulet à la fourchette et mélangez-le bien à la sauce.

♦ Laissez refroidir, puis placez dans un contenant hermétique au frais.

5

PENDANT CE TEMPS, PRÉPAREZ LA SUITE DES INGRÉDIENTS

(b) Faites des trous sur toute la surface de la pâte à pain avec les doigts, puis versez de l'huile d'olive dessus pour bien remplir les trous. Laissez à nouveau reposer 20 min à température ambiante.

(c) Coupez le chapeau des courgettes rondes et videz-les de leur chair délicatement sans les percer. Réservez la chair.

(e) Détaillez les radis en fines lamelles.

♦ Placez-les dans un contenant hermétique au frais avec 3 tomates en cubes, la feta, les lentilles et le quinoa.

6

PRÉPAREZ LA CHAPELURE AU PARMESAN (HORS COOKEO)

(d) Dans une poêle, faites revenir 1 gousse d'ail pressée dans 3 c. à soupe d'huile d'olive. Ajoutez 50 g de chapelure et mélangez bien. Réservez dans un bol et ajoutez le parmesan râpé et des herbes de Provence.

♦ Placez dans un bocal hermétique au frais.

7

ENCHAÎNEZ AVEC LES COURGETTES FARCIES AU COOKEO

(c) Dans un saladier, mélangez les viandes hachées avec la chair de courgette, ½ oignon jaune ciselé, 1 gousse d'ail pressée et 1 c. à café d'herbes de Provence. Remplissez les courgettes évidées de cette préparation.

Rincez la cuve du Cookeo. Faites-y revenir ½ oignon ciselé et 1 gousse d'ail pressée dans 1 filet d'huile d'olive 1 min en **mode dorer**. Ajoutez les tomates concassées, salez et poivrez, puis mélangez bien. Déposez les courgettes dans la cuve et lancez le **mode sous pression** pour 10 min.

♦ Laissez refroidir, puis placez dans un contenant hermétique au frais.

8

PENDANT CE TEMPS, PRÉPARER LE RESTE DES INGRÉDIENTS

(b) Déposez la pâte à pain sur une plaque recouverte de papier sulfurisé, étalez-la sur 2 cm d'épaisseur sans trop appuyer et laissez à nouveau lever 20 min.

(b) Coupez la courgette longue en petits cubes.

(b) Épépinez et pelez le poivron, puis coupez-le en petits cubes.

(b) Coupez 100 g de tomates cerises en 2.

9

ENCHAÎNEZ AVEC LE ZAALOUK D'AUBERGINES AU COOKEO

(b) Rincez la cuve du Cookeo. Faites-y revenir 2 gousses d'ail pressées, les cubes d'aubergine, de courgette, de poivron et de tomates dans un peu d'huile en **mode dorer**. Salez et poivrez, ajoutez ½ c. à café de paprika, ½ c. à café de cumin et 10 cl d'eau. Lancez le **mode sous pression** pour 15 min. Écrasez les légumes en purée, ajoutez 1 filet d'huile d'olive et faites réduire 10 à 15 min environ en **mode mijoter**. Rectifiez l'assaisonnement.

♦ Laissez refroidir, puis placez dans un contenant hermétique au frais.

10

FINALISEZ LA FOCACCIA, À ENFOURNER APRÈS LES LÉGUMES (HORS COOKEO)

Augmentez la température du four à 200 °C.

(b) Disposez les tomates cerises coupées en 2 sur la pâte en les enfonçant légèrement. Ajoutez un peu de fleur de sel ainsi que le romarin frais. Enfournez pour 20 min en surveillant la cuisson.

♦ Couvrez et placez au frais.

11

TERMINEZ AVEC LA VINAIGRETTE (HORS COOKEO)

(e) Mélangez 1 c. à soupe de moutarde à l'ancienne, 5 c. à soupe de vinaigre doux et 5 c. à soupe d'huile d'olive.

♦ Placez dans un bocal hermétique au frais.

Les assemblages
À FAIRE EN SEMAINE

Lundi **(a)**

FEUILLETÉS AU PULLED CHICKEN, SAUCE RANCH

Ma préparation : le poulet sauce ranch

› *J'ajoute : 100 g de cheddar râpé, 4 croûtes feuilletées*

Réchauffez le poulet avec sa sauce à la casserole à feu doux ou au Cookeo. Ajoutez le cheddar râpé et mélangez bien jusqu'à ce qu'il soit fondu.

Servez dans les croûtes feuilletées (ou dans des wraps ou des pains à burger), éventuellement avec une salade verte et/ou des crudités.

Mardi **(b)**

ZAALOUK D'AUBERGINES ET FOCACCIA AUX TOMATES CERISES

Mes préparations : le zaalouk, la focaccia

Servez le zaalouk froid ou tiède avec la foccacia et éventuellement des crudités et de la charcuterie.

Mercredi **(c)**

COURGETTES FARCIES

Ma préparation : les courgettes farcies

Réchauffez les courgettes farcies 15 min au four à 160 °C.

Jeudi **(d)**

AUBERGINES ET TOMATES GRILLÉES À LA BURRATA

Mes préparations : les légumes rôtis, la chapelure au parmesan

› *J'ajoute : 1 burrata*

Parsemez le plat d'aubergines et tomates cerises de la chapelure au parmesan, puis réchauffez 15 à 20 min sous le gril du four. Ajoutez la burrata sur le plat.

Vendredi **(e)**

SALADE DE LENTILLES ET QUINOA À LA FETA

Mes préparations : la salade de lentilles et quinoa, la vinaigrette

Arrosez la salade de vinaigrette, mélangez et servez bien frais.

menu 17

Le menu de la semaine

LUNDI (A)

BROCHETTES DE KEFTAS,
SAUCE YAOURT

2 jours au réfrigérateur, peuvent être congelées

MARDI (B)

SALADE
PIÉMONTAISE

3 jours au réfrigérateur, ne pas congeler

MERCREDI (C)

NOUILLES CHINOISES
AU BŒUF HACHÉ

3 jours au réfrigérateur, peuvent être congelées

JEUDI (D)

LASAGNES
VÉGÉTARIENNES

4-5 jours au réfrigérateur, peuvent être congelées

VENDREDI (E)

COCOTTE DE LÉGUMES
AU LAIT DE COCO ET CURRY

4-5 jours au réfrigérateur, peut être congelée

La liste des courses
POUR 4 PERSONNES

Coût : environ 50 €

FRUITS ET LÉGUMES

- ☐ 2 brins de persil plat (a)
- ☐ 3 oignons jaunes (a : 1.5/ d : 0.5/e : 1)
- ☐ 10 pommes de terre (b)
- ☐ 4 tomates (b : 2/d : 2)
- ☐ 1 oignon rouge (c)
- ☐ 250 g de petits pois écossés (c : 50/e : 200)
- ☐ 3 poivrons rouges (c : 1/e : 2)
- ☐ 4 carottes (c : 1/e : 3)
- ☐ 1 aubergine (d)
- ☐ 2 courgettes (d)
- ☐ 2 poivrons jaunes (e)
- ☐ 2 gousses d'ail (e)

DANS VOTRE PLACARD

- ☐ Sel, poivre, curry, curcuma, cumin
- ☐ Mayonnaise (b)
- ☐ Sauce soja (c/e), sauce nuoc-mâm (c)
- ☐ Huile d'olive, huile de sésame

ÉPICERIE

- ☐ 6 cornichons (b)
- ☐ 250 g de nouilles chinoises aux œufs (c)
- ☐ 1 paquet de feuilles de lasagnes (d)
- ☐ 35 cl de lait de coco (e)
- ☐ 1 c. à soupe de pâte miso (e)
- ☐ 30 g de noix de cajou (c) utilisées en semaine

CRÉMERIE

- ☐ 200 g de yaourt nature (a)
- ☐ 4 œufs (b)
- ☐ 10 cl de crème liquide (d) utilisée en semaine
- ☐ 30 g de parmesan râpé (d) utilisé en semaine

VIANDE ET CHARCUTERIE

- ☐ 850 g de bœuf haché (a : 500/c : 350)
- ☐ 150 g de dés de jambon (b)

LES ACCOMPAGNEMENTS À PRÉVOIR

- Prévoyez des crudités pour accompagner les brochettes de keftas.
- Vous pouvez servir la salade piémontaise avec du pain grillé et de la charcuterie.
- Accompagnez la cocotte de légumes de riz blanc.

VENDREDI
LUNDI
MARDI
LUNDI

MERCREDI
MARDI
MARDI
JEUDI

Les préparations DU WEEK-END

1

LANCEZ LES PREMIÈRES CUISSONS

(b) Épluchez les pommes de terre et coupez-les en dés d'environ 2 cm. Mettez-les dans la cuve du Cookeo, couvrez d'eau et lancez le **mode sous pression** pour 10 min.

♦ Laissez refroidir, puis placez dans un contenant hermétique au frais.

(b) Faites cuire les œufs 9 min dans de l'eau bouillante, puis plongez-les dans de l'eau froide pour stopper la cuisson.

♦ Laissez refroidir, puis conservez-les dans leur coquille au frais.

2

DÉCOUPEZ ET PRÉPAREZ LES INGRÉDIENTS DES PREMIÈRES RECETTES

Préchauffez le four à 180 °C.

Épluchez les oignons et ciselez-les finement.

Pelez et dégermez les gousses d'ail.

(d) Coupez l'aubergine en cubes.

(d) Coupez les courgettes en cubes.

(b/d) Coupez 2 tomates en gros cubes et les 2 autres en petits dés.

(b) Coupez les cornichons en petits dés.

♦ Placez-les dans un contenant hermétique au frais avec les petits dés de tomates et les dés de jambon.

3

ENCHAÎNEZ AVEC LA GARNITURE DES LASAGNES AU COOKEO

(d) Rincez la cuve du Cookeo. Tapissez le panier vapeur de papier sulfurisé et déposez-y les cubes d'aubergine, ½ oignon jaune ciselé, les courgettes et les 2 tomates en gros cubes, salez et poivrez. Versez 20 cl d'eau dans la cuve et placez-y le panier vapeur. Lancez le **mode sous pression** pour 10 min. Réservez.

4

PENDANT CE TEMPS, PRÉPARER LA SUITE DES INGRÉDIENTS

(c/e) Épépinez les poivrons et coupez-les en lanières.

(c/e) Épluchez les carottes. Coupez-en 1 en fins bâtonnets et 3 en rondelles.

(c) Faites tremper les nouilles chinoises dans un grand saladier d'eau froide.

(a) Ciselez le persil.

5

FINALISEZ LES LASAGNES (HORS COOKEO)

(d) Dressez les lasagnes dans un plat allant au four en alternant la garniture aux légumes et les feuilles de lasagnes. Enfournez pour 15 min.

♦ Laissez refroidir, puis placez dans un contenant hermétique au frais.

6

ENCHAÎNEZ AVEC LES NOUILLES AU COOKEO

(c) Rincez la cuve du Cookeo. Faites-y revenir l'oignon rouge ciselé et 350 g de bœuf haché dans un peu d'huile de sésame 5 min en **mode dorer**. Ajoutez 1 poivron rouge en lanières, les bâtonnets de carotte, 50 g de petits pois écossés, les nouilles chinoises égouttées, 1 c. à soupe de sauce soja, 1 c. à soupe de sauce nuoc-mâm et 1 c. à café de curry. Mélangez bien, puis lancez le **mode sous pression** pour 8 min.

♦ Laissez refroidir, puis placez dans un contenant hermétique au frais.

7

PENDANT CE TEMPS, PRÉPAREZ LES BROCHETTES, À ENFOURNER APRÈS LES LASAGNES (HORS COOKEO)

(a) Dans un saladier, mélangez le reste de bœuf haché avec 1 oignon jaune ciselé et 1 c. à café de cumin. Salez et poivrez. Divisez la préparation en 5 portions égales et formez des boudins. Piquez-les sur des brochettes et placez-les dans un plat allant au four. Enfournez pour 15 min en retournant à mi-cuisson.

♦ Laissez refroidir, puis placez dans un contenant hermétique au frais.

8

ENCHAÎNEZ AVEC LA COCOTTE DE LÉGUMES AU COOKEO

(e) Rincez la cuve du Cookeo. Faites-y revenir 1 oignon jaune ciselé et les gousses d'ail pressées dans un peu d'huile d'olive en **mode dorer**. Ajoutez 2 poivrons rouges et 2 poivrons jaunes en lanières, les rondelles de carottes, 200 g de petits pois écossés et laissez cuire 2 min en remuant. Ajoutez le lait de coco, 1 c. à soupe de pâte miso, 4 c. à soupe de sauce soja et ½ c. à café de curcuma. Mélangez et lancez le **mode sous pression** pour 10 min. Rectifiez l'assaisonnement.

♦ Laissez refroidir, puis placez dans un contenant hermétique au frais.

9

TERMINEZ AVEC LA SAUCE DES KEFTAS (HORS COOKEO)

(a) Mélangez le yaourt avec ½ oignon jaune ciselé, le persil plat ciselé, salez et poivrez.

♦ Placez dans un bocal hermétique au frais.

Les assemblages
À FAIRE EN SEMAINE

Lundi **(a)**

BROCHETTES DE KEFTAS, SAUCE YAOURT

Mes préparations : les keftas, la sauce yaourt

Réchauffez les keftas 15 min au four à 160 °C.

Servez avec la sauce au yaourt et éventuellement des crudités.

Mardi **(b)**

SALADE PIÉMONTAISE

Mes préparations : les pommes de terre cuites, les œufs durs, le contenant de tomates, jambon et cornichons

› *J'ajoute : 3 c. à soupe de mayonnaise*

Écalez les œufs et coupez-les en petits dés.

Dans un saladier, mélangez tous les ingrédients avec la mayonnaise. Servez bien frais.

Mercredi **(c)**

NOUILLES CHINOISES AU BŒUF HACHÉ

Ma préparation : les nouilles chinoises

› *J'ajoute : 30 g de noix de cajou concassées*

Réchauffez les nouilles à la casserole à feu doux ou au Cookeo.

Servez avec les noix de cajou.

Jeudi **(d)**

LASAGNES VÉGÉTARIENNES

Ma préparation : les lasagnes

› *J'ajoute : 10 cl de crème liquide, 30 g de parmesan râpé*

Arrosez les lasagnes de crème, saupoudrez de parmesan, puis enfournez pour 15 min à 160 °C.

Vendredi **(e)**

COCOTTE DE LÉGUMES AU LAIT DE COCO ET CURRY

Ma préparation : la cocotte de légumes

Réchauffez la cocotte à la casserole à feu doux ou au Cookeo.

Servez éventuellement avec du riz blanc.

menu 18

Le menu de la semaine

LUNDI (A)

SALADE DE POLPETTES
DE VEAU ET MOZZARELLA

2 jours au réfrigérateur, peut être congelée

MARDI (B)

PENNE AU THON
ET AUBERGINES

2-3 jours au réfrigérateur, ne pas congeler

MERCREDI (C)

POULET AUX OLIVES
ET POMMES DE TERRE

3-4 jours au réfrigérateur, peut être congelé

JEUDI (D)

QUICHE AUX ÉPINARDS
ET À LA RICOTTA

4-5 jours au réfrigérateur, peut être congelée

VENDREDI (E)

NOUILLES DE RIZ
AUX LÉGUMES

4-5 jours au réfrigérateur, la garniture peut être congelée

La liste des courses
POUR 4 PERSONNES

Coût : environ 60 €

FRUITS ET LÉGUMES

- ☐ 7 gousses d'ail (a : 1/b : 2/c : 4)
- ☐ 2 petit bouquets de basilic (a : 1/ b : 1 utilisé en semaine)
- ☐ 400 g de tomates cerises (a : 200 utilisées en semaine/d : 200)
- ☐ 200 g de pousses d'épinards (a : 100 utilisés en semaine/d : 100)
- ☐ 6 tomates (b : 2/c : 4)
- ☐ 2 grosses aubergines (b : 1/e : 1)
- ☐ 500 g de pommes de terre grenailles (c)
- ☐ 1 poivron rouge (c)
- ☐ 1 petit piment doux (c)
- ☐ 1 oignon (c/e)
- ☐ 1 petit brocoli (e)
- ☐ 1 carotte (e)
- ☐ 2 échalotes (e)
- ☐ 1 petit morceau de gingembre frais (e)
- ☐ 200 g de champignons de Paris (a) utilisés en semaine
- ☐ 1 citron vert (e) utilisé en semaine

DANS VOTRE PLACARD

- ☐ Sel, poivre, piment doux, paprika fumé, 2 feuilles de laurier
- ☐ Farine (a)
- ☐ 1 cube de bouillon de légumes (c)
- ☐ Moutarde (a)
- ☐ Sauce nuoc-mâm (e), sauce soja (e)
- ☐ Vinaigre balsamique
- ☐ Huile d'olive, huile de sésame

ÉPICERIE

- ☐ 10 filets d'anchois (b)
- ☐ 1 c. à soupe de câpres (b)
- ☐ 100 g d'olives vertes dénoyautées (c)
- ☐ 50 cl de lait de coco (e)
- ☐ 3 c. à soupe de pâte de curry rouge (e)
- ☐ 400 g de penne (b) utilisées en semaine
- ☐ 1 grosse boîte de thon (b) utilisée en semaine
- ☐ 200 g de nouilles de riz (e) utilisées en semaine

CRÉMERIE

- ☐ 5 œufs (a : 1/d : 4)
- ☐ 150 g de ricotta (d)
- ☐ 50 g de parmesan râpé (d)
- ☐ 100 g de mozzarella râpée (d)
- ☐ 1 pâte brisée (d)
- ☐ 20 cl de crème liquide (d)
- ☐ 1 boule de mozzarella (a) utilisée en semaine

VIANDE

- ☐ 300 g d'escalope de veau (a)
- ☐ 4 cuisses de poulet (c)

LES ACCOMPAGNEMENTS À PRÉVOIR

- Vous pouvez servir la quiche avec une salade verte et/ou des crudités.

MARDI
LUNDI
JEUDI

VENDREDI
LUNDI
MERCREDI

Les préparations DU WEEK-END

1

LANCEZ LA PREMIÈRE CUISSON

Préchauffez le four à 180 °C.

(d) Déposez la pâte brisée dans un moule à tarte beurré et piquez le fond. Recouvrez d'une feuille de papier sulfurisé et lestez avec des billes de cuisson (ou des légumes secs). Enfournez pour 10 min, puis réservez.

2

DÉCOUPEZ ET PRÉPAREZ LES INGRÉDIENTS DES PREMIÈRES RECETTES

Épluchez l'oignon et ciselez-le finement.

Pelez et dégermez les gousses d'ail.

Pelez et émincez les échalotes.

(b/c) Coupez les tomates en cubes.

(c) Épépinez le poivron et coupez-le en lanières.

(c) Épépinez le piment et coupez-le en petits morceaux.

(d) Équeutez 100 g de pousses d'épinards et hachez-les grossièrement.

(d) Coupez 200 g de tomates cerises en 2.

(b/e) Coupez les aubergines en petits cubes.

(a) Effeuillez 1 petit bouquet de basilic.

3

LANCEZ LE POULET AU COOKEO

(c) Dans la cuve du Cookeo, faites revenir les cuisses de poulet sur toutes les faces dans 2 c. à soupe d'huile d'olive en mode dorer. Réservez, puis mettez à la place la moitié de l'oignon, 4 gousses d'ail et le piment. Laissez cuire 2 min, puis ajoutez le poivron et 4 tomates en cubes. Ajoutez 1 cube de bouillon émietté, 2 feuilles de laurier et 1 c. à café de paprika fumé. Remettez le poulet dans la cuve et ajoutez les pommes de terre avec leur peau. Couvrez d'eau, puis lancez le mode sous pression pour 20 min. Ajoutez les olives vertes 5 min avant la fin.

♦ Laissez refroidir, puis placez dans un contenant hermétique au frais.

4

PENDANT CE TEMPS, PRÉPAREZ LA QUICHE (HORS COOKEO)

(d) Dans un bol, mélangez les épinards hachés, 4 œufs et la crème liquide. Salez, poivrez et mélangez bien. Versez l'appareil sur le fond de tarte précuit. Mélangez la ricotta, le parmesan et la mozzarella râpée et poivrez légèrement. Déposez des cuillerées de préparation sur la quiche et ajoutez les tomates cerises coupées en 2. Enfournez pour 30 min en surveillant la cuisson.

♦ Laissez refroidir, puis couvrez et placez au frais.

5

PRÉPAREZ LES POLPETTES (HORS COOKEO)

(a) Hachez les escalopes de veau, 1 gousse d'ail et le basilic effeuillé dans un hachoir à viande avec une grille moyenne. Ajoutez 1 œuf, salez et poivrez et mélangez bien. Façonnez des boulettes de farce de la grosseur d'une noix, puis roulez-les dans un peu de farine. Réservez au frais.

6

ENCHAÎNEZ AVEC LA GARNITURE DES PENNE AU COOKEO

(b) Rincez la cuve du Cookeo. Faites-y fondre les anchois dans 3 c. à soupe d'huile d'olive en **mode dorer**. Ajoutez 1 aubergine en petits cubes, 2 tomates en cubes, 2 gousses d'ail écrasées et les câpres. Assaisonnez en sel et en piment doux et mélangez bien. Lancez le **mode sous pression** pour 8 min.

♦ Laissez refroidir, puis placez dans un contenant hermétique au frais.

7

PENDANT CE TEMPS, PRÉPAREZ LE RESTE DES INGRÉDIENTS

(e) Râpez le gingembre.

(e) Épluchez et râpez la carotte.

(e) Détaillez le brocoli en fleurettes.

8

ENCHAÎNEZ AVEC LA GARNITURE DES NOUILLES AU COOKEO

(e) Rincez la cuve du Cookeo. Faites-y revenir les échalotes et le gingembre dans un peu d'huile de sésame en **mode dorer**. Ajoutez 3 c. à soupe de pâte de curry rouge et laissez cuire 1 min, puis ajoutez le lait de coco, 2 c. à soupe de sauce nuoc-mâm et 2 c. à soupe de sauce soja. Ajoutez le reste de l'oignon, la carotte râpée, le brocoli et le reste d'aubergine. Lancez le **mode sous pression** pour 3 min.

♦ Laissez refroidir, puis placez dans un contenant hermétique au frais.

9

ENCHAÎNEZ AVEC LES POLPETTES AU COOKEO

(a) Rincez la cuve du Cookeo. Faites-y revenir les boulettes dans un peu d'huile d'olive en **mode dorer**, jusqu'à ce qu'elles soient bien cuites.

♦ Laissez refroidir, puis placez dans un contenant hermétique au frais.

10

TERMINEZ AVEC LA VINAIGRETTE (HORS COOKEO)

(a) Mélangez 1 c. à café de moutarde et 5 c. à soupe de vinaigre balsamique, puis ajoutez petit à petit 5 c. à soupe d'huile d'olive en mélangeant.

♦ Placez dans un bocal hermétique au frais.

Les assemblages
À FAIRE EN SEMAINE

Lundi **(a)**

SALADE DE POLPETTES DE VEAU ET MOZZARELLA

Mes préparations : les polpettes de veau, la vinaigrette

› *J'ajoute : 100 g de pousses d'épinards, 200 g de champignons de Paris, 1 boule de mozzarella, 200 g de tomates cerises*

Réchauffez les boulettes à la poêle à feu doux.

Pendant ce temps, émincez les champignons. Dressez les assiettes en répartissant les pousses d'épinards, puis les champignons, les tomates cerises coupées en 2 et la boule de mozzarella coupée en cubes. Terminez par les boulettes. Arrosez de vinaigrette et servez aussitôt.

Mardi **(b)**

PENNE AU THON ET AUBERGINES

Ma préparation : la garniture aux aubergines

› *J'ajoute : 400 g de penne, 1 grosse boîte de thon, 1 petit bouquet de basilic*

Faites cuire les penne 1 à 2 min de moins que le temps indiqué sur le paquet.

Pendant ce temps, réchauffez la garniture dans une sauteuse en ajoutant le thon émietté.

Égouttez rapidement les pâtes (il doit rester un peu d'eau de cuisson) puis ajoutez-les dans la sauteuse et poursuivez la cuisson 2 min à feu vif. Ajoutez le basilic ciselé, un trait d'huile d'olive et servez aussitôt.

Mercredi **(c)**

POULET AUX OLIVES ET POMMES DE TERRE

Ma préparation : le poulet aux olives

Réchauffez le poulet 15 min au four à 160 °C.

Jeudi **(d)**

QUICHE AUX ÉPINARDS ET RICOTTA

Ma préparation : la quiche

Réchauffez éventuellement la quiche 15 min au four à 160 °C.

Servez éventuellement avec une salade verte et/ou des crudités.

Vendredi **(e)**

NOUILLES DE RIZ AUX LÉGUMES

Ma préparation : la garniture aux légumes

› *J'ajoute : 200 g de nouilles de riz, 1 citron vert*

Faites cuire les nouilles en suivant les indications du paquet, puis rincez à l'eau froide et égouttez.

Réchauffez les légumes au wok ou dans une sauteuse dans un peu d'huile de sésame, puis ajoutez les nouilles. Mélangez rapidement et servez dans des bols avec les quartiers du citron vert.

menu 19

Le menu de la semaine

LUNDI (A)

SALADE VIETNAMIENNE
AUX BOULETTES ET NOUILLES DE RIZ

2-3 jours au réfrigérateur, les boulettes peuvent être congelées

MARDI (B)

FLAN DE COURGETTES
AU CHÈVRE ET LARDONS

3-4 jours au réfrigérateur, peut être congelé

MERCREDI (C)

PÂTES AUX AUBERGINES
ET TOMATES

4 jours au réfrigérateur, peuvent être congelées

JEUDI (D)

CURRY DE COURGETTES
AU LAIT DE COCO

4-5 jours au réfrigérateur, peut être congelé

VENDREDI (E)

CHAKCHOUKA

4-5 jours au réfrigérateur, peut être congelée

La liste des courses
POUR 4 PERSONNES

Coût : environ 50 €

FRUITS ET LÉGUMES

- ☐ 1 concombre (a)
- ☐ 2 oignons nouveaux (a)
- ☐ 2 cm de gingembre frais (a)
- ☐ 1 citron vert non traité (a)
- ☐ 1 petit bouquet de coriandre (a)
- ☐ 3 carottes (a : 1/c : 2)
- ☐ 4 gousses d'ail (a : 1/c : 2/e : 1)
- ☐ 5 oignons jaunes (b : 1/c : 1/d : 1/e : 2)
- ☐ 5 courgettes (b : 3/d : 2)
- ☐ 3 poivrons (2 rouges et 1 vert) (b : 1/e : 2)
- ☐ 2 aubergines (c)
- ☐ 2 tomates (c)

DANS VOTRE PLACARD

- ☐ Sel, gros sel, poivre, curry, paprika, cumin, herbes de Provence
- ☐ 30 g de chapelure (a)
- ☐ Sucre semoule (a)
- ☐ Miel (a)
- ☐ Sauce nuoc-mâm (a), sauce soja (d)
- ☐ Vinaigre de riz (a)
- ☐ Huile d'olive, huile de sésame

ÉPICERIE

- ☐ 300 g de nouilles de riz (a)
- ☐ 5 c. à soupe de sauce de piment doux thaï (a)
- ☐ 15 cl de vin blanc sec (c)
- ☐ 60 cl de coulis de tomate (c)
- ☐ 70 g de concentré de tomate (c)
- ☐ 40 cl de lait de coco (d)
- ☐ 2 c. à soupe de poudre d'amande (d)
- ☐ 400 g de tomates concassées (e)
- ☐ 30 g de cacahuètes (a) utilisées en semaine
- ☐ 400 g de pâtes sèches (c) utilisées en semaine

CRÉMERIE

- ☐ 8 œufs (a : 1/b : 3/e : 4 utilisés en semaine)
- ☐ 30 cl de crème liquide (b)
- ☐ 50 g de fromage râpé (b)
- ☐ 1 bûchette de chèvre (b)

VIANDE ET CHARCUTERIE

- ☐ 600 g de bœuf haché (ou mélange de porc et bœuf) (a)
- ☐ 200 g de lardons fumés (b)

LES ACCOMPAGNEMENTS À PRÉVOIR

- Servez le flan de courgettes avec des crudités.
Vous pouvez ajouter une protéine supplémentaire si vous le souhaitez : charcuterie, grillades, etc.
- Vous pouvez accompagner le curry de riz basmati.

LUNDI
LUNDI
MERCREDI
VENDREDI

LUNDI
JEUDI
MARDI

Les préparations DU WEEK-END

1

LANCEZ LES PREMIÈRES PRÉPARATIONS ET CUISSONS

(a) Faites cuire les nouilles de riz en suivant les indications du paquet. Rafraîchissez-les sous l'eau froide et égouttez.

♦ Laissez refroidir, puis placez dans un contenant hermétique au frais.

(c) Coupez les aubergines en gros cubes et mettez-les dans une passoire. Ajoutez 1 poignée de gros sel, mélangez et laissez-les dégorger 20 min.

2

DÉCOUPEZ ET PRÉPAREZ LES INGRÉDIENTS DES PREMIÈRES RECETTES

Épluchez les oignons et ciselez-les finement.

Pelez et dégermez les gousses d'ail.

(b/e) Pelez et épépinez les poivrons. Coupez 1 rouge en cubes et les 2 autres en lanières.

(b/d) Coupez les courgettes en gros cubes.

(a) Râpez le gingembre.

(a) Prélevez le zeste le citron vert et pressez-le pour récupérer le jus.

(a) Ciselez la coriandre.

(c) Coupez les tomates en cubes.

(a/c) Coupez 2 carottes en dés et râpez l'autre.

3

LANCEZ LA GARNITURE DU FLAN AU COOKEO

(b) Dans la cuve du Cookeo, faites revenir 1 oignon et les dés de 1 poivron rouge dans un peu d'huile d'olive 1 min en **mode dorer**. Ajoutez les lardons, les dés de 3 courgettes, saupoudrez d'herbes de Provence et laissez cuire 5 min. Laissez refroidir et réservez.

4

PENDANT CE TEMPS, PRÉPAREZ LES BOULETTES (HORS COOKEO)

Préchauffez le four à 180 °C.

(a) Dans un saladier, mélangez la viande hachée, 1 œuf, 30 g de chapelure, 1 c. à café de sauce nuoc-mâm, 1 gousse d'ail pressée, le gingembre râpé, les oignons nouveaux, le zeste de citron vert et la coriandre ciselée. Formez des boulettes de la taille d'une balle de golf (mouillez vos mains régulièrement, ce sera plus facile) et placez-les dans un plat à four tapissé de papier sulfurisé. Mélangez 6 c. à soupe de sauce soja salée avec 2 c. à soupe de miel et laquez les boulettes avec ce mélange. Enfournez pour 30 min environ, jusqu'à ce qu'elles soient bien cuites.

♦ Laissez refroidir, puis placez dans un contenant hermétique au frais.

6

PENDANT CE TEMPS, PRÉPAREZ LA SUITE DES INGRÉDIENTS

(b) Coupez la bûche de chèvre en morceaux.

5

ENCHAÎNEZ AVEC LES AUBERGINES AU COOKEO

(c) Rincez la cuve du Cookeo. Faites-y revenir 1 oignon et 2 gousses d'ail pressées dans un peu d'huile d'olive en **mode dorer**. Ajoutez les aubergines rincées et séchées et 2 carottes en dés. Laissez cuire 2 min en remuant. Déglacez avec le vin blanc, puis ajoutez les dés de tomate, le coulis et le concentré de tomate. Assaisonnez en sel, poivre et herbes de Provence. Mélangez bien, puis lancez le **mode sous pression** pour 8 min.

♦ Laissez refroidir, puis placez dans un contenant hermétique au frais.

7

ENCHAÎNEZ AVEC LE CURRY AU COOKEO

(d) Rincez la cuve du Cookeo. Faites-y revenir 1 oignon dans un peu d'huile d'olive en **mode dorer**. Ajoutez les cubes de 2 courgettes et 2 c. à café d'huile de sésame et laissez cuire 2 min. Ajoutez le lait de coco, 1 c. à soupe de curry, 1 c. à soupe de sauce soja salée et 2 c. à soupe de poudre d'amande. Lancez le **mode sous pression** pour 8 min, puis rectifiez l'assaisonnement.

♦ Laissez refroidir, puis placez dans un contenant hermétique au frais.

8

PENDANT CE TEMPS, PRÉPAREZ LE RESTE DES INGRÉDIENTS

(a) Pelez le concombre, puis coupez-le en bâtonnets. Mettez les carottes râpées dans un contenant avec les bâtonnets de concombre. Ajoutez 1 c. à café de sucre et 1 c. à soupe de vinaigre de riz. Mélangez bien.

♦ Placez le contenant hermétique au frais.

9

ENCHAÎNEZ AVEC LA CHAKCHOUKA AU COOKEO

(e) Rincez la cuve du Cookeo. Faites-y revenir 2 oignons émincés, 1 gousse d'ail pressée, le poivron rouge et le poivron vert en lanières dans un peu d'huile d'olive 5 min en **mode dorer** tout en remuant. Ajoutez les tomates concassées, 1 c. à café de paprika, 1 c. à café de cumin, salez et poivrez. Lancez le **mode sous pression** pour 5 min.

♦ Laissez refroidir, puis placez dans un contenant hermétique au frais.

10

PENDANT CE TEMPS, PRÉPAREZ LA VINAIGRETTE (HORS COOKEO)

(a) Mélangez 5 c. à soupe de sauce de piment doux thaï, le jus du citron vert et 1 c. à café de vinaigre de riz.

♦ Placez dans un bocal hermétique au frais.

11

TERMINEZ AVEC LE FLAN AU COOKEO

(b) Rincez la cuve du Cookeo. Dans un saladier, mélangez 3 œufs et la crème liquide, salez et poivrez. Ajoutez le fromage râpé et mélangez bien. Ajoutez les morceaux de chèvre et la préparation aux courgettes et versez le tout dans un moule à manqué adapté au Cookeo de 20 cm de diamètre. Couvrez de film alimentaire. Versez 20 cl d'eau dans la cuve, placez-y le panier vapeur contenant le moule et lancez le **mode sous pression** pour 45 min.

♦ Laissez refroidir, puis placez dans un contenant hermétique au frais.

Les assemblages
À FAIRE EN SEMAINE

Lundi **(a)**

SALADE VIETNAMIENNE AUX BOULETTES ET NOUILLES DE RIZ

Mes préparations : les boulettes, les crudités, la vinaigrette, les nouilles de riz

› *J'ajoute : 30 g de cacahuètes*

Réchauffez les boulettes au micro-ondes ou à four doux.

Répartissez les nouilles de riz sur les assiettes, puis ajoutez les crudités et les boulettes. Nappez de vinaigrette et ajoutez les cacahuètes grossièrement concassées.

Mardi **(b)**

FLAN DE COURGETTES AU CHÈVRE ET LARDONS

Ma préparation : le flan de courgettes

Démoulez le flan sur un plat et servez froid, éventuellement accompagné de crudités.

Mercredi **(c)**

PÂTES AUX AUBERGINES ET TOMATES

Ma préparation : la garniture aux aubergines

› *J'ajoute : 400 g de pâtes sèches*

Faites cuire les pâtes 1 min de moins que les indications du paquet.

Pendant ce temps, réchauffez la sauce à la casserole. Égouttez rapidement les pâtes, puis terminez la cuisson en les ajoutant dans la sauce. Servez bien chaud.

Jeudi **(d)**

CURRY DE COURGETTES AU LAIT DE COCO

Ma préparation : le curry de courgettes

Réchauffez le curry à la casserole à feu doux.

Servez bien chaud, éventuellement avec du riz basmati.

Vendredi **(e)**

CHAKCHOUKA

Ma préparation : la chakchouka

› *J'ajoute : 4 œufs*

Dans une sauteuse, portez la chakchouka à frémissement, puis creusez 4 cavités dans la sauce et cassez-y les œufs. Couvrez et laissez cuire à feu doux 3 à 4 min, jusqu'à ce que les œufs soient pris.

menu 20

Le menu de la semaine

LUNDI (A)

SALADE THAÏE
AUX CREVETTES ET POMELO

1 jour au réfrigérateur, ne pas congeler

MARDI (B)

CLAFOUTIS DE TOMATES CERISES
À LA FETA

2-3 jours au réfrigérateur, peut être congelé

MERCREDI (C)

POIVRONS FARCIS
AU RIZ ET POULET

2-3 jours au réfrigérateur, peuvent être congelés

JEUDI (D)

SALADE DE BROCOLIS
AU CITRON

4-5 jours au réfrigérateur, ne pas congeler

VENDREDI (E)

MINESTRONE
AUX LÉGUMES D'ÉTÉ

4-5 jours au réfrigérateur, peut être congelé

La liste des courses
POUR 4 PERSONNES

Coût : environ 50 €

FRUITS ET LÉGUMES

- ☐ 1 pamplemousse rose (a)
- ☐ 1 concombre (a)
- ☐ 1 citron vert (a)
- ☐ 5 oignons nouveaux (a : 3/d : 2)
- ☐ 4 carottes (a : 2/e : 2)
- ☐ 200 g de tomates cerises (b)
- ☐ 1 oignon jaune (c)
- ☐ 5 poivrons verts, jaunes et rouges (c : 4/e : 1)
- ☐ 4 tomates (c : 2/e : 2)
- ☐ 4 gousses d'ail (c : 2/e : 2)
- ☐ 2 brocolis (d)
- ☐ 200 g de fèves écossées (d)
- ☐ 1 citron jaune (d)
- ☐ 2 courgettes (e)
- ☐ 1 petite botte de menthe (a) utilisée en semaine
- ☐ 1 petite botte de coriandre (a) utilisée en semaine

DANS VOTRE PLACARD

- ☐ Sel, poivre, cumin, paprika fumé
- ☐ Sucre semoule (a)
- ☐ 1/2 sachet de levure chimique (b)
- ☐ 100 g de farine (b)
- ☐ 1,5 l de bouillon de légumes (e)
- ☐ Sauce nuoc-mâm (a)
- ☐ Vinaigre doux
- ☐ Huile d'olive, huile de sésame

ÉPICERIE

- ☐ 200 g de vermicelles de riz (a)
- ☐ 50 g d'olives noires dénoyautées (b)
- ☐ 100 g de maïs doux en boîte (c)
- ☐ 150 g de riz blanc (c)
- ☐ 100 g de haricots rouges en boîte (e)
- ☐ 30 g de noix de cajou (d) utilisées en semaine
- ☐ 150 g de pâtes sèches courtes (e) utilisées en semaine

CRÉMERIE

- ☐ 100 g de féta (b)
- ☐ 4 œufs (b)
- ☐ 20 cl de lait (b)
- ☐ 100 g de fromage râpé (c) utilisé en semaine

VIANDE

- ☐ 450 g d'escalopes de poulet (c)

SURGELÉS

- ☐ 300 g de queues de crevettes (a) utilisées en semaine

LES ACCOMPAGNEMENTS À PRÉVOIR

♦ Vous pouvez servir le clafoutis et la salade de brocolis avec du pain et de la charcuterie.

LUNDI
JEUDI
MARDI

MERCREDI
JEUDI
VENDREDI

Les préparations DU WEEK-END

1

LANCEZ LES PREMIÈRES CUISSONS

Préchauffez le four à 180 °C.

(d) Séparez les brocolis en fleurettes et déposez-les dans le panier vapeur du Cookeo. Versez 20 cl d'eau dans la cuve, placez-y le panier et lancez le **mode sous pression** pour 5 min.

♦ Laissez refroidir, puis placez dans un contenant hermétique au frais.

(c) Coupez le chapeau de 4 poivrons (panachez les 3 couleurs), retirez les graines mais conservez le pédoncule, puis emballez-les dans du papier aluminium pour ne laisser que l'ouverture apparente. Alignez-les dans un plat allant au four. Ajoutez un peu d'eau dans le fond du plat, couvrez d'une feuille d'aluminium et enfournez pour 20 min.

♦ Laissez refroidir, puis placez dans un contenant hermétique au frais.

2

DÉCOUPEZ ET PRÉPAREZ LES INGRÉDIENTS DES PREMIÈRES RECETTES

Épluchez l'oignon jaune et ciselez-le finement.

Pelez et dégermez les gousses d'ail.

(e) Coupez les courgettes en petits dés.

(a/e) Pelez les carottes, coupez-en 2 en petits cubes et les 2 autres en bâtonnets.

(c/e) Coupez les tomates en petits cubes.

(e) Épépinez le poivron restant et coupez-le en petits dés.

3

ENCHAÎNEZ AVEC LE MINESTRONE AU COOKEO

(e) Rincez la cuve du Cookeo. Faites-y revenir 2 gousses d'ail pressées dans un filet d'huile d'olive en **mode dorer**. Ajoutez les dés de carottes, de courgettes, de tomates et du poivron et laissez cuire 2 min en remuant. Ajoutez les haricots rouges égouttés et 1,5 l de bouillon de légumes, puis mélangez bien. Lancez le **mode sous pression** pour 15 min.

♦ Laissez refroidir, puis placez dans un contenant hermétique au frais.

4

PENDANT CE TEMPS, PRÉPAREZ LA SUITE DES INGRÉDIENTS

(c) Coupez le poulet en petits dés.

(a) Plongez les vermicelles de riz dans de l'eau frémissante, hors du feu, pendant 4 min. Égouttez et rafraîchissez sous l'eau froide.

(a/d) Ciselez finement les oignons nouveaux.

(a) Pelez le concombre et coupez-le en bâtonnets.

(a) Épluchez le pamplemousse à vif et prélevez les suprêmes. Déposez-le dans un contenant avec les vermicelles de riz, 3 oignons nouveaux, le concombre, 2 carottes en bâtonnets et le pamplemousse.

♦ Placez le contenant hermétique au frais.

(d) Mélangez 2 oignons nouveaux avec les fèves écossées.

♦ Placez dans un contenant hermétique au frais.

5

ENCHAÎNEZ AVEC LA FARCE DES POIVRONS AU COOKEO

(c) Rincez la cuve du Cookeo. Faites-y revenir l'oignon jaune ciselé et 2 gousses d'ail pressées dans un peu d'huile d'olive en **mode dorer**. Ajoutez les dés de poulet, 1 c. à café de cumin, 1 c. à café de paprika fumé, salez et poivrez. Laissez cuire 2 min en remuant. Ajoutez 2 tomates en cubes et le maïs égoutté. Mélangez, ajoutez le riz blanc, couvrez d'eau à hauteur et lancez le **mode sous pression** pour la moitié du temps indiqué sur le paquet de riz (5 min minimum).

♦ Laissez refroidir, puis placez dans un contenant hermétique au frais.

6

PENDANT CE TEMPS, PRÉPAREZ LE RESTE DES INGRÉDIENTS

(b) Coupez les tomates cerises en 2.

(b) Coupez la feta en petits dés.

7

ENCHAÎNEZ AVEC LE CLAFOUTIS AU COOKEO

(b) Rincez la cuve du Cookeo. Dans un saladier, battez les œufs avec le lait. Ajoutez petit à petit en fouettant 100 g de farine et ½ sachet de levure chimique. Ajoutez les tomates cerises, la feta et les olives noires. Mélangez bien, versez la préparation dans un moule à manqué adapté au Cookeo de 20 cm de diamètre tapissé de papier sulfurisé, puis couvrez de film alimentaire. Versez 20 cl d'eau dans la cuve et placez-y le panier vapeur contenant le moule. Lancez le **mode sous pression** pour 25 min.

- Laissez refroidir, puis couvrez et placez au frais.

8

PENDANT CE TEMPS, PRÉPAREZ LA SAUCE THAÏE (HORS COOKEO)

(a) Mélangez le jus du citron vert, 2 c. à café de sauce nuoc-mâm, 1 c. à café de sucre et 4 c. à soupe d'huile de sésame.

- Placez dans un bocal hermétique au frais.

9

TERMINEZ AVEC LA VINAIGRETTE (HORS COOKEO)

(d) Mélangez le jus du citron jaune avec 1 c. à soupe de vinaigre doux, 4 c. à soupe d'huile d'olive, salez et poivrez.

- Placez dans un bocal hermétique au frais.

Les assemblages
À FAIRE EN SEMAINE

Lundi **(a)**

SALADE THAÏE AUX CREVETTES ET POMELO

Mes préparations : les vermicelles de riz et crudités, la sauce thaïe

› *J'ajoute : 300 g de queues de crevettes, 1 petite botte de menthe, 1 petite botte de coriandre*

Dans une poêle, grillez rapidement les crevettes avec un peu d'huile de sésame.

Dans un saladier, mélangez les vermicelles et les crudités avec la menthe et la coriandre ciselées. Ajoutez les crevettes et la sauce, puis mélangez.

Mardi **(b)**

CLAFOUTIS DE TOMATES CERISES À LA FETA

Ma préparation : le clafoutis

Réchauffez le clafoutis 10 min sous le gril du four.

Servez éventuellement avec une salade verte et/ou des crudités.

Mercredi **(c)**

POIVRONS FARCIS AU RIZ ET POULET

Mes préparations : les poivrons, la farce

› *J'ajoute : 100 g de fromage râpé*

Garnissez les poivrons de la farce et parsemez de fromage râpé. Faites gratiner 15 min au four à 180 °C.

Jeudi **(d)**

SALADE DE BROCOLIS AU CITRON

Mes préparations : les brocolis, les oignons nouveaux et fèves, la vinaigrette

› *J'ajoute : 30 g de noix de cajou concassées*

Dans un saladier, mélangez tous les ingrédients et arrosez de vinaigrette.

Vendredi **(e)**

MINESTRONE AUX LÉGUMES D'ÉTÉ

Ma préparation : le minestrone

› *J'ajoute : 150 g de pâtes sèches courtes*

Dans une casserole, portez le bouillon et les légumes à ébullition, puis ajoutez les pâtes. Faites cuire en suivant les indications du paquet et servez bien chaud.

menu 21

Le menu de la semaine

LUNDI (A)

FILET DE CABILLAUD
AU JAMBON CRU ET TOMATES CERISES

1 jour au réfrigérateur, peut être congelé

MARDI (B)

SALADE DE PÂTES
AU BASILIC ET PARMESAN

3-4 jours au réfrigérateur, congélation déconseillée

MERCREDI (C)

SAUTÉ DE PORC
AUX HARICOTS VERTS ET QUINOA

2-3 jours au réfrigérateur, peut être congelé

JEUDI (D)

SOUPE DE TOMATES
AU BASILIC ET BRUSCHETTA

4-5 jours au réfrigérateur, peut être congelée

VENDREDI (E)

CRUMBLE AUX LÉGUMES D'ÉTÉ
ET CHÈVRE

4-5 jours au réfrigérateur, peut être congelé

La liste des courses
POUR 4 PERSONNES

Coût : environ 50 €

FRUITS ET LÉGUMES

- ☐ 1 botte de basilic (a/b/d) dont une partie utilisée en semaine
- ☐ 7 gousses d'ail (a : 2 utilisées en semaine/c : 1/d : 4 dont 2 utilisées en semaine)
- ☐ 1 citron jaune (b)
- ☐ 1 kg de haricots verts (c)
- ☐ 2 échalotes (c)
- ☐ 200 g de pommes de terre (d)
- ☐ 1 carotte (d)
- ☐ 1 oignon jaune (d)
- ☐ 12 tomates allongées (d : 10/e : 2)
- ☐ 2 courgettes (e)
- ☐ 1 aubergine (e)
- ☐ 1 oignon rouge (e)
- ☐ 600 g de tomates cerises (a : 400/ d : 200) utilisées en semaine

POISSON

- ☐ 1 dos de cabillaud (a)

DANS VOTRE PLACARD

- ☐ Sel, poivre, origan séché
- ☐ Graines de pavot (b)
- ☐ 60 g de farine (e)
- ☐ 20 cl de bouillon de légumes (d)
- ☐ Sauce Worcestershire (d)
- ☐ Mayonnaise (b)
- ☐ Moutarde à l'ancienne (e)
- ☐ Huile d'olive

ÉPICERIE

- ☐ 200 g de riz basmati (a)
- ☐ 300 g de pâtes sèches courtes (b)
- ☐ 200 g de quinoa (c)
- ☐ 400 g de tomates concassées (c)
- ☐ 20 cl de lait de coco (d)
- ☐ 30 g de pignons de pin (b) utilisés en semaine
- ☐ 4 tranches de pain à bruschetta (d) utilisées en semaine

CRÉMERIE

- ☐ 80 g de parmesan râpé (b : 50 utilisé en semaine/e : 30)
- ☐ 35 g de beurre mou (e)
- ☐ 1 boule de mozzarella (d) utilisée en semaine
- ☐ 1 bûche de chèvre (e) utilisée en semaine

VIANDE ET CHARCUTERIE

- ☐ 4 tranches de prosciutto ou de jambon sec (a)
- ☐ 500 g de sauté de porc (c)
- ☐ 250 g de dés de poulet ou un reste de poulet rôti (b) utilisés en semaine

LES ACCOMPAGNEMENTS À PRÉVOIR

- Vous pouvez servir de la charcuterie ou des œufs avec la salade de pâtes et le crumble.

MARDI
VENDREDI
VENDREDI
JEUDI
MERCREDI

LUNDI
LUNDI
MARDI
MERCREDI

Les préparations DU WEEK-END

1

LANCEZ LES PREMIÈRES CUISSONS

(a) Dans la cuve du Cookeo, mettez le riz basmati, couvrez largement d'eau et lancez le **mode sous pression** pour la moitié du temps précisé sur le paquet. Égouttez.

♦ Laissez refroidir, puis placez dans un contenant hermétique au frais.

(b) Faites cuire les pâtes sèches en suivant les indications du paquet. Rafraîchissez sous l'eau froide, puis égouttez.

♦ Laissez refroidir, puis placez dans un contenant hermétique au frais.

(c) Mettez le quinoa dans la cuve du Cookeo, ajoutez 1 c. à café de sel et couvrez d'eau. Lancez le **mode sous pression** pour 5 min.

♦ Laissez refroidir, puis placez dans un contenant hermétique au frais.

2

DÉCOUPEZ ET PRÉPAREZ LES INGRÉDIENTS DES PREMIÈRES RECETTES

Pelez et dégermez les gousses d'ail.

(c) Équeutez les haricots verts.

(c) Épluchez et ciselez les échalotes.

(c) Coupez le sauté de porc en gros dés.

3

PRÉPAREZ LE CABILLAUD AU JAMBON (HORS COOKEO)

(a) Coupez le dos de cabillaud en 4 pavés et essuyez-les avec du papier absorbant. Déposez chaque pavé sur 1 tranche de jambon, salez légèrement, poivrez et ajoutez 1 feuille de basilic. Refermez le jambon autour du poisson.

♦ Placez dans un contenant hermétique au frais.

4

ENCHAÎNEZ AVEC LE SAUTÉ DE PORC AU COOKEO

(c) Rincez la cuve du Cookeo. Faites-y revenir les échalotes ciselées et 1 gousse d'ail pressée dans un filet d'huile d'olive en **mode dorer**. Ajoutez le sauté de porc et faites-le dorer sur toutes les faces. Ajoutez les tomates concassées, salez et poivrez, puis lancez le **mode sous pression** pour 5 min. Ajoutez les haricots verts et lancez le **mode sous pression** pour 4 min.

♦ Laissez refroidir, puis placez dans un contenant hermétique au frais.

5

PENDANT CE TEMPS, PRÉPAREZ LA SUITE DES INGRÉDIENTS

(e) Pelez l'oignon rouge et émincez-le.

(e) Coupez 2 courgettes en petits dés.

(e) Coupez 1 aubergine en petits dés.

(d/e) Coupez 10 tomates allongées en 4 et le reste en petits dés.

6

ENCHAÎNEZ AVEC LA GARNITURE DU CRUMBLE AU COOKEO

(e) Rincez la cuve du Cookeo. Faites-y revenir l'oignon rouge, l'aubergine et les 2 courgettes en petits dés dans un peu d'huile d'olive 5 min en **mode dorer**. Ajoutez 2 tomates en dés et 2 c. à soupe de moutarde à l'ancienne. Lancez le **mode sous pression** pour 5 min.

♦ Laissez refroidir, puis placez dans un contenant hermétique au frais.

7

PENDANT CE TEMPS, PRÉPAREZ LE RESTE DES INGRÉDIENTS

(d) Épluchez l'oignon jaune et coupez-le en 6.

(d) Épluchez la carotte et coupez-la en petits cubes.

(d) Épluchez les pommes de terre et coupez-les en petits cubes.

8

ENCHAÎNEZ AVEC LA SOUPE AU COOKEO

(d) Rincez la cuve du Cookeo. Faites-y revenir l'oignon jaune coupé en 6 et 2 gousses d'ail pressées dans un peu d'huile d'olive 2 min en **mode dorer**. Ajoutez les 10 tomates coupées en 4, les dés de carotte et de pommes de terre, le lait de coco, 20 cl de bouillon de légumes, 1 c. à café d'origan séché, 2 c. à café de sauce Worcestershire et du poivre. Mélangez, puis lancez le **mode sous pression** pour 5 min. Mixez au mixeur plongeant.

♦ Laissez refroidir, puis placez dans un contenant hermétique au frais.

9

PENDANT CE TEMPS, PRÉPAREZ LA PÂTE À CRUMBLE (HORS COOKEO)

(e) Dans un saladier, mélangez du bout des doigts 60 g de farine, 30 g de parmesan râpé et 35 g de beurre pour obtenir un crumble (la pâte doit être granuleuse et irrégulière).

♦ Placez dans un contenant hermétique au frais.

10

TERMINEZ AVEC LA SAUCE SALADE (HORS COOKEO)

(b) Mélangez 4 c. à soupe de mayonnaise, 1 c. à soupe de graines de pavot et le jus du citron jaune.

♦ Placez dans un bocal hermétique au frais.

Les assemblages
À FAIRE EN SEMAINE

Lundi **(a)**

FILET DE CABILLAUD
AU JAMBON CRU ET TOMATES CERISES

Mes préparations : le riz cuit, le cabillaud

› *J'ajoute : 400 g de tomates cerises, 2 gousses d'ail, origan séché, quelques feuilles de basilic*

Dans la cuve du Cookeo, mettez un filet d'huile d'olive, les tomates cerises, les gousses d'ail écrasées et saupoudrez d'origan et de basilic ciselé. Ajoutez le cabillaud, versez 10 cl d'eau et lancez le **mode sous pression** pour 5 min.

Pendant ce temps, réchauffez le riz au micro-ondes. Servez le tout bien chaud.

Mardi **(b)**

SALADE DE PÂTES
AU BASILIC ET PARMESAN

Mes préparations : les pâtes cuites, la sauce salade

› *J'ajoute : 250 g de dés de poulet, 50 g de parmesan râpé, 30 g de pignons de pin, ½ botte de basilic*

Dans un saladier, mélangez les pâtes avec les pignons de pin, le basilic ciselé, le parmesan et le poulet. Arrosez de sauce et servez frais.

Mercredi **(c)**

SAUTÉ DE PORC AUX HARICOTS VERTS ET QUINOA

Mes préparations : le sauté de porc, le quinoa

Réchauffez le sauté de porc à la casserole à feu doux ou au Cookeo. Réchauffez le quinoa au micro-ondes.

Jeudi **(d)**

SOUPE DE TOMATES
AU BASILIC ET BRUSCHETTA

Ma préparation : la soupe de tomates

› *J'ajoute : 3 brins de basilic, 4 tranches de pain à bruschetta, 2 gousses d'ail, 200 g de tomates cerises, 1 boule de mozzarella*

Réchauffez la soupe à la casserole à feu doux en ajoutant le basilic ciselé.

Pendant ce temps, préparez les bruschetta en faisant griller les tranches de pain sous le gril du four (ou au grille-pain), puis frottez-les avec les gousses d'ail épluchées. Ajoutez les tomates cerises coupées en 2 et la mozzarella en dés. Repassez rapidement le tout sous le gril pour faire fondre la mozzarella. Servez avec la soupe.

Vendredi **(e)**

CRUMBLE AUX LÉGUMES D'ÉTÉ ET CHÈVRE

Mes préparations : les légumes, la pâte à crumble

› *J'ajoute : 1 bûche de chèvre*

Coupez la bûche de chèvre en petits dés et mélangez-les aux légumes. Répartissez la préparation dans un plat à gratin, puis parsemez la pâte à crumble sur le dessus. Enfournez pour 20 min à 180 °C, jusqu'à ce que le dessus soit bien doré.

menu 22

Le menu de la semaine

LUNDI (A)

BLANQUETTE DE POISSONS
AUX LÉGUMES

2 jours au réfrigérateur, peut être congelée

MARDI (B)

POULET
À L'ESTRAGON

3 jours au réfrigérateur, peut être congelé

MERCREDI (C)

TABOULÉ
DE BLÉ

4-5 jours au réfrigérateur, ne pas congeler

JEUDI (D)

SALADE DE MAÏS
AU JAMBON

4-5 jours au réfrigérateur, ne pas congeler

VENDREDI (E)

RATATOUILLE
ET ŒUFS MOLLET

5 jours au réfrigérateur, peut être congelée

La liste des courses

Coût : environ 50 €

POUR 4 PERSONNES

FRUITS ET LÉGUMES

- ☐ 2 carottes (a)
- ☐ 100 g de champignons de Paris (a)
- ☐ 4 courgettes (a : 1/e : 3)
- ☐ 2 échalotes (b)
- ☐ 1 concombre (c)
- ☐ 1 citron jaune (c)
- ☐ 3 brins de menthe (c)
- ☐ 3 poivrons rouges (c : 1/d : 1/e : 1)
- ☐ 1 oignon rouge (d)
- ☐ 2 aubergines (e)
- ☐ 5 tomates (e)
- ☐ 1 oignon jaune (e)
- ☐ 1 gousse d'ail (e)
- ☐ 250 g de tomates cerises (d) utilisées en semaine
- ☐ 1/2 botte de basilic (d) utilisée en semaine

POISSON

- ☐ 2 pavés de saumon (a)
- ☐ 2 pavés de cabillaud (a)
- ☐ 10 queues de crevettes décortiquées (a)

DANS VOTRE PLACARD

- ☐ Sel, poivre, paprika fumé, estragon séché, 1 bouquet garni
- ☐ 1 cube de bouillon de volaille (b)
- ☐ Vinaigre doux
- ☐ Huile d'olive

ÉPICERIE

- ☐ 5 cl de vin blanc sec (b)
- ☐ 300 g de blé type Ebly® (c)
- ☐ 30 g de raisins secs (c)
- ☐ 300 g de maïs doux en boîte (d)
- ☐ 4 tranches de pain de campagne (e) utilisées en semaine

CRÉMERIE

- ☐ 20 cl de crème liquide (b)
- ☐ 200 g de feta (d)
- ☐ 20 cl de crème épaisse (a) utilisée en semaine
- ☐ 250 g de pâtes fraîches (b) utilisées en semaine
- ☐ 4 œufs (e) utilisés en semaine

VIANDE ET CHARCUTERIE

- ☐ 4 escalopes de poulet (b)
- ☐ 250 g de dés de jambon (d)

LES ACCOMPAGNEMENTS À PRÉVOIR

- Vous pouvez prévoir de la charcuterie pour accompagner les salades.

MERCREDI
JEUDI
MARDI

LUNDI
VENDREDI
Moulinex
cookeo

Les préparations DU WEEK-END

1

LANCEZ LA PREMIÈRE PRÉPARATION

(c) Faites tremper les raisins secs dans un verre d'eau.

2

DÉCOUPEZ ET PRÉPAREZ LES INGRÉDIENTS DES PREMIÈRES RECETTES

Épluchez les oignons et ciselez-les finement.

Pelez et dégermez la gousse d'ail.

(e) Coupez les aubergines en cubes.

(e) Coupez les tomates en cubes.

(a/e) Coupez 1 courgette en petits cubes et les 3 autres en gros dés.

(c/d/e) Épépinez les poivrons rouges, coupez-en 2 en petits cubes et 1 en lanières.

3

LANCEZ LA RATATOUILLE AU COOKEO

(e) Dans la cuve du Cookeo, faites revenir l'oignon jaune ciselé, la gousse d'ail pressée, les dés de 3 courgettes, les aubergines en cubes, les tomates et 1 poivron rouge en lanières dans un peu d'huile d'olive en **mode dorer**. Salez et poivrez, puis laissez cuire 2 min. Ajoutez 1 bouquet garni, 1 c. à café de paprika, 10 cl d'eau et lancez le **mode sous pression** pour 10 min.

♦ Laissez refroidir, puis placez dans un contenant hermétique au frais.

4

PENDANT CE TEMPS, PRÉPAREZ LA SUITE DES INGRÉDIENTS

(c) Pelez le concombre et coupez-le en dés.

(c) Ciselez la menthe.

(d) Coupez la feta en dés.

(d) Dans un grand contenant, mélangez le maïs égoutté, l'oignon rouge ciselé, 1 poivron rouge en petits cubes, la feta et les dés de jambon.

♦ Placez le contenant hermétique au frais.

5

ENCHAÎNEZ AVEC LE TABOULÉ AU COOKEO

(c) Rincez la cuve du Cookeo. Mettez-y le blé et couvrez d'eau à hauteur. Lancez le **mode sous pression** pour 6 min. Égouttez et déposez-le dans un grand contenant. Ajoutez les cubes du poivron rouge restant, les cubes de concombre, les raisins secs et la menthe ciselée. Ajoutez le jus du citron jaune et 4 c. à soupe d'huile d'olive, salez et poivrez.

♦ Laissez refroidir, puis placez le contenant hermétique au frais.

6

PENDANT CE TEMPS, PRÉPAREZ LE RESTE DES INGRÉDIENTS

(b) Pelez et ciselez les échalotes.

(b) Émincez les escalopes de poulet.

(a) Coupez le saumon et le cabillaud en cubes.

(a) Épluchez les carottes et coupez-les en petits cubes.

(a) Brossez les champignons, puis coupez-les en lamelles.

9

TERMINEZ PAR LA BLANQUETTE AU COOKEO

(a) Rincez la cuve du Cookeo. Mettez-y les dés de cabillaud et saumon, les queues de crevettes, les carottes en cubes, la courgette en petits cubes, les lamelles de champignons, 1 c. à café de paprika fumé, salez et poivrez. Ajoutez 10 cl d'eau, mélangez et lancez le **mode sous pression** pour 6 min.

♦ Laissez refroidir, puis placez dans un contenant hermétique au frais.

7

ENCHAÎNEZ AVEC LE POULET AU COOKEO

(b) Rincez la cuve du Cookeo. Faites-y revenir les échalotes ciselées dans un peu d'huile d'olive 2 min en **mode dorer**. Ajoutez le poulet et faites-le dorer sur toutes les faces. Ajoutez 1 cube de bouillon de volaille émietté, la crème liquide, le vin blanc sec et 1 c. à café d'estragon séché. Lancez le **mode sous pression** pour 5 min.

♦ Laissez refroidir, puis placez dans un contenant hermétique au frais.

8

PENDANT CE TEMPS, PRÉPAREZ LA SAUCE SALADE (HORS COOKEO)

(d) Mélangez 4 c. à soupe d'huile d'olive, 2 c. à soupe de vinaigre doux, salez et poivrez.

♦ Placez dans un bocal hermétique au frais.

Les assemblages
À FAIRE EN SEMAINE

Lundi **(a)**

BLANQUETTE DE POISSONS AUX LÉGUMES

Ma préparation : la blanquette de poissons

› *J'ajoute : 20 cl de crème épaisse*

Réchauffez la blanquette de poissons à la casserole à feu doux en ajoutant la crème.

Rectifiez l'assaisonnement et servez bien chaud.

Mardi **(b)**

POULET À L'ESTRAGON

Ma préparation : le poulet à l'estragon

› *J'ajoute : 250 g de pâtes fraîches*

Réchauffez le poulet à la casserole à feu doux.

Pendant ce temps, faites cuire les pâtes fraîches en suivant les indications du paquet.

Servez bien chaud.

Mercredi **(c)**

TABOULÉ DE BLÉ

Ma préparation : le taboulé

Servez frais.

Jeudi **(d)**

SALADE DE MAÏS AU JAMBON

Mes préparations : la salade de maïs, la vinaigrette

› *J'ajoute : 250 g de tomates cerises, ½ botte de basilic*

Coupez les tomates cerises en 2 et ciselez le basilic. Ajoutez le tout à la salade de maïs, arrosez de vinaigrette et mélangez.

Vendredi **(e)**

RATATOUILLE ET ŒUFS MOLLETS

Ma préparation : la ratatouille

› *J'ajoute : 4 œufs, 4 tranches de pain de campagne*

Réchauffez la ratatouille à la casserole à feu doux.

Pendant ce temps, faites cuire les œufs 6 min dans de l'eau bouillante, puis écalez-les délicatement. Servez la ratatouille avec les œufs et le pain grillé.

menu 23

Le menu de la semaine

LUNDI (A)

CREVETTES
À L'AIL

♦ 1 jour au réfrigérateur, peuvent être congelées

MARDI (B)

PAD THAÏ

♦ 2-3 jours au réfrigérateur, peut être congelé

MERCREDI (C)

POULET
BASQUAISE

♦ 2-3 jours au réfrigérateur, peut être congelé

JEUDI (D)

TARTE FINE
À LA COURGETTE ET PARMESAN

♦ 4-5 jours au réfrigérateur, peut être congelée

VENDREDI (E)

COLOMBO
VÉGÉTARIEN

♦ 5 jours au réfrigérateur, peut être congelé

La liste des courses
POUR 4 PERSONNES

Coût : environ 50 €

FRUITS ET LÉGUMES

- ☐ 1 cm de gingembre frais (b)
- ☐ 3 citrons verts (a : 1/b : 2 dont 1 utilisé en semaine)
- ☐ 4 cébettes ou oignons nouveaux (a : 2/b : 2)
- ☐ 10 gousses d'ail (a : 2/b : 3/c : 2/d : 1/e : 2)
- ☐ 12 carottes (b : 4/e : 8)
- ☐ 4 tomates (c)
- ☐ 2 poivrons rouges (c)
- ☐ 1 oignon jaune (c)
- ☐ 3 brins de thym (d)
- ☐ 4 petites courgettes (d : 2/e : 2)
- ☐ 8 pommes de terre de taille moyenne (ou 4 grosses) (e)
- ☐ 1 oignon rouge (e)
- ☐ 1 petit bouquet de coriandre (e)

DANS VOTRE PLACARD

- ☐ Sel, poivre, poudre de Colombo
- ☐ 1 c. à soupe de sésame doré (a) utilisé en semaine
- ☐ Miel (a)
- ☐ Cassonade (b)
- ☐ Sauce soja (a/b), sauce nuoc-mâm (b)
- ☐ 35 cl de bouillon de volaille (b : 25/c : 10)
- ☐ Vinaigre de riz (b)
- ☐ Huile d'olive, huile de sésame

ÉPICERIE

- ☐ 200 g de riz basmati (a)
- ☐ 3 c. à soupe de beurre de cacahuète avec morceaux (b)
- ☐ 30 cl de coulis de tomate (d)
- ☐ 120 g de quinoa (e)
- ☐ 300 g de nouilles de riz pour pad thaï (longues et plates) (b) utilisées en semaine
- ☐ 10 cl de crème de coco (e) utilisée en semaine

CRÉMERIE

- ☐ 1 pâte feuilletée (d)
- ☐ 50 g de parmesan en bloc (d) dont une partie utilisée en semaine

POISSON

- ☐ 400 g de crevettes décortiquées (a)

VIANDE

- ☐ 3 escalopes de poulet (b)
- ☐ 4 cuisses de poulet (c)

LES ACCOMPAGNEMENTS À PRÉVOIR

- Prévoyez des haricots verts ou un féculent pour accompagner le poulet basquaise.
- Vous pouvez servir la tarte fine avec de la charcuterie ou une viande grillée.

LUNDI
MARDI
MERCREDI
VENDREDI

JEUDI
VENDREDI
LUNDI

Les préparations DU WEEK-END

1

LANCEZ LES PREMIÈRES PRÉPARATIONS ET CUISSONS

(a) Dans la cuve du Cookeo, mettez le riz basmati, couvrez largement d'eau, puis lancez le **mode sous pression** pour la moitié du temps indiqué sur le paquet. Rincez à l'eau froide et égouttez.

♦ Laissez refroidir, puis placez dans un contenant hermétique au frais.

(a) Pelez et dégermez 2 gousses d'ail. Dans un plat, mettez les crevettes décortiquées et arrosez de 2 c. à soupe de miel, 6 cl de sauce soja, 1 c. à soupe d'huile de sésame, le jus de 1 citron vert et les gousses d'ail pressées. Poivrez, mélangez et laissez mariner au moins 30 min au frais.

(e) Mettez le quinoa dans la cuve du Cookeo, couvrez largement d'eau et lancez le **mode sous pression** pour la moitié du temps indiqué sur le paquet. Rincez à l'eau froide et égouttez.

♦ Laissez refroidir, puis placez dans un contenant hermétique au frais.

2

DÉCOUPEZ ET PRÉPAREZ LES INGRÉDIENTS DES PREMIÈRES RECETTES

Pelez et dégermez les gousses d'ail restantes.

Épluchez l'oignon jaune et ciselez-le finement.

Épluchez et coupez l'oignon rouge en 8.

(d/e) Coupez 2 courgettes en cubes et 2 en rondelles d'environ 3 mm d'épaisseur.

3

PENDANT CE TEMPS, PRÉPAREZ LA SUITE DES INGRÉDIENTS

(a/b) Nettoyez et émincez les cébettes (ou les oignons nouveaux).

(b) Coupez les escalopes de poulet en dés.

(b/e) Épluchez les carottes, coupez-en 4 en bâtonnets et 8 en tronçons biseautés.

(b) Râpez le gingembre.

4

PRÉPAREZ LA SAUCE AU BEURRE DE CACAHUÈTE (HORS COOKEO)

(b) Dans un bol, mélangez 10 cl de sauce soja, 2 c. à soupe de sauce nuoc-mâm, 2 c. à soupe d'huile de sésame, 2 c. à soupe de vinaigre de riz, 2 c. à café de cassonade, 3 c. à soupe de beurre de cacahuète, le gingembre râpé, 3 gousses d'ail pressées et le jus de 1 citron vert. Réservez.

5

ENCHAÎNEZ AVEC LE PAD THAÏ AU COOKEO

(b) Rincez la cuve du Cookeo. Faites-y revenir 2 cébettes et les cubes de poulet dans un peu d'huile de sésame 2 min en **mode dorer**. Ajoutez les 4 carottes en bâtonnets et la sauce au beurre de cacahuètes. Versez 25 cl de bouillon de volaille, mélangez bien et lancez le **mode sous pression** pour 7 min.

♦ Laissez refroidir, puis placez dans un contenant hermétique au frais.

6

PENDANT CE TEMPS, PRÉPAREZ LE RESTE DES INGRÉDIENTS

(c) Épépinez les poivrons, puis coupez-les en lanières.

(c) Coupez les tomates en gros cubes.

(e) Épluchez les pommes de terre et coupez-les en cubes.

7

PRÉPAREZ LES LÉGUMES DU COLOMBO (HORS COOKEO)

(e) Mixez le petit bouquet de coriandre, 2 gousses d'ail, 2 c. à soupe de poudre à colombo, 1 c. à soupe d'huile d'olive, salez et poivrez. Ajoutez les 8 carottes en tronçons, les cubes de pommes de terre et de courgettes. Ajoutez l'oignon rouge coupé en 8, mélangez et laissez reposer 20 min au frais.

8

ENCHAÎNEZ AVEC LE POULET BASQUAISE AU COOKEO

(c) Rincez la cuve du Cookeo. Faites-y revenir les cuisses de poulet sur toutes les faces dans un filet d'huile d'olive environ 5 min en **mode dorer**. Ajoutez l'oignon jaune ciselé, les tomates en cubes, les poivrons en lanières et 2 gousses d'ail pressées. Versez 10 cl de bouillon de volaille, salez et poivrez, puis lancez le **mode sous pression** pour 13 min.

Laissez refroidir, puis placez dans un contenant hermétique au frais.

9

PENDANT CE TEMPS, PRÉPAREZ LA TARTE FINE (HORS COOKEO)

Préchauffez le four à 180 °C.

(d) Mélangez le coulis de tomate avec 1 gousse d'ail pressée, salez et poivrez. Déroulez la pâte feuilletée sur une plaque en conservant le papier sulfurisé. Nappez d'une très fine couche de coulis de tomate assaisonné, puis saupoudrez d'un peu de parmesan râpé. Disposez les rondelles de courgettes en les faisant se chevaucher pour recouvrir toute la tarte. Arrosez d'un filet d'huile olive, salez et poivrez, puis déposez les brins de thym. Enfournez pour 20 min en surveillant la cuisson.

Laissez refroidir, puis couvrez et placez au frais.

10

ENCHAÎNEZ AVEC LES CREVETTES AU COOKEO

(a) Rincez la cuve du Cookeo. Faites-y revenir 2 cébettes dans un peu d'huile de sésame 1 min en **mode dorer**. Ajoutez les crevettes égouttées et laissez dorer 2 min. Ajoutez la marinade et lancez le **mode sous pression** pour 2 min.

Laissez refroidir, puis placez dans un contenant hermétique au frais.

11

TERMINEZ AVEC LE COLOMBO AU COOKEO

(e) Rincez la cuve du Cookeo. Faites-y revenir les légumes et leur marinade dans un filet d'huile d'olive 2 min en **mode dorer**. Couvrez d'eau à hauteur et lancez le **mode sous pression** pour 20 min.

Laissez refroidir, puis placez dans un contenant hermétique au frais.

Les assemblages
À FAIRE EN SEMAINE

Lundi **(a)**

CREVETTES À L'AIL

Mes préparations : les crevettes au miel et soja, le riz cuit

› *J'ajoute : 1 c. à soupe de sésame doré*

Réchauffez séparément le riz et les crevettes à la casserole à feu doux ou au micro-ondes.

Servez parsemé de sésame.

Mardi **(b)**

PAD THAÏ

Ma préparation : le pad thaï

› *J'ajoute : 300 g de nouilles de riz, 1 citron vert*

Réchauffez le pad thaï à la casserole à feu doux.

Pendant ce temps, faites cuire les nouilles en suivant les indications du paquet.

Servez avec un trait de jus de citron vert.

Mercredi **(c)**

POULET BASQUAISE

Ma préparation : le poulet basquaise

Réchauffez le poulet basquaise à la casserole à feu doux.

Servez bien chaud avec l'accompagnement de votre choix.

Jeudi **(d)**

TARTE FINE À LA COURGETTE ET PARMESAN

Ma préparation : la tarte fine

› *J'ajoute : le reste du bloc de parmesan*

Réchauffez éventuellement la tarte 10 min au four à 160 °C.

Ajoutez le parmesan en copeaux au moment de servir.

Vendredi **(e)**

COLOMBO VÉGÉTARIEN

Mes préparations : le colombo, le quinoa

› *J'ajoute : 10 cl de crème de coco*

Réchauffez le colombo à la casserole à feu doux en ajoutant la crème de coco. Réchauffez le quinoa au micro-ondes.

Rectifiez l'assaisonnement et servez le tout bien chaud.

menu 24

Le menu de la semaine

LUNDI (A)

MAKIS AU SAUMON,
CONCOMBRE ET AVOCAT, COLESLAW

1-2 jours au réfrigérateur, ne pas congeler

MARDI (B)

TAJINE
D'AGNEAU

2-3 jours au réfrigérateur, peut être congelé

MERCREDI (C)

SALADE DE BOULGOUR,
PASTÈQUE ET FETA

4-5 jours au réfrigérateur, peut être congelée

JEUDI (D)

SALADE THAÏE
AU POULET

4-5 jours au réfrigérateur, peut être congelée

VENDREDI (E)

DAHL
DE LENTILLES CORAIL

5 jours au réfrigérateur, peut être congelé

La liste des courses
POUR 4 PERSONNES

Coût : environ 60 €

FRUITS ET LÉGUMES

- ☐ 1/2 chou blanc (a)
- ☐ 5 carottes (a : 3/d : 2)
- ☐ 2 poivrons (1 jaune et 1 rouge) (b : 1/d : 1)
- ☐ 15 dattes (b)
- ☐ 1 oignon rouge (b)
- ☐ 150 g de tomates cerises (c)
- ☐ 1 petite pastèque (c)
- ☐ 2 citrons jaunes (c : 1/e : 1 utilisé en semaine)
- ☐ 100 g de pois gourmands (d)
- ☐ 1 petit chou chinois (d)
- ☐ 4 gousses d'ail (d : 2/e : 2)
- ☐ 2 oignons jaunes (e)
- ☐ 2 cm de gingembre frais (e)
- ☐ 1 avocat (a) utilisé en semaine
- ☐ 1/2 concombre (a) utilisé en semaine
- ☐ 1 petite botte de menthe fraîche (c) utilisée en semaine
- ☐ 200 g de pousses d'épinards (e) utilisées en semaine

DANS VOTRE PLACARD

- ☐ Sel, poivre, cumin, coriandre moulue, graines de moutarde, curcuma, garam masala
- ☐ Farine (b)
- ☐ Sucre semoule (a)
- ☐ Miel (b/d)
- ☐ 50 cl de bouillon de légumes (e)
- ☐ Mayonnaise (a)
- ☐ Ketchup (a)
- ☐ Sauce soja salée (d)
- ☐ Vinaigre de riz (a/d)
- ☐ Wasabi (a) (facultatif)
- ☐ Huile d'olive, huile de sésame

ÉPICERIE

- ☐ 300 g de riz à sushi (a)
- ☐ 80 g de boulgour (c)
- ☐ 2 c. à café de beurre de cacahuète (d)
- ☐ 300 g de lentilles corail (e)
- ☐ 400 g de tomates concassées (e)
- ☐ 50 cl de lait de coco (e)
- ☐ Ghee (beurre clarifié, facultatif) (e)
- ☐ 8 feuilles d'algues nori (a) utilisées en semaine

CRÉMERIE

- ☐ 200 g de feta (c)

VIANDE

- ☐ 600 g d'épaule d'agneau (b)
- ☐ 4 filets de poulet (d)

POISSON

- ☐ 1 pavé de saumon (a) utilisé en semaine

LES ACCOMPAGNEMENTS À PRÉVOIR

- Prévoyez de la semoule pour accompagner le tajine.
- Servez le dahl accompagné de riz basmati ou d'une autre céréale.

MARDI
JEUDI
MERCREDI
LUNDI

LUNDI
MERCREDI
VENDREDI
JEUDI

Les préparations DU WEEK-END

1

LANCEZ LES PREMIÈRES PRÉPARATIONS ET CUISSONS

(a) Lavez le riz à sushi à l'eau froide dans une passoire jusqu'à ce que l'eau soit claire. Laissez reposer dans la passoire au moins 30 min.

(c) Dans la cuve du Cookeo, mettez le boulgour et couvrez largement d'eau salée. Lancez le **mode sous pression** pour 7 min. Rincez à l'eau froide et égouttez.

♦ Laissez refroidir, puis placez dans un contenant hermétique au frais.

2

DÉCOUPEZ ET PRÉPAREZ LES INGRÉDIENTS DES PREMIÈRES RECETTES

Épluchez les oignons jaunes et ciselez-les finement.

Pelez et dégermez les gousses d'ail.

(e) Rincez et égouttez les lentilles corail.

(e) Râpez le gingembre.

3

ENCHAÎNEZ AVEC LE DAHL AU COOKEO

(e) Rincez la cuve du Cookeo. Faites-y fondre un peu de ghee (ou d'huile d'olive), puis faites revenir les oignons jaunes ciselés en **mode dorer**. Ajoutez 2 gousses d'ail pressées, le gingembre râpé, 1 c. à café de cumin, 1 c. à café de coriandre moulue, 1 c. à café de graines de moutarde, 2 c. à café de curcuma et 1 c. à café de garam masala. Laissez dorer 2 min. Ajoutez les lentilles corail, les tomates concassées, le lait de coco et 50 cl de bouillon de légumes. Mélangez bien et lancez le **mode sous pression** pour 10 min.

♦ Laissez refroidir, puis placez dans un contenant hermétique au frais.

4

PENDANT CE TEMPS, PRÉPARER LA SUITE DES INGRÉDIENTS

(b) Épépinez le poivron jaune et coupez-le en lanières.

(b) Pelez l'oignon rouge et émincez-le en demi-rondelles.

(b) Coupez l'agneau en cubes d'environ 3 cm.

(a/d) Épluchez les carottes et râpez-les.

(a) Émincez le chou blanc en fines lanières.

♦ Placez-le dans un contenant hermétique au frais avec 3 carottes râpées.

5

ENCHAÎNEZ AVEC LE TAJINE AU COOKEO

(b) Rincez la cuve du Cookeo. Farinez les cubes d'agneau, puis faites-les revenir avec un filet d'huile d'olive en **mode dorer**. Laissez bien colorer sur toutes les faces, puis ajoutez le poivron jaune en lanières, l'oignon rouge émincé, les dattes, 2 c. à café de cumin, 2 c. à soupe de miel et 15 cl d'eau. Lancez le **mode sous pression** pour 17 min.

♦ Laissez refroidir, puis placez dans un contenant hermétique au frais.

6

PENDANT CE TEMPS, PRÉPAREZ LE RESTE DES INGRÉDIENTS

(d) Faites blanchir les pois gourmands 5 min dans de l'eau bouillante salée. Rafraîchissez-les sous l'eau froide et égouttez.

(d) Épépinez le poivron rouge et coupez-le en lanières.

♦ Placez-le dans un contenant hermétique au frais avec les 2 carottes râpées restantes et les pois gourmands.

(d) Coupez le chou chinois en lanières.

♦ Placez-le dans un contenant hermétique au frais.

(d) Coupez les filets de poulet en petits cubes.

(c) Épluchez la pastèque et coupez-la en cubes.

(c) Coupez les tomates cerises en 2.

(c) Coupez la feta en cubes.

7

PRÉPAREZ LA GARNITURE DE LA SALADE DE BOULGOUR (HORS COOKEO)

(c) Mélangez les cubes de pastèque, les tomates cerises et la feta. Arrosez du jus de 1 citron, de 5 c. à soupe d'huile d'olive et mélangez.

♦ Placez dans un contenant hermétique au frais.

8

ENCHAÎNEZ AVEC LE RIZ AU COOKEO

(a) Dans un bol, mélangez 30 g de sucre, 1 c. à café de sel et 5 cl de vinaigre de riz.

Rincez la cuve du Cookeo. Mettez le riz à sushi dans la cuve avec 42 cl d'eau froide. Lancez le **mode sous pression** pour 9 min. Versez le riz dans un grand plat et étalez-le bien. Remuez-le à l'aide d'une spatule tout en ajoutant le mélange de vinaigre sucré.

♦ Laissez refroidir, puis placez dans un contenant hermétique au frais.

9

PENDANT CE TEMPS, PRÉPAREZ LE POULET THAÏ (HORS COOKEO)

(d) Dans un bol, mélangez 1 gousse d'ail pressée, 2 c. à café de vinaigre de riz, 2 c. à café de beurre de cacahuète, 2 c. à café de sauce soja salée et 2 c. à café de miel.

Dans une sauteuse, faites chauffer 1 c. à soupe d'huile de sésame et faites-y dorer le poulet pendant 3 min. Ajoutez la préparation au beurre de cacahuète et mélangez pour bien enrober le poulet. Finissez la cuisson à cœur de la viande à feu doux en remuant régulièrement.

♦ Laissez refroidir, puis placez dans un contenant hermétique au frais.

10

TERMINEZ AVEC LA VINAIGRETTE THAÏE (HORS COOKEO)

(d) Mélangez 2 c. à café de vinaigre de riz, 2 c. à café de miel, 2 c. à café d'huile de sésame et 1 gousse d'ail pressée.

♦ Placez dans un bocal hermétique au frais.

Les assemblages
À FAIRE EN SEMAINE

Lundi **(a)**

MAKIS AU SAUMON, CONCOMBRE ET AVOCAT, COLESLAW

Mes préparations : le riz à sushi, le contenant de chou blanc et carottes

› *J'ajoute : 1 pavé de saumon, 8 feuilles d'algues nori, 1 avocat, ½ concombre, 4 c. à soupe de mayonnaise, 2 c. à soupe de ketchup*

Dans un saladier, mélangez les crudités avec la mayonnaise et le ketchup, puis réservez au frais.

Coupez le saumon, l'avocat et le concombre en lamelles d'environ 0,5 cm d'épaisseur. Déposez 1 feuille d'algue nori sur un tapis à maki (ou du film alimentaire). Trempez vos mains dans l'eau froide pour que le riz n'y colle pas, prenez une boulette de riz, étalez-la sur toute la largeur de la feuille, puis vers le haut en laissant une bande libre d'environ 2 cm. Déposez au milieu de la bande 3 lamelles d'avocat, 3 lamelles de saumon et 1 bâtonnet de concombre. Roulez à partir du bas en vous aidant du tapis et en serrant bien. Réservez au frais 30 min (ou 10 min au congélateur) avant de découper les makis à l'aide d'un couteau bien tranchant.

Servez éventuellement avec de la sauce soja et du wasabi.

Mardi **(b)**

TAJINE D'AGNEAU

Ma préparation : le tajine

Réchauffez le tajine à la casserole à feu doux ou au Cookeo.

Servez bien chaud éventuellement accompagné de semoule.

Mercredi **(c)**

SALADE DE BOULGOUR, PASTÈQUE ET FETA

Mes préparations : le boulgour cuit, le contenant de pastèque, tomates et feta

› *J'ajoute : 1 petite botte de menthe fraîche*

Mélangez le boulgour avec les crudités et la feta, ajoutez la menthe ciselée et servez bien frais.

Jeudi **(d)**

SALADE THAÏE AU POULET

Mes préparations : le poulet, le contenant de pois gourmands, carottes et poivrons, le chou chinois, la vinaigrette

Dressez les assiettes avec les crudités, arrosez de vinaigrette, puis ajoutez le poulet.

Vous pouvez éventuellement parsemer de coriandre ciselée et de graines de sésame au moment de servir.

Vendredi **(e)**

DAHL DE LENTILLES CORAIL

Ma préparation : le dahl

› *J'ajoute : 200 g de pousses d'épinards, 1 citron*

Réchauffez le dahl à la casserole à feu doux ou au Cookeo. En fin de cuisson, ajoutez le jus du citron et les pousses d'épinards et mélangez bien.

Servez éventuellement avec du riz basmati ou une autre céréale.

menu 25

Le menu de la semaine

LUNDI (A)

FILET MIGNON
EN CROÛTE À L'ITALIENNE

1-2 jours au réfrigérateur, peut être congelé

MARDI (B)

PICCATA
ROMANA

2-3 jours au réfrigérateur, peut être congelée

MERCREDI (C)

POIVRONS FARCIS
AUX CÉRÉALES ET FETA

3-4 jours au réfrigérateur, peuvent être congelés

JEUDI (D)

BURRITOS
AU BŒUF

3-4 jours au réfrigérateur, peuvent être congelés

VENDREDI (E)

PÂTES À LA SAUCE AUX COURGETTES
ET TOMATES SÉCHÉES AU MASCARPONE

4-5 jours au réfrigérateur, peuvent être congelées

La liste des courses
POUR 4 PERSONNES

Coût : environ 60 €

FRUITS ET LÉGUMES

- ☐ 1 bouquet de basilic (a/c)
- ☐ 2 poivrons jaunes (b)
- ☐ 4 oignons jaunes (b : 1/c : 1/d : 1/e : 1)
- ☐ 4 poivrons rouges (c)
- ☐ 1 tomate (c)
- ☐ 5 courgettes (c : 1/e : 4)
- ☐ 3 gousses d'ail (d : 2/e : 1)
- ☐ 1 petit bouquet de coriandre (d) utilisé en semaine

VIANDE ET CHARCUTERIE

- ☐ 1 filet mignon de porc ou de veau (a)
- ☐ 6 tranches de jambon sec (a)
- ☐ 1 filet de dinde d'environ 600 g (b)
- ☐ 1 chorizo (b)
- ☐ 100 g d'allumettes de bacon (b)
- ☐ 400 g de viande hachée (d)

DANS VOTRE PLACARD

- ☐ Sel, poivre, cumin
- ☐ 2 c. à soupe de fécule de maïs (b) utilisée en semaine
- ☐ 25 cl de bouillon de volaille (d)
- ☐ Huile d'olive

ÉPICERIE

- ☐ 1 bocal de tomates séchées (a/e)
- ☐ 10 cl de vin blanc sec (b)
- ☐ 200 g de mélange de céréales (boulgour et quinoa) (c)
- ☐ 50 g de graines de tournesol (ou graines au choix) (c)
- ☐ 200 g de riz blanc (d)
- ☐ 100 g de haricots rouges en boîte (d)
- ☐ 100 g de maïs doux en boîte (d)
- ☐ 30 cl de coulis de tomate (d)
- ☐ 8 tortillas de maïs (d) utilisés en semaine
- ☐ 400 g de pâtes sèches (e) utilisées en semaine

CRÉMERIE

- ☐ 1 boule de mozzarella (a)
- ☐ 1 pâte feuilletée (a)
- ☐ 75 g de féta (c)
- ☐ 1 jaune d'œuf (a) utilisé en semaine
- ☐ 130 g de crème épaisse (b) utilisée en semaine
- ☐ 100 g de cheddar râpé (d) utilisé en semaine
- ☐ 200 g de mascarpone (e) utilisé en semaine

LES ACCOMPAGNEMENTS À PRÉVOIR

- Accompagnez le filet mignon de crudités ou des légumes de votre choix.

MARDI
JEUDI
MERCREDI

VENDREDI
LUNDI

Les préparations DU WEEK-END

1

LANCEZ LES PREMIÈRES PRÉPARATIONS ET CUISSONS

(a) Faites chauffer une grande poêle avec un peu d'huile d'olive et saisissez-y le filet mignon de tous les côtés. Il doit être bien doré avec une légère croûte. Laissez refroidir et réservez.

(c) Dans la cuve du Cookeo, mettez le mélange de céréales, ajoutez 30 cl d'eau salée et 1 c. à soupe d'huile d'olive. Lancez le **mode sous pression** pour 7 min. Réservez dans un saladier et laissez refroidir.

2

DÉCOUPEZ ET PRÉPAREZ LES INGRÉDIENTS DES PREMIÈRES RECETTES

Épluchez les oignons et ciselez-les finement.

Pelez et dégermez les gousses d'ail.

3

LANCEZ LA GARNITURE DES BURRITOS AU COOKEO

(d) Rincez la cuve du Cookeo. Faites-y revenir la viande hachée avec 1 oignon ciselé et 2 gousses d'ail pressées dans un filet d'huile d'olive en **mode dorer**. Salez, poivrez, ajoutez 1 c. à café de cumin, mélangez bien et laissez dorer 3 min. Ajoutez les haricots rouges et le maïs égouttés, puis le coulis de tomate. Rectifiez l'assaisonnement et mélangez bien. Ajoutez le riz blanc par-dessus, puis versez 25 cl de bouillon de volaille. Lancez le **mode sous pression** pour 10 min.

♦ Laissez refroidir, puis placez dans un contenant hermétique au frais.

4

PENDANT CE TEMPS, PRÉPAREZ LA SUITE DES INGRÉDIENTS

(b) Épépinez les poivrons jaunes et coupez-les en lanières.

(b) Coupez le filet de dinde en cubes.

(b) Coupez le chorizo en demi-rondelles.

(c) Coupez un chapeau en haut de 4 poivrons rouges et épépinez-les délicatement sans percer la peau.

5

ENCHAÎNEZ AVEC LA PICCATA AU COOKEO

(b) Rincez la cuve du Cookeo. Faites-y revenir le chorizo et la dinde dans un filet d'huile d'olive 2 à 3 min en **mode dorer**. Ajoutez 1 oignon émincé, les poivrons jaunes en lanières, les allumettes de bacon, salez, poivrez, mélangez et laissez cuire 2 min. Ajoutez le vin blanc et 10 cl d'eau, mélangez et lancez le **mode sous pression** pour 5 min.

♦ Laissez refroidir, puis placez dans un contenant hermétique au frais.

6

PENDANT CE TEMPS, PRÉPAREZ LE RESTE DES INGRÉDIENTS

Préchauffez le four à 180 °C.

(c/e) Coupez 4 courgettes en demi-rondelles et 1 en petits cubes.

(a/e) Égouttez les tomates séchées, réservez 5 pétales entiers et coupez le reste en lanières (conservez l'huile pour vos cuissons).

(a) Coupez la mozzarella en tranches de 0,5 cm environ.

7

PRÉPAREZ LE FILET MIGNON (HORS COOKEO)

(a) Déroulez la pâte feuilletée et disposez au milieu les tranches de jambon sec en les faisant légèrement se chevaucher, puis la mozzarella, les tomates séchées réservées, 3 à 4 feuilles de basilic et poivrez. Laissez un peu de marge en haut et en bas pour pouvoir refermer la pâte sur la viande. Déposez le filet mignon au milieu, emmaillotez-le en repliant les extrémités, puis les bords. Humidifiez un peu la pâte pour faire adhérer au besoin. Retournez le filet pour avoir la pliure sur le dessous et déposez dans un plat allant au four tapissé de papier sulfurisé. Enfournez pour 25 min.

♦ Couvrez et placez au frais.

8

ENCHAÎNEZ AVEC LA SAUCE AUX COURGETTES AU COOKEO

(e) Rincez la cuve du Cookeo. Faites-y revenir 1 oignon ciselé et 1 gousse d'ail pressée dans un filet d'huile d'olive en **mode dorer**. Ajoutez les 4 courgettes en demi-rondelles et les tomates séchées en lanières. Salez, poivrez et ajoutez 5 cl d'eau. Lancez le **mode sous pression** pour 8 min.

♦ Laissez refroidir, puis placez dans un contenant hermétique au frais.

9

PENDANT CE TEMPS, PRÉPAREZ LE RESTE DES INGRÉDIENTS

(c) Coupez la tomate en petits cubes.

(c) Coupez la feta en petits cubes.

(c) Ciselez le reste de basilic.

10

TERMINEZ AVEC LA GARNITURE DES POIVRONS (HORS COOKEO)

(c) Dans une poêle, faites revenir 1 oignon jaune ciselé avec la courgette en cubes dans un filet d'huile d'olive. Laissez cuire 5 min en remuant. Versez dans le saladier avec le mélange de céréales, puis ajoutez les cubes de tomate, la feta, les graines de tournesol, le basilic ciselé, salez et poivrez. Garnissez les poivrons rouges de cette préparation et replacez les chapeaux.

♦ Laissez refroidir, puis placez dans un contenant hermétique au frais.

Les assemblages
À FAIRE EN SEMAINE

Lundi **(a)**

FILET MIGNON EN CROÛTE À L'ITALIENNE

Ma préparation : le filet en croûte

› *J'ajoute : 1 jaune d'œuf*

Marquez le dessus de la pâte avec le dos d'un couteau, puis dorez-la à l'œuf. Enfournez pour 10 à 15 min à 180 °C.

Servez éventuellement avec des légumes ou des crudités.

Mardi **(b)**

PICCATA ROMANA

Ma préparation : la piccata

› *J'ajoute : 130 g de crème épaisse, 2 c. à soupe de fécule de maïs*

Dans un bol, prélevez 2 c. à soupe de sauce de la piccataet diluez-y la fécule au fouet.

Réchauffez la piccata à la casserole à feu moyen. À frémissement, ajoutez la fécule délayée et mélangez, puis ajoutez la crème. Servez chaud.

Mercredi **(c)**

POIVRONS FARCIS AUX CÉRÉALES ET FETA

Ma préparation : les poivrons farcis

Déposez les poivrons farcis dans le panier vapeur du Cookeo tapissé de papier sulfurisé. Versez 20 cl d'eau dans la cuve et placez-y le panier vapeur. Lancez le **mode sous pression** pour 7 min.

Jeudi **(d)**

BURRITOS AU BŒUF

Ma préparation : la garniture à la viande hachée

› *J'ajoute : 8 tortillas de maïs, 100 g de cheddar râpé, 1 petit bouquet de coriandre*

Réchauffez la garniture à la casserole à feu doux ou au Cookeo.

Servez parsemé de cheddar et de coriandre ciselée dans les tortillas.

Vendredi **(e)**

PÂTES À LA SAUCE AUX COURGETTES ET TOMATES SÉCHÉES AU MASCARPONE

Ma préparation : la sauce aux courgettes et tomates séchées

› *J'ajoute : 400 g de pâtes sèches, 200 g de mascarpone*

Faites cuire les pâtes 2 min de moins que les indications du paquet.

Pendant ce temps, réchauffez la sauce à la casserole à feu doux. Ajoutez les pâtes égouttées, le mascarpone, mélangez bien et rectifiez l'assaisonnement. Laissez chauffer encore 2 min, puis servez bien chaud.

menu 26

Le menu de la semaine

LUNDI (A)

PAELLA
AUX FRUITS DE MER

1-2 jours au réfrigérateur, peut être congelée

MARDI (B)

FAJITAS DE BŒUF
AUX POIVRONS

2-3 jours au réfrigérateur, peuvent être congelées

MERCREDI (C)

GRATIN DE GNOCCHIS
AUX QUATRE FROMAGES

2-3 jours au réfrigérateur, peut être congelé

JEUDI (D)

BROCHETTES DE POULET AU CITRON,
PURÉE DE PANAIS ET CAROTTES

3-4 jours au réfrigérateur, peuvent être congelées

VENDREDI (E)

PASTA
ALLA NORMA

4-5 jours au réfrigérateur, peuvent être congelées

La liste des courses
POUR 4 PERSONNES

Coût : environ 55 €

FRUITS ET LÉGUMES

- ☐ 150 g de petits pois écossés (a)
- ☐ 1 courgette (a)
- ☐ 2 tomates rondes (a)
- ☐ 1 oignon jaune (a)
- ☐ 2 poivrons rouges (a : 1/b : 1)
- ☐ 6 gousses d'ail (a : 2/b : 1/c : 1/e : 2)
- ☐ 2 citrons jaunes (a : 1 utilisé en semaine/d : 1)
- ☐ 1 poivron vert (b)
- ☐ 1 poivron jaune (b)
- ☐ 1 oignon rouge (b)
- ☐ 2 panais (d)
- ☐ 3 carottes (d)
- ☐ 2 aubergines (e)
- ☐ 2 avocats bien mûrs (b) utilisés en semaine
- ☐ 1 petit bouquet de basilic (e) utilisé en semaine
- ☐ 1 citron vert (b) utilisé en semaine

DANS VOTRE PLACARD

- ☐ Sel, poivre, paprika fumé, piment de Cayenne, piment doux en poudre, cumin, origan séché, curcuma, menthe séchée, muscade râpée, 1 dose de safran
- ☐ 1 cube de bouillon de légumes (a)
- ☐ 12,5 cl de bouillon de bœuf (b), 50 cl bouillon de légumes (d)
- ☐ Chapelure (c)
- ☐ Farine (e)
- ☐ Huile d'olive

ÉPICERIE

- ☐ 250 g de riz rond (a)
- ☐ 250 g de tomates concassées (e)
- ☐ 8 tortillas de blé (b) utilisées en semaine
- ☐ 300 g de pâtes sèches (e) utilisées en semaine

CRÉMERIE

- ☐ 40 cl de crème liquide (c)
- ☐ 100 g de comté râpé (c)
- ☐ 100 g de mozzarella râpée (c)
- ☐ 50 g de roquefort (c)
- ☐ 180 g de parmesan râpé (c : 100/ e : 80 utilisé en semaine)
- ☐ 600 g de gnocchis (c) utilisés en semaine

VIANDE ET CHARCUTERIE

- ☐ 1 chorizo (a)
- ☐ 450 g de pavé de bœuf (b)
- ☐ 4 escalopes de poulet (d)

SURGELÉS

- ☐ 300 g de mélange de fruits de mer (a)
- ☐ 8 queues de crevettes décortiquées (a)

LES ACCOMPAGNEMENTS À PRÉVOIR

- Servez les gnocchis avec une salade verte et/ou des crudités.

MERCREDI
JEUDI
VENDREDI
JEUDI

LUNDI
MARDI

Les préparations DU WEEK-END

1

LANCEZ LA PREMIÈRE PRÉPARATION

(d) Dans un plat creux, mélangez le jus de 1 citron jaune, 1 c. à soupe d'huile d'olive, 1 c. à café de cumin, 1 c. à café de curcuma et 1 c. à soupe de menthe séchée. Coupez les escalopes de poulet en lanières et mettez-les dans la marinade. Réservez au moins 1 h au frais.

2

DÉCOUPEZ ET PRÉPAREZ LES INGRÉDIENTS DES PREMIÈRES RECETTES

Épluchez l'oignon jaune et ciselez-le finement.

Pelez et dégermez les gousses d'ail.

(a) Délayez le safran dans 25 cl d'eau.

(a) Coupez les tomates rondes en dés.

(a) Coupez la courgette en rondelles.

(a) Coupez le chorizo en demi-rondelles.

(a/b) Épépinez les poivrons, puis coupez-les en lanières.

3

LANCEZ LA PAELLA AU COOKEO

(a) Dans la cuve du Cookeo, faites revenir l'oignon jaune et 2 gousses d'ail pressées dans un filet d'huile d'olive 1 min en **mode dorer**. Ajoutez les fruits de mer et les crevettes surgelés, les petits pois, les dés de tomates, les rondelles de courgette, les lanières de 1 poivron rouge, le chorizo et le riz rond. Ajoutez 1 cube de bouillon de légumes, 1 c. à café de paprika fumé et le safran dilué. Mélangez bien, puis lancez le **mode sous pression** pour 10 min.

♦ Laissez refroidir, puis placez dans un contenant hermétique au frais.

4

PENDANT CE TEMPS, PRÉPAREZ LA SUITE DES INGRÉDIENTS

(b) Émincez le bœuf en fines lamelles.

(b) Épluchez l'oignon rouge et émincez-le en fines rondelles.

5

ENCHAÎNEZ AVEC LA GARNITURE DES FAJITAS AU COOKEO

(b) Rincez la cuve du Cookeo. Faites-y revenir les rondelles d'oignon rouge et 1 gousse d'ail pressée dans un filet d'huile d'olive en **mode dorer**. Ajoutez le bœuf et faites-le revenir 3 min sur toutes les faces. Ajoutez les lanières du poivron rouge restant et des poivrons vert et jaune. Assaisonnez avec 1 c. à café de piment doux, 1 c. à café de cumin, ½ c. à café de paprika fumé, 1 c. à café d'origan séché et 1 pincée de sel. Mélangez bien, ajoutez 12,5 cl de bouillon de bœuf, puis lancez le **mode sous pression** pour 8 min.

♦ Laissez refroidir, puis placez dans un contenant hermétique au frais.

6

PENDANT CE TEMPS, PRÉPARES LE RESTE DES INGRÉDIENTS

Préchauffez le four à 180 °C.

(d) Épluchez les carottes et coupez-les en rondelles.

(d) Épluchez les panais et coupez-les en rondelles.

(e) Coupez les aubergines en cubes et roulez-les dans 3 c. à soupe de farine.

(c) Coupez le roquefort en dés.

7

ENCHAÎNEZ AVEC LA PURÉE AU COOKEO

(d) Rincez la cuve du Cookeo. Versez-y 50 cl de bouillon de légumes, puis ajoutez les rondelles de carottes et de panais. Lancez le **mode sous pression** pour 15 min. Égouttez en conservant un peu de bouillon de cuisson. Mixez les légumes avec du bouillon jusqu'à obtenir la consistance désirée et assaisonnez en sel, poivre et muscade.

♦ Laissez refroidir, puis placez dans un contenant hermétique au frais.

10

TERMINEZ AVEC LA SAUCE AUX FROMAGES (HORS COOKEO)

(c) Dans une petite casserole, portez la crème liquide à frémissement, puis ajoutez 100 g de parmesan râpé, le comté râpé, la mozzarella râpée, le roquefort et 1 gousse d'ail pressée. Poivrez à votre goût. Laissez cuire à feu doux jusqu'à ce que le fromage soit bien fondu.

Laissez refroidir, puis placez dans un contenant hermétique au frais.

8

PENDANT CE TEMPS, PRÉPAREZ LES BROCHETTES (HORS COOKEO)

(d) Égouttez le poulet mariné et piquez-le sur des brochettes. Déposez-les sur une plaque recouverte de papier sulfurisé et enfournez pour 15 min en retournant à mi-cuisson.

Laissez refroidir, puis placez dans un contenant hermétique au frais.

9

ENCHAÎNEZ AVEC LA SAUCE ALLA NORMA AU COOKEO

(e) Rincez la cuve du Cookeo. Faites-y revenir les cubes d'aubergines enrobés de farine dans un filet d'huile d'olive 5 min en remuant en **mode dorer**. Ajoutez les tomates concassées, 2 gousses d'ail pressées, salez et poivrez. Lancez le **mode sous pression** pour 5 min.

Laissez refroidir, puis placez dans un contenant hermétique au frais.

Les assemblages
À FAIRE EN SEMAINE

Lundi **(a)**

PAELLA
AUX FRUITS DE MER

Ma préparation : la paella

› *J'ajoute : 1 citron jaune*

Réchauffez la paella à la casserole à feu doux ou au Cookeo en remuant régulièrement.

Servez bien chaud avec un filet de jus de citron.

Mardi **(b)**

FAJITAS DE BŒUF
AUX POIVRONS

Ma préparation : la garniture des fajitas

› *J'ajoute : 8 tortillas de blé, 2 avocats, 1 citron vert*

Réchauffez la garniture à la casserole à feu doux ou au Cookeo.

Pendant ce temps, écrasez les avocats avec le jus du citron et assaisonnez en sel, poivre et piment.

Servez avec les tortillas et le guacamole.

Mercredi **(c)**

GRATIN DE GNOCCHIS
AUX QUATRE FROMAGES

Ma préparation : la sauce aux fromages

› *J'ajoute : 600 g de gnocchis, 3 c. à soupe de chapelure*

Faites cuire les gnocchis en suivant les indications du paquet. Égouttez-les, puis mélangez-les à la sauce aux fromages. Déposez le tout dans un plat à gratin, saupoudrez de chapelure et enfournez pour 10 à 15 min à 180 °C.

Servez éventuellement avec une salade verte et/ou des crudités.

Jeudi **(d)**

BROCHETTES DE POULET
AU CITRON, PURÉE DE PANAIS ET CAROTTES

Mes préparations : les brochettes de poulet, la purée de carottes et panais

Réchauffez les brochettes 10 min au four à 160 °C en couvrant d'une feuille de papier sulfurisé.

Pendant ce temps, réchauffez la purée à la casserole à feu doux ou au Cookeo.

Vendredi **(e)**

PASTA ALLA NORMA

Ma préparation : la sauce alla norma

› *J'ajoute : 300 g de pâtes sèches, 1 petit bouquet de basilic, 80 g de parmesan râpé*

Faites cuire les pâtes 1 min de moins que le temps indiqué sur le paquet.

Pendant ce temps, réchauffez la sauce aux aubergines à la casserole à feu doux en ajoutant le basilic ciselé. Ajoutez les pâtes égouttées, mélangez, laissez cuire 1 min, puis servez avec le parmesan.

automne

menu 27

Le menu de la semaine

LUNDI (A)

BRANDADE
DE CABILLAUD

2 jours au réfrigérateur, peut être congelée

MARDI (B)

POULET AU MIEL
ET SÉSAME

2-3 jours au réfrigérateur, peut être congelé

MERCREDI (C)

RIZ
À LA MEXICAINE

3-4 jours au réfrigérateur, peut être congelé

JEUDI (D)

PORC
AU CARAMEL

3-4 jours au réfrigérateur, peut être congelé

VENDREDI (E)

GRATIN DE COURGETTES
AU CHÈVRE ET HERBES

4-5 jours au réfrigérateur, peut être congelé

La liste des courses
POUR 4 PERSONNES

Coût : environ 50 €

FRUITS ET LÉGUMES

- ☐ 1 kg de pommes de terre (a)
- ☐ 1 échalote (a)
- ☐ 1 petit bouquet de persil plat (a)
- ☐ 10 gousses d'ail (b : 2/c : 3/ d : 3/e : 2)
- ☐ 2 oignons rouges (c : 1/d : 1)
- ☐ 2 carottes (d)
- ☐ 1 cm de gingembre frais (d)
- ☐ 100 g de pois gourmands (d)
- ☐ 4 courgettes (e)
- ☐ 1 oignon jaune (e)
- ☐ 3 brins de basilic (e)
- ☐ 2 brins de thym frais (e)
- ☐ 1 avocat (c) utilisé en semaine
- ☐ 1 petit bouquet de coriandre (c) utilisé en semaine

POISSON

- ☐ 500 g de dos de cabillaud (a)

DANS VOTRE PLACARD

- ☐ Sel, poivre, cumin, paprika fumé, graines de sésame doré
- ☐ 3 c. à soupe de fécule de maïs (b/d)
- ☐ Miel (b)
- ☐ Sucre semoule (d)
- ☐ 10 cl de bouillon de volaille (b)
- ☐ Sauce soja (b/d), sauce nuoc-mâm (d)
- ☐ Vinaigre de cidre
- ☐ Huile d'olive, huile de colza, huile de sésame

ÉPICERIE

- ☐ 200 g de riz basmati (c)
- ☐ 400 g de tomates concassées (c)
- ☐ 20 cl de coulis de tomate (c)
- ☐ 200 g de haricots rouges en boîte (c)
- ☐ 100 g de maïs doux en boîte (c)
- ☐ 100 g de mini-épis de maïs (d)
- ☐ 150 g de pousses de bambou (d)
- ☐ 200 g de nouilles chinoises aux œufs (b) utilisées en semaine

CRÉMERIE

- ☐ 1 noix de beurre (a)
- ☐ 40 g de gruyère râpé (a) utilisé en semaine
- ☐ 100 g de cheddar râpé (c) utilisé en semaine
- ☐ 2 œufs (e) utilisés en semaine
- ☐ 20 cl de crème liquide (e) utilisée en semaine
- ☐ 1 bûche de chèvre (e) utilisée en semaine

VIANDE

- ☐ 4 escalopes de poulet (b)
- ☐ 700 g d'échine de porc (d)

LES ACCOMPAGNEMENTS À PRÉVOIR

- Prévoyez une salade verte pour accompagner la brandade.
- Vous pouvez servir le gratin de courgettes avec une viande grillée minute ou de la charcuterie.

VENDREDI
LUNDI

JEUDI
MERCREDI
MARDI

Les préparations DU WEEK-END

1

LANCEZ LES PREMIÈRES PRÉPARATIONS

(b) Coupez les escalopes de poulet en aiguillettes et déposez-les dans un plat. Dans un bol, mélangez 10 cl de bouillon de volaille avec 2 c. à soupe de miel, 2 c. à soupe de sauce soja, 1 c. à soupe de vinaigre de cidre, 1 c. à café d'huile de sésame et 1 c. à café de fécule de maïs. Versez sur le poulet, mélangez et laissez mariner au moins 30 min au frais.

(d) Coupez le porc en cubes, puis déposez-les dans un plat avec 2 c. à soupe de sauce soja et 3 c. à soupe de sauce nuoc-mâm. Mélangez et laissez mariner au moins 30 min au frais.

2

DÉCOUPEZ ET PRÉPAREZ LES INGRÉDIENTS DES PREMIÈRES RECETTES

Épluchez les oignons rouges et jaunes et ciselez-les finement.

Pelez et dégermez les gousses d'ail.

(a) Épluchez les pommes de terre et coupez-les en cubes.

3

LANCEZ LA PURÉE AU COOKEO

(a) Versez 20 cl d'eau dans la cuve du Cookeo et placez-y le panier vapeur contenant les pommes de terre. Lancez le **mode sous pression** pour 10 min, puis écrasez à la fourchette en ajoutant 1 noix de beurre, du sel et du poivre. Réservez.

4

PENDANT CE TEMPS, PRÉPAREZ LA SUITE DES INGRÉDIENTS

(a) Épluchez l'échalote et ciselez-la finement.

(a) Coupez le cabillaud en cubes.

(a) Ciselez le persil plat.

5

ENCHAÎNEZ AVEC LE CABILLAUD AU COOKEO

(a) Rincez la cuve du Cookeo. Faites-y revenir l'échalote ciselée, les cubes de cabillaud et le persil ciselé dans un filet d'huile d'olive 5 min en **mode dorer**. Débarrassez dans un plat à gratin et ajoutez la purée par-dessus.

♦ Couvrez et placez au frais.

6

PENDANT CE TEMPS, PRÉPAREZ LE RESTE DES INGRÉDIENTS

(d) Épluchez les carottes et coupez-les en julienne.

(e) Coupez les courgettes en demi-rondelles de 3 à 4 mm d'épaisseur.

(d) Râpez le gingembre.

(e) Ciselez le basilic.

7

ENCHAÎNEZ AVEC LE RIZ À LA MEXICAINE AU COOKEO

(c) Rincez la cuve du Cookeo. Faites-y revenir 1 oignon rouge et 3 gousses d'ail pressées dans un filet d'huile de colza 1 min en **mode dorer**. Ajoutez le riz basmati, 20 cl d'eau, les haricots rouges égouttés, le maïs doux, les tomates concassées, le coulis de tomate, 1 c. à café de cumin, 1 c. à café de paprika fumé, salez et poivrez. Lancez le **mode sous pression** pour 10 min.

♦ Laissez refroidir, puis placez dans un contenant hermétique au frais.

8

PENDANT CE TEMPS, PRÉPAREZ LES LÉGUMES DU PORC (HORS COOKEO)

(d) Dans un wok ou une sauteuse, mettez un peu d'huile de sésame, 1 gousse d'ail pressée, les carottes en julienne, les pousses de bambou, les pois gourmands et les mini-épis de maïs. Faites sauter à feu vif pendant 5 à 10 min selon la cuisson désirée.

♦ Laissez refroidir, puis placez dans un contenant hermétique au frais.

9

ENCHAÎNEZ AVEC LE POULET AU MIEL AU COOKEO

(b) Rincez la cuve du Cookeo. Faites-y revenir le poulet égoutté (réservez la marinade) avec 2 gousses d'ail pressées dans un filet d'huile de sésame 2 min en **mode dorer**. Ajoutez la marinade, 5 cl d'eau et lancez le **mode sous pression** pour 5 min.

♦ Laissez refroidir, puis placez dans un contenant hermétique au frais.

10

PENDANT CE TEMPS, PRÉPAREZ LES COURGETTES (HORS COOKEO)

(e) Dans une poêle, faites revenir l'oignon jaune et 2 gousses d'ail pressées dans un filet d'huile d'olive. Ajoutez les courgettes, le basilic ciselé et 2 brins de thym, salez et poivrez, puis laissez cuire 5 min en remuant. Retirez les branches de thym.

♦ Laissez refroidir, puis placez dans un contenant hermétique au frais.

11

TERMINEZ AVEC LE PORC AU CARAMEL AU COOKEO

(d) Rincez la cuve du Cookeo. Faites-y fondre 4 c. à soupe de sucre en **mode dorer** en surveillant, jusqu'à ce que le caramel se colore (attention, il doit être brun clair, ne le laissez pas trop cuire). Ajoutez 2 c. à soupe d'huile de sésame, le porc avec sa marinade, le gingembre râpé, 1 oignon rouge et 2 gousses d'ail pressées, salez et poivrez. Mélangez, ajoutez 12 cl d'eau et lancez le **mode sous pression** pour 13 min.

♦ Laissez refroidir, puis placez dans un contenant hermétique au frais.

Les assemblages
À FAIRE EN SEMAINE

Lundi **(a)**

BRANDADE DE CABILLAUD

Ma préparation : la brandade

› *J'ajoute : 40 g de gruyère râpé*

Saupoudrez la brandade de fromage râpé et enfournez pour 20 min à 180 °C.

Servez éventuellement avec une salade verte.

Mardi **(b)**

POULET AU MIEL ET SÉSAME

Ma préparation : le poulet au miel

› *J'ajoute : 200 g de nouilles chinoises aux œufs, 2 c. à soupe de graines de sésame doré*

Réchauffez le poulet à feu doux à la casserole ou au Cookeo.

Pendant ce temps, faites cuire les nouilles en suivant les indications du paquet.

Servez bien chaud saupoudré de sésame.

Mercredi **(c)**

RIZ À LA MEXICAINE

Ma préparation : le riz à la mexicaine

› *J'ajoute : 100 g de cheddar, 1 avocat, 1 petit bouquet de coriandre*

Réchauffez le riz à la mexicaine à la casserole à feu doux ou au Cookeo. Une fois bien chaud, ajoutez le cheddar et mélangez.

Servez avec l'avocat coupé en dés et la coriandre ciselée.

Jeudi **(d)**

PORC AU CARAMEL

Mes préparations : le porc au caramel, les légumes sautés

› *J'ajoute : 2 c. à café de fécule de maïs*

Réchauffez le porc au caramel à la casserole à feu doux ou au Cookeo. Ajoutez la fécule délayée dans 5 cl d'eau, mélangez bien et remuez.

Pendant ce temps, réchauffez les légumes au wok ou à la sauteuse.

Vendredi **(e)**

GRATIN DE COURGETTES AU CHÈVRE ET HERBES

Ma préparation : les courgettes

› *J'ajoute : 2 œufs, 20 cl de crème liquide, 1 bûche de chèvre*

Dans un saladier, battez les œufs avec la crème et mélangez-les aux courgettes. Ajoutez le chèvre coupé en cubes, mélangez bien et versez le tout dans un plat à gratin. Enfournez pour 15 min à 180 °C.

Servez éventuellement avec une viande grillée ou de la charcuterie.

menu 28

Le menu de la semaine

LUNDI (A)

BOUCHÉES
À LA REINE

2-3 jours au réfrigérateur, peuvent être congelées

MARDI (B)

SAUTÉ DE DINDE
AU CURRY

3 jours au réfrigérateur, peut être congelé

MERCREDI (C)

TAJINE DE BŒUF
AUX AMANDES ET PRUNEAUX

3-4 jours au réfrigérateur, peut être congelé

JEUDI (D)

CHAUSSONS FARCIS À LA COURGE
ET OIGNONS CARAMÉLISÉS

4-5 jours au réfrigérateur, peuvent être congelés

VENDREDI (E)

QUICHE AUX ÉPINARDS
ET FETA

4-5 jours au réfrigérateur, peut être congelée

La liste des courses
POUR 4 PERSONNES

Coût : environ 50 €

FRUITS ET LÉGUMES

- ☐ 250 g de champignons de Paris (a)
- ☐ 4 carottes (b : 2/c : 2)
- ☐ 2 oignons jaunes (b : 1/c : 1)
- ☐ 150 g de pruneaux (c)
- ☐ 2 gousses d'ail (c)
- ☐ 1 oignon rouge (d)
- ☐ 300 g de pousses d'épinards (e)
- ☐ 250 g de chair de courge (butternut ou potimarron) (d)

VIANDE ET CHARCUTERIE

- ☐ 3 escalopes de poulet (a)
- ☐ 100 g de dés de jambon (a)
- ☐ 500 g de filet de dinde (b)
- ☐ 400 g de bœuf à mijoter (c)

DANS VOTRE PLACARD

- ☐ Sel, poivre, curry, gingembre en poudre, paprika, curcuma, cannelle, garam masala
- ☐ 40 g de farine (a)
- ☐ Sirop d'érable (d)
- ☐ 15 g de fond de veau en poudre (a)
- ☐ Vinaigre balsamique (d)
- ☐ Huile d'olive

ÉPICERIE

- ☐ 5 cl de vin blanc (a)
- ☐ 120 g de riz basmati (b)
- ☐ 240 g de tomates concassées (b)
- ☐ 10 cl de lait de coco (b)
- ☐ 50 g d'amandes effilées (c)
- ☐ 30 g de noisettes (d)
- ☐ 4 croûtes feuilletées (a) utilisées en semaine
- ☐ 60 g de semoule (c) utilisée en semaine

CRÉMERIE

- ☐ 20 g de beurre doux (a)
- ☐ 90 g de fromage râpé (a : 50 utilisé en semaine/d : 40)
- ☐ 35 cl de crème liquide (a : 15/e : 20)
- ☐ 5 œufs (d : 1/e : 4)
- ☐ 2 pâtes brisées (d)
- ☐ 1 pâte feuilletée (e)
- ☐ 200 g de feta (e)

LES ACCOMPAGNEMENTS À PRÉVOIR

- Prévoyez une salade verte et/ou des crudités pour accompagner les bouchées à la reine, les chaussons et la quiche.

MARDI
VENDREDI
MERCREDI
JEUDI

MARDI
MERCREDI
LUNDI

Les préparations DU WEEK-END

1

LANCEZ LE RIZ AU CURRY AU COOKEO

(b) Dans la cuve du Cookeo, mettez le riz basmati, les tomates concassées, le lait de coco, 2 c. à café de curry et 45 cl d'eau. Salez et poivrez, puis lancez le **mode sous pression** pour 10 min.

♦ Laissez refroidir, puis placez dans un contenant hermétique au frais.

2

DÉCOUPEZ ET PRÉPAREZ LES INGRÉDIENTS DES PREMIÈRES RECETTES

Épluchez les oignons jaunes et ciselez-les finement.

Pelez et dégermez les gousses d'ail.

(d) Épluchez l'oignon rouge et émincez-le finement.

(d) Coupez la chair de courge en gros cubes.

3

ENCHAÎNEZ AVEC LA PURÉE DE COURGE AU COOKEO

(d) Rincez la cuve du Cookeo. Versez-y 20 cl d'eau, puis placez-y le panier vapeur contenant les cubes de courge. Lancez le **mode sous pression** pour 8 min. Écrasez en purée et réservez.

4

PENDANT CE TEMPS, PRÉPAREZ LA SUITE DES INGRÉDIENTS

Préchauffez le four à 180 °C.

(b) Émincez le filet de dinde.

(b/c) Épluchez les carottes, puis coupez-en 2 en demi-rondelles et 2 en tronçons de 3 cm.

(e) Équeutez les pousses d'épinards et hachez-les grossièrement.

(e) Coupez la feta en cubes.

5

PRÉPAREZ LA QUICHE (HORS COOKEO)

(e) Déposez la pâte feuilletée dans un moule à tarte beurré et piquez le fond. Déposez-y les épinards, 4 œufs, 20 cl de crème liquide et la feta, poivrez, puis mélangez bien. Versez sur le fond de tarte et enfournez pour 30 min en surveillant la cuisson.

♦ Laissez refroidir, puis couvrez et placez au frais.

6

ENCHAÎNEZ AVEC LA DINDE AU COOKEO

(b) Rincez la cuve du Cookeo. Faites-y revenir 1 oignon jaune ciselé, les carottes en demi-rondelles et la dinde dans un filet d'huile d'olive en **mode dorer**. Laissez cuire 5 min en remuant.

♦ Laissez refroidir, puis placez dans un contenant hermétique au frais.

7

PENDANT CE TEMPS, PRÉPAREZ LE RESTE DES INGRÉDIENTS

(a) Coupez les escalopes de poulet en cubes d'environ 1 cm.

(a) Brossez les champignons et coupez-les en lamelles.

(c) Coupez le bœuf en cubes de 2 à 3 cm.

(d) Concassez les noisettes.

8

ENCHAÎNEZ AVEC LA GARNITURE DES BOUCHÉES AU COOKEO

(a) Rincez la cuve du Cookeo. Faites-y fondre 20 g de beurre avec un filet d'huile d'olive en **mode dorer**. Ajoutez le poulet et laissez revenir 2 min. Ajoutez les champignons et 40 g de farine. Mélangez, ajoutez le fond de veau, 15 cl de crème liquide, le vin blanc et 20 cl d'eau. Salez, poivrez et mélangez. Lancez le **mode sous pression** pour 3 min. Ajoutez les dés de jambon.

♦ Laissez refroidir, puis placez dans un contenant hermétique au frais.

9

PENDANT CE TEMPS, PRÉPAREZ LES CHAUSSONS, À ENFOURNER APRÈS LA QUICHE (HORS COOKEO)

(d) Dans une poêle, faites fondre l'oignon rouge émincé dans un filet d'huile d'olive à feu moyen. Ajoutez 2 c. à soupe de sirop d'érable, 1 c. à soupe de vinaigre balsamique, salez et poivrez. Mélangez bien et laissez caraméliser en remuant régulièrement.

Dans un saladier, mélangez la purée de courge avec 40 g de fromage râpé, l'oignon caramélisé, les noisettes concassées et 1 c. à café de garam masala. Découpez des disques d'environ 8 cm dans les pâtes brisées et garnissez-les de préparation à la courge, puis refermez-les en demi-lunes et pressez bien les bords pour les souder. Déposez sur une plaque recouverte de papier sulfurisé et dorez à l'œuf. Enfournez pour 15 à 20 min.

♦ Laissez refroidir, puis placez dans un contenant hermétique au frais.

10

ENCHAÎNEZ AVEC LE TAJINE DE BŒUF AU COOKEO

(c) Rincez la cuve du Cookeo. Faites-y revenir 1 oignon jaune et 2 gousses d'ail dans un filet d'huile d'olive 1 min en **mode dorer**. Ajoutez le bœuf et faites-le revenir 3 min sur toutes les faces. Salez et poivrez, puis couvrez d'eau à hauteur. Ajoutez les pruneaux (sans les dénoyauter), les tronçons de carottes, 1 c. à café de gingembre en poudre, ½ c. à café de paprika, ½ c. à café de curcuma et ½ c. à café de cannelle. Mélangez, puis lancez le **mode sous pression** pour 30 min.

♦ Laissez refroidir, puis placez dans un contenant hermétique au frais.

11

TERMINEZ AVEC LES AMANDES GRILLÉES (HORS COOKEO)

(c) Dans une poêle bien chaude, torréfiez les amandes effilées quelques secondes.

♦ Laissez refroidir, puis placez dans un contenant hermétique au frais.

Les assemblages
À FAIRE EN SEMAINE

Lundi **(a)**

BOUCHÉES À LA REINE

Ma préparation : la garniture au poulet

› *J'ajoute : 4 croûtes feuilletées, 50 g de fromage râpé*

Coupez le chapeau des croûtes et évidez l'intérieur. Remplissez chaque vol-au-vent avec la garniture au poulet, saupoudrez de fromage, puis refermez et enfournez pour 25 min à 180°C.

Servez éventuellement avec une salade verte et/ou des crudités.

Mardi **(b)**

SAUTÉ DE DINDE AU CURRY

Mes préparations : la dinde, le riz au curry

Réchauffez le sauté de dinde à la casserole à feu doux ou au Cookeo.

Mercredi **(c)**

TAJINE DE BŒUF AUX AMANDES ET PRUNEAUX

Mes préparations : le tajine de bœuf, les amandes grillées

› *J'ajoute : 60 g de semoule*

Réchauffez le tajine à la casserole à feu doux ou au Cookeo.

Pendant ce temps, préparez la semoule en suivant les indications du paquet. Servez parsemé d'amandes effilées.

Jeudi **(d)**

CHAUSSONS FARCIS À LA COURGE ET OIGNONS CARAMÉLISÉS

Ma préparation : les chaussons

Réchauffez les chaussons 10 min au four à 160 °C.

Servez éventuellement avec une salade verte et/ou des crudités.

Vendredi **(e)**

QUICHE AUX ÉPINARDS ET FETA

Ma préparation : la quiche

Réchauffez la quiche 15 min au four à 160 °C en couvrant d'une feuille de papier sulfurisé si elle brunit trop.

Servez éventuellement avec une salade verte et/ou des crudités.

menu 29

Le menu de la semaine

LUNDI (A)

SAUMON EN CROÛTE
AUX ÉPINARDS

1 jour au réfrigérateur, peut être congelé

MARDI (B)

POULET
TIKKA MASALA

2-3 jours au réfrigérateur, peut être congelé

MERCREDI (C)

COCOTTE DE LÉGUMES
AU LARD FUMÉ

3-4 jours au réfrigérateur, peut être congelée

JEUDI (D)

SOUPE
DE RIZ SAUVAGE

4-5 jours au réfrigérateur, peut être congelée

VENDREDI (E)

POTÉE
AUX HARICOTS BLANCS

4-5 jours au réfrigérateur, peut être congelée

La liste des courses
POUR 4 PERSONNES

Coût : environ 50 €

FRUITS ET LÉGUMES

- ☐ 4 oignons jaunes (a : 0,5/b : 2/ c : 1/d : 0,5)
- ☐ 1 cm de gingembre frais (b)
- ☐ 7 gousses d'ail (b : 3/d : 2/e : 2)
- ☐ 500 g de pommes de terre (c)
- ☐ 6 carottes (c : 3/d : 2/e : 1)
- ☐ 400 g de patate douce (d)
- ☐ 2 branches de céleri (d)
- ☐ 325 g de champignons de Paris (d : 200/e : 125)
- ☐ 4 poireaux (e)

POISSON

- ☐ 600 g de filet de saumon ou de truite (a)

SURGELÉS

- ☐ 400 g d'épinards hachés (a)
- ☐ 200 g de petits pois (c)
- ☐ 100 g de poivrons (c)

DANS VOTRE PLACARD

- ☐ Sel, poivre, garam masala, cumin, curcuma, cardamome, 2 feuilles de laurier
- ☐ 1 cube de bouillon de légumes (c)
- ☐ 1,5 l de bouillon de légumes (d)
- ☐ Huile d'olive, huile de colza

ÉPICERIE

- ☐ 400 g de tomates concassées (b)
- ☐ 20 cl de crème de coco (b)
- ☐ 140 g de concentré de tomate (b : 70/e : 70)
- ☐ 150 g de riz sauvage ou de mélange de 3 riz (d)
- ☐ 400 g de haricots blancs en boîte (e)
- ☐ 50 g de noix de cajou (b) utilisées en semaine

CRÉMERIE

- ☐ 2 pâtes feuilletées (a)
- ☐ 5 œufs (a : 1/c : 4 utilisés en semaine)
- ☐ 200 g de yaourt à la grecque (b)
- ☐ 20 cl de crème épaisse (d) utilisée en semaine

VIANDE ET CHARCUTERIE

- ☐ 4 escalopes de poulet (b)
- ☐ 200 g de lardons fumés (c)

LES ACCOMPAGNEMENTS À PRÉVOIR

- Prévoyez une salade verte et/ou des crudités pour servir avec le saumon en croûte.
- Accompagnez le poulet tikka de riz thaï ou de la céréale de votre choix.
- Vous pouvez agrémenter la soupe de saucisses fumées à cuire dans le bouillon.

LUNDI
VENDREDI
MERCREDI

MARDI
JEUDI

Les préparations DU WEEK-END

1

LANCEZ LA PREMIÈRE PRÉPARATION

(b) Coupez le poulet en lanières. Dans un plat, mélangez le yaourt à la grecque avec 1 c. à soupe de garam masala, 1 c. à café de cumin, 1 c. à café de curcuma et 1 c. à café de cardamome. Ajoutez le poulet et enrobez bien du mélange d'épices. Réservez 30 min au frais.

2

DÉCOUPEZ ET PRÉPAREZ LES INGRÉDIENTS DES PREMIÈRES RECETTES

Épluchez les oignons et ciselez-les finement.

Pelez et dégermez les gousses d'ail.

(e) Ôtez les pieds et les premières feuilles des poireaux. Coupez-les en tronçons de 2 cm.

(e) Épluchez 1 carotte et coupez-la en petits dés.

(d/e) Nettoyez les champignons, coupez les pieds et taillez-les en lamelles.

3

LANCEZ LA POTÉE AU COOKEO

(e) Dans la cuve du Cookeo, faites revenir les poireaux, la carotte en cubes et 2 gousses d'ail pressées dans un filet d'huile d'olive 5 min en **mode dorer**. Ajoutez 125 g de champignons de Paris, 70 g de concentré de tomate, 1 feuille de laurier et les haricots blancs sans les égoutter. Salez, poivrez et mélangez. Lancez le **mode sous pression** pour 15 min.

♦ Laissez refroidir, puis placez dans un contenant hermétique au frais.

4

PENDANT CE TEMPS, PRÉPAREZ LA SUITE DES INGRÉDIENTS

Préchauffez le four à 180 °C.

(c) Épluchez les pommes de terre et coupez-les en petits dés.

(c) Épluchez les carottes restantes, puis coupez-en 3 en rondelles et 2 en brunoise (petits dés).

5

PRÉPAREZ LA GARNITURE DU SAUMON EN CROÛTE (HORS COOKEO)

(a) Dans une cocotte, faites revenir ½ oignon jaune dans un peu d'huile d'olive. Ajoutez les épinards surgelés et laissez cuire à feu doux jusqu'à ce qu'ils soient bien décongelés. Salez et poivrez, puis laissez refroidir et réservez.

6

ENCHAÎNEZ AVEC LA COCOTTE DE LÉGUMES AU COOKEO

(c) Rincez la cuve du Cookeo. Faites-y revenir les lardons et 1 oignon ciselé 1 min en **mode dorer**. Ajoutez les cubes de pommes de terre et les rondelles de carottes, laissez cuire 2 min en remuant. Ajoutez les petits pois et les poivrons surgelés, 1 cube de bouillon de légumes émietté et 25 cl d'eau. Lancez le **mode sous pression** pour 10 min.

♦ Laissez refroidir, puis placez dans un contenant hermétique au frais.

7

PENDANT CE TEMPS, PRÉPAREZ LE RESTE DES INGRÉDIENTS

(b) Râpez le gingembre.

(d) Épluchez la patate douce et coupez-la en petits dés.

(d) Épluchez le céleri-branche et coupez-le en fins tronçons.

8

ENCHAÎNEZ AVEC LE POULET TIKKA MASALA AU COOKEO

(b) Rincez la cuve du Cookeo. Faites-y revenir 2 oignons jaunes dans un filet d'huile de colza en **mode dorer**. Ajoutez 3 gousses d'ail pressées, le gingembre râpé et 2 c. à soupe de concentré de tomate. Laissez cuire 1 min, puis ajoutez le poulet avec sa marinade et faites bien dorer. Ajoutez les tomates concassées et la crème de coco. Lancez le **mode sous pression** pour 10 min (ou 15 min pour des cuisses de poulet).

♦ Laissez refroidir, puis placez dans un contenant hermétique au frais.

9

PENDANT CE TEMPS, PRÉPAREZ LE SAUMON EN CROÛTE (HORS COOKEO)

(a) Déroulez 1 pâte feuilletée et déposez-y le(s) filet(s) de saumon. Recouvrez-les avec les épinards bien égouttés, puis humidifiez le pourtour de la pâte avec un peu d'eau. Recouvrez avec la deuxième pâte et soudez bien les bords à la fourchette. Vous pouvez découper la pâte pour former un poisson et réaliser les écailles au couteau. Dorez le feuilleté avec 1 jaune d'œuf battu. Enfournez pour 30 min.

♦ Laissez refroidir, puis couvrez et placez au frais.

10

TERMINEZ AVEC LA SOUPE AU COOKEO

(d) Rincez la cuve du Cookeo. Faites-y revenir ½ oignon jaune ciselé et 2 gousses d'ail pressées dans un peu d'huile d'olive en **mode dorer**. Ajoutez 2 carottes et la patate douce en dés, le céleri, le reste de champignons de Paris, le riz sauvage et 1 feuille de laurier. Assaisonnez, mélangez bien et laissez cuire 1 min. Ajoutez 1,5 l de bouillon de légumes, puis lancez le **mode sous pression** pour 15 min (ou la moitié du temps indiqué sur le paquet de riz).

♦ Laissez refroidir, puis placez dans un contenant hermétique au frais.

Les assemblages
À FAIRE EN SEMAINE

Lundi **(a)**

SAUMON EN CROÛTE AUX ÉPINARDS

Ma préparation : le saumon en croûte

Réchauffez le saumon 10 à 15 min au four à 160 °C en couvrant de papier sulfurisé.

Servez bien chaud éventuellement avec une salade et/ou des crudités.

Mardi **(b)**

POULET TIKKA MASALA

Ma préparation : le poulet tikka

› *J'ajoute : 50 g de noix de cajou*

Réchauffez le poulet à la casserole à feu doux ou au micro-ondes.

Servez parsemé de noix de cajou concassées et éventuellement avec du riz.

Mercredi **(c)**

COCOTTE DE LÉGUMES AU LARD FUMÉ

Ma préparation : la cocotte de légumes

› *J'ajoute : 4 œufs*

Réchauffez les légumes à la casserole à feu doux ou au Cookeo.

Pendant ce temps, faites cuire les œufs au plat. Servez le tout bien chaud.

Jeudi **(d)**

SOUPE DE RIZ SAUVAGE

Ma préparation : la soupe de riz

› *J'ajoute : 20 cl de crème épaisse*

Réchauffez la soupe à la casserole en ajoutant la crème épaisse.

Vendredi **(e)**

POTÉE AUX HARICOTS BLANCS

Ma préparation : la cocotte de haricots blancs

Réchauffez la potée à la casserole à feu doux ou au Cookeo.

Le menu de la semaine

LUNDI (A)

BEIGNETS DE CRABE
ET SALADE DE CAROTTES

1-2 jours au réfrigérateur, peuvent être congelés

MARDI (B)

GOULASH

2-3 jours au réfrigérateur, peut être congelé

MERCREDI (C)

CURRY
DE BŒUF HACHÉ

2-3 jours au réfrigérateur, peut être congelé

JEUDI (D)

COURGES BUTTERNUT FARCIES
AU CHÈVRE ET NOIX

4-5 jours au réfrigérateur, peuvent être congelées

VENDREDI (E)

SOUPE DE QUINOA
À LA MEXICAINE

4-5 jours au réfrigérateur, peut être congelée

La liste des courses
POUR 4 PERSONNES

Coût : environ 50 €

FRUITS ET LÉGUMES

- ☐ 3 oignons nouveaux (a)
- ☐ 1 citron jaune (a)
- ☐ 6 carottes (a : 4/c : 2)
- ☐ 1 poivron rouge (a : 0,5/e : 0,5)
- ☐ 3 oignons jaunes (b : 1/c : 1/e : 1)
- ☐ 9 gousses d'ail (b : 3/c : 1/d : 2/e : 3)
- ☐ 300 g de pommes de terre (c)
- ☐ 2 petites courges butternut (d)
- ☐ 1 citron vert (e) utilisé en semaine
- ☐ 1 avocat (e) utilisé en semaine

VIANDE

- ☐ 500 g d'échine de porc (b)
- ☐ 650 g de bœuf haché (c)

DANS VOTRE PLACARD

- ☐ Sel, poivre, origan séché, curry, curcuma, paprika fumé, cumin
- ☐ 60 g de farine (a : 45/c : 1 c. à soupe)
- ☐ Levure chimique (a)
- ☐ Sucre semoule (a), cassonade (c)
- ☐ Sauce Worcestershire (b)
- ☐ 1,5 l de bouillon de légumes (e)
- ☐ Huile d'olive, huile de friture

ÉPICERIE

- ☐ 170 g de semoule de maïs (polenta) (a)
- ☐ 230 g de chair de crabe (a)
- ☐ 18 cl de bière blonde (a)
- ☐ 400 g de tomates concassées (b)
- ☐ 200 g de macaronis (b)
- ☐ 20 cl de coulis de tomate (c)
- ☐ 150 g de quinoa (e)
- ☐ 100 g de haricots rouges en boîte (e)
- ☐ 100 g de maïs doux en boîte (e)
- ☐ 70 g de concentré de tomate (e)
- ☐ 30 g de noisettes (d) utilisées en semaine

CRÉMERIE

- ☐ 1 œuf (a)
- ☐ 2 petits crottins de chèvre (d)
- ☐ 15 cl de crème liquide (d)
- ☐ 50 g de cheddar râpé (b) utilisé en semaine

LES ACCOMPAGNEMENTS À PRÉVOIR

- Servez le curry de bœuf avec du riz blanc ou du riz sauvage que vous pouvez faire cuire en avance pendant le batch.
- Vous pouvez servir la courge butternut farcie avec de belles tranches de pain frais et/ou un peu de charcuterie.

MERCREDI
MARDI
VENDREDI

JEUDI
LUNDI
LUNDI

Les préparations DU WEEK-END

1

DÉCOUPEZ ET PRÉPAREZ LES INGRÉDIENTS DES PREMIÈRES RECETTES

Épluchez les oignons jaunes et rouges et ciselez-les finement.

Pelez et dégermez les gousses d'ail.

(d) Coupez les courges en 2 et ôtez les graines, puis évidez un peu de chair pour agrandir les cavités.

(d) Coupez les crottins de chèvre en petits dés.

2

LANCEZ LES COURGES FARCIES AU COOKEO

(d) Dans un saladier, mélangez la chair de courge avec 2 gousses d'ail pressées, la crème liquide et les crottins de chèvre. Garnissez les courges évidées de cette préparation et déposez-les dans le panier vapeur tapissé de papier sulfurisé. Versez 20 cl d'eau dans la cuve du Cookeo et placez-y le panier vapeur. Lancez le **mode sous pression** pour 15 min.

♦ Laissez refroidir, puis placez dans un contenant hermétique au frais.

3

PENDANT CE TEMPS, PRÉPAREZ LA SUITE DES INGRÉDIENTS

(a) Ciselez les oignons nouveaux.

(a/e) Épépinez le poivron et coupez-en la moitié en lanières et l'autre en petits dés.

(a/c) Épluchez les carottes. Coupez-en 2 en demi-rondelles et râpez les 4 autres. Arrosez les carottes râpées de jus du citron.

♦ Placez les carottes râpées dans un contenant hermétique au frais.

4

PRÉPAREZ LA PÂTE À BEIGNETS (HORS COOKEO)

(a) Dans un saladier, mélangez la semoule de maïs, 45 g de farine, 1 c. à café de levure chimique, 1 c. à soupe de sucre et 1 pincée de sel. Ajoutez la moitié du poivron en dés, les oignons nouveaux ciselés, le crabe égoutté et l'œuf, puis mélangez bien. Versez la bière petit à petit en fouettant pour obtenir une pâte fluide et homogène. Assaisonnez en sel, poivre et épices de votre choix (du paprika, par exemple). Réservez 30 min au frais.

5

ENCHAÎNEZ AVEC LA SOUPE DE QUINOA AU COOKEO

(e) Rincez la cuve du Cookeo. Faites-y revenir 1 oignon jaune, le reste du poivron rouge en lanières et 3 gousses d'ail pressées dans un filet d'huile d'olive 2 min en **mode dorer** en remuant. Ajoutez le concentré de tomate, les haricots rouges égouttés, le maïs doux, 2 c. à café de paprika fumé et 1 c. à café de cumin, salez et poivrez. Mélangez bien et ajoutez le quinoa et 1,5 l de bouillon de légumes. Lancez le **mode sous pression** pour 5 min.

♦ Laissez refroidir, puis placez dans un contenant hermétique au frais.

6

PENDANT CE TEMPS, PRÉPAREZ LE RESTE DES INGRÉDIENTS

(c) Épluchez les pommes de terre et coupez-les en petits cubes.

(b) Coupez l'échine de porc en cubes d'environ 2 cm.

7

ENCHAÎNEZ AVEC LE CURRY DE BOEUF AU COOKEO

(c) Rincez la cuve du Cookeo. Faites-y revenir 1 oignon ciselé et 1 gousse d'ail pressée dans un filet d'huile d'olive en **mode dorer**. Ajoutez le bœuf haché, salez et poivrez, puis laissez dorer en remuant régulièrement. Ajoutez les cubes de pommes de terre et les 2 carottes en demi-rondelles. Laissez dorer 3 min en remuant. Ajoutez le coulis de tomate, 1 c. à soupe de cassonade, 4 c. à café de curry, 1 c. à café de curcuma et 1 c. à soupe de farine. Mélangez bien, salez et poivrez, puis couvrez d'eau à hauteur. Lancez le **mode sous pression** pour 15 min.

♦ Laissez refroidir, puis placez dans un contenant hermétique au frais.

8

PENDANT CE TEMPS, FAITES CUIRE LES BEIGNETS (HORS COOKEO)

(d) Préparez un bain de friture, déposez-y la préparation au crabe en la moulant avec 2 c. à soupe. Laissez cuire environ 2 min de chaque côté, jusqu'à ce que les beignets soient bien dorés. Retirez avec une écumoire et réservez sur du papier absorbant.

♦ Laissez refroidir, puis placez dans un contenant hermétique au frais.

9

TERMINEZ AVEC LE GOULASH AU COOKEO

(b) Rincez la cuve du Cookeo. Faites-y revenir 1 oignon jaune et 3 gousses d'ail pressées dans un filet d'huile d'olive en **mode dorer**. Ajoutez les cubes de porc et faites revenir 3 min en remuant. Ajoutez les tomates concassées, 2 c. à soupe de sauce Worcestershire, 1 c. à café d'origan séché, salez et poivrez. Mélangez bien, puis ajoutez les macaronis et 50 cl d'eau. Lancez le **mode sous pression** pour 10 min.

♦ Laissez refroidir, puis placez dans un contenant hermétique au frais.

Les assemblages
À FAIRE EN SEMAINE

Lundi **(a)**

BEIGNETS DE CRABE ET SALADE DE CAROTTES

Mes préparations : les beignets de crabe, les carottes râpées

Réchauffez éventuellement les beignets 10 min au four à 160 °C.

Servez avec les carottes râpées.

Mardi **(b)**

GOULASH

Ma préparation : le goulash

› *J'ajoute : 50 g de cheddar râpé*

Réchauffez le goulash à la casserole à feu doux ou au Cookeo.

Servez bien chaud parsemé de cheddar râpé.

Mercredi **(c)**

CURRY DE BŒUF HACHÉ

Ma préparation : le curry de bœuf

Réchauffez le curry à la casserole ou au micro-ondes.

Servez éventuellement avec du riz.

Jeudi **(d)**

COURGES BUTTERNUT FARCIES AU CHÈVRE ET NOIX

Ma préparation : les courges farcies

› *J'ajoute : 30 g de noisettes concassées*

Parsemez les courges de noisettes. Enfournez pour 20 min à 160 °C en couvrant d'une feuille de papier sulfurisé si le dessus brunit trop.

Vendredi **(e)**

SOUPE DE QUINOA À LA MEXICAINE

Ma préparation : la soupe de quinoa

› *J'ajoute : 1 citron vert, 1 avocat*

Réchauffez la soupe à la casserole à feu doux.

Servez avec des tranches d'avocat et un trait de jus de citron vert.

menu 31

Le menu de la semaine

LUNDI (A)

CABILLAUD CROUSTILLANT
ET LÉGUMES VAPEUR

2-3 jours au réfrigérateur, peut être congelé

MARDI (B)

VEAU
MARENGO

3-4 jours au réfrigérateur, peut être congelé

MERCREDI (C)

SAUTÉ DE PORC
À L'ANANAS

3-4 jours au réfrigérateur, peut être congelé

JEUDI (D)

SOUPE
À L'OIGNON

4-5 jours au réfrigérateur, peut être congelée

VENDREDI (E)

QUICHE AUX CHAMPIGNONS,
OIGNONS ET REBLOCHON

4-5 jours au réfrigérateur, peut être congelée

La liste des courses
POUR 4 PERSONNES

Coût : environ 55 €

FRUITS ET LÉGUMES

- ☐ 1 brocoli (a)
- ☐ 2 carottes (a)
- ☐ 200 g de haricots verts (a)
- ☐ 125 g de champignons de Paris (b)
- ☐ 5 échalotes (b)
- ☐ 1 gousse d'ail (b)
- ☐ 1 oignon jaune (c)
- ☐ 1,5 kg d'oignons doux (d : 1/e : 0,5)
- ☐ 150 g de pousses d'épinards (e)

POISSON

- ☐ 4 filets de cabillaud (a)

DANS VOTRE PLACARD

- ☐ Sel, poivre, 1 bouquet garni, thym séché
- ☐ Sucre semoule (d)
- ☐ 170 g de farine (a : 150/d : 20)
- ☐ 2 c. à soupe de fécule de maïs (b) utilisée en semaine
- ☐ 100 g de chapelure (a)
- ☐ 15 cl de bouillon de volaille (b)
- ☐ 1 cube de bouillon de légumes (d)
- ☐ Moutarde à l'ancienne (a)
- ☐ Huile d'olive

ÉPICERIE

- ☐ 10 cl de vin blanc sec (b)
- ☐ 70 g de concentré de tomate (b)
- ☐ 1 boîte d'ananas sans sucre ajouté (c)
- ☐ 10 cl de lait de coco (c)
- ☐ 4 tranches de pain (d) utilisées en semaine

CRÉMERIE

- ☐ 15 cl de lait (a)
- ☐ 4 œufs (a : 2/e : 2)
- ☐ 120 g de reblochon (e)
- ☐ 20 cl de crème liquide (e)
- ☐ 1 pâte brisée (e)
- ☐ 300 g de pâtes fraîches (b) utilisées en semaine
- ☐ 100 g de fromage râpé (d) utilisé en semaine

VIANDE

- ☐ 450 g d'épaule de veau (b)
- ☐ 400 g de sauté de porc (c)

LES ACCOMPAGNEMENTS À PRÉVOIR

- Servez le sauté de porc avec du riz basmati.
- Vous pouvez prévoir de la charcuterie ou une viande grillée pour accompagner la soupe et la quiche.

VENDREDI
LUNDI
MERCREDI

JEUDI
MARDI
LUNDI
Moulinex
cookeo

Les préparations DU WEEK-END

1 DÉCOUPEZ ET PRÉPAREZ LES INGRÉDIENTS DES PREMIÈRES RECETTES

Épluchez l'oignon et ciselez-le finement.

Pelez et dégermez la gousse d'ail.

(a) Détachez les fleurettes du brocoli.

(a) Épluchez les carottes et coupez-les en bâtonnets.

(a) Équeutez les haricots verts.

2 LANCEZ LES LÉGUMES VAPEUR AU COOKEO

(a) Mettez le brocoli, les carottes en bâtonnets et les haricots verts dans le panier vapeur tapissé de papier sulfurisé. Salez, poivrez et arrosez d'un filet d'huile d'olive. Versez 20 cl d'eau dans la cuve du Cookeo et placez-y le panier. Lancez le **mode sous pression** pour 10 min.

♦ Laissez refroidir, puis placez dans un contenant hermétique au frais.

3 PENDANT CE TEMPS, PRÉPAREZ LA SUITE DES INGRÉDIENTS

(c) Égouttez l'ananas en conservant le jus et coupez les tranches en petits cubes.

(c) Coupez le sauté de porc en cubes d'environ 2 cm.

4

ENCHAÎNEZ AVEC LE SAUTÉ DE PORC AU COOKEO

(c) Rincez la cuve du Cookeo. Faites-y revenir l'oignon jaune ciselé dans un filet d'huile d'olive 1 min en **mode dorer**. Ajoutez le sauté de porc et faites dorer sur tous les côtés en remuant régulièrement. Ajoutez les morceaux d'ananas, 10 cl de son jus et le lait de coco, puis lancez le **mode sous pression** pour 15 min.

♦ Laissez refroidir, puis placez dans un contenant hermétique au frais.

5

PENDANT CE TEMPS, PRÉPAREZ LE RESTE DES INGRÉDIENTS

(b) Coupez le veau en cubes d'environ 3 cm.

(b) Épluchez les échalotes et coupez-les en 4.

(b) Brossez les champignons et coupez-les en lamelles.

(d/e) Épluchez les oignons doux et émincez-les.

(e) Coupez le reblochon en tranches.

6

PRÉPAREZ LES OIGNONS DE LA QUICHE (HORS COOKEO)

(e) Dans une poêle, faites dorer 500 g d'oignons doux émincés dans un filet d'huile d'olive. Ajoutez 5 cl d'eau et laissez mijoter 20 min en remuant. Réservez.

7

ENCHAÎNEZ AVEC LE VEAU MARENGO AU COOKEO

(b) Rincez la cuve du Cookeo. Faites-y revenir les cubes de veau dans un filet d'huile d'olive environ 4 min en **mode dorer**, en remuant jusqu'à ce qu'ils soient bien dorés. Ajoutez les échalotes et le vin blanc. Laissez cuire 2 min en remuant, puis ajoutez le concentré de tomate, les lamelles de champignons, 1 bouquet garni, 1 c. à café de thym, la gousse d'ail pressée et 15 cl de bouillon de volaille. Lancez le **mode sous pression** pour 20 min.

♦ Laissez refroidir, puis placez dans un contenant hermétique au frais.

8

PENDANT CE TEMPS, PRÉPAREZ LE CABILLAUD (HORS COOKEO)

(a) Coupez chaque filet de cabillaud en 3 tronçons de même taille et ôtez les arêtes. Rincez-les rapidement, puis séchez-les sur du papier absorbant. Préparez 4 assiettes avec respectivement 15 cl de lait, 150 g de farine, 2 œufs battus, salés et poivrés et 100 g de chapelure mélangée à 3 c. à soupe de moutarde à l'ancienne. Passez les filets de cabillaud successivement dans le lait, la farine, l'œuf puis la chapelure. Mettez le tout dans un plat.

♦ Couvrez et placez au frais.

9

PRÉPAREZ LA QUICHE (HORS COOKEO)

Préchauffez le four à 180 °C.

(e) Dans un saladier, mélangez 2 œufs avec la crème liquide, salez et poivrez. Garnissez un moule à tarte préalablement beurré de la pâte brisée et piquez le fond avec une fourchette. Garnissez le fond de tarte des oignons mijotés, des pousses d'épinards et des tranches de reblochon. Recouvrez de l'appareil à la crème et enfournez pour 30 min.

♦ Laissez refroidir, puis placez dans un contenant hermétique au frais.

10

TERMINEZ AVEC LA SOUPE À L'OIGNON AU COOKEO

(d) Rincez la cuve du Cookeo. Faites-y fondre le reste d'oignons doux dans un filet d'huile d'olive et 1 c. à soupe de sucre semoule 5 min en **mode dorer**, en remuant. Saupoudrez de farine et mélangez pour bien enrober, puis ajoutez 1 l d'eau et 1 cube de bouillon de légumes. Lancez le **mode sous pression** pour 10 min. Rectifiez l'assaisonnement.

♦ Laissez refroidir, puis placez dans un contenant hermétique au frais.

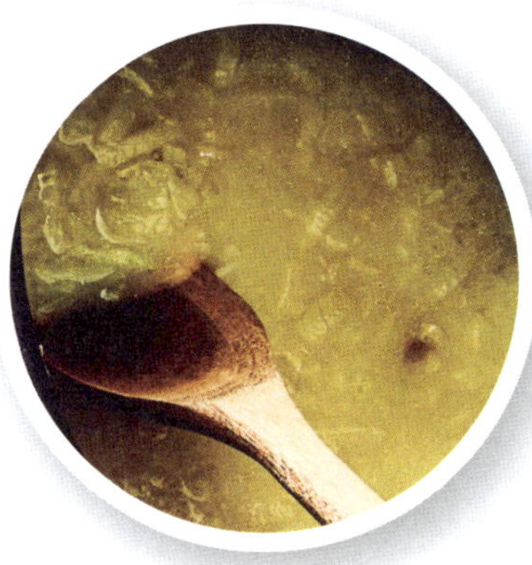

Les assemblages
À FAIRE EN SEMAINE

Lundi **(a)**

CABILLAUD CROUSTILLANT ET LÉGUMES VAPEUR

Mes préparations : les filets de cabillaud, les légumes vapeur

Faites revenir les filets de cabillaud dans une poêle bien chaude avec de l'huile d'olive.

Pendant ce temps, réchauffez les légumes 10 à 15 min à 150 °C ou au micro-ondes.

Mardi **(b)**

VEAU MARENGO

Ma préparation : le veau Marengo

› *J'ajoute : 2 c. à soupe de fécule de maïs, 300 g de pâtes fraîches*

Réchauffez le veau à la casserole à feu doux ou au Cookeo. Diluez la fécule dans un peu d'eau, puis ajoutez-la dans la casserole, mélangez et laissez réduire pour épaissir la sauce.

Pendant ce temps, faites cuire les pâtes en suivant les indications du paquet.

Mercredi **(c)**

SAUTÉ DE PORC À L'ANANAS

Ma préparation : le porc à l'ananas

Réchauffez le sauté de porc à la casserole à feu doux ou au Cookeo.

Servez éventuellement avec du riz basmati.

Jeudi **(d)**

SOUPE À L'OIGNON

Ma préparation : la soupe à l'oignon

› *J'ajoute : 4 tranches de pain, 100 g de fromage râpé*

Réchauffez la soupe à la casserole à feu doux, puis versez-la dans des bols allant au four. Déposez les tranches de pain sur le dessus et saupoudrez de fromage râpé. Faites gratiner sous le gril du four jusqu'à ce que le fromage soit fondu et doré.

Vendredi **(e)**

QUICHE AUX CHAMPIGNONS, OIGNONS ET REBLOCHON

Ma préparation : la quiche

Réchauffez la quiche 15 min au four à 160°C.

Servez éventuellement avec une salade verte et/ou des crudités.

menu 32

Le menu de la semaine

LUNDI (A)

CHOU FARCI
FACILE

2-3 jours au réfrigérateur, peut être congelé

MARDI (B)

BRICKS AU THON
ET À L'ŒUF

2-3 jours au réfrigérateur, peuvent être congelés

MERCREDI (C)

SAUTÉ DE PORC
À LA BIÈRE

3-4 jours au réfrigérateur, peut être congelé

JEUDI (D)

SOUPE DE LENTILLES
AUX LÉGUMES

4-5 jours au réfrigérateur, peut être congelée

VENDREDI (E)

RISOTTO
À LA COURGE BUTTERNUT

4-5 jours au réfrigérateur, congélation déconseillée

La liste des courses
POUR 4 PERSONNES

Coût : environ 55 €

FRUITS ET LÉGUMES

- ☐ 1 chou vert (a)
- ☐ 1 poireau (a)
- ☐ 4 oignons jaunes (a : 1/c : 1/d : 1/e : 1)
- ☐ 4 brins de persil plat (b)
- ☐ 550 g de pommes de terre (c : 450/d : 100)
- ☐ 2 carottes (c : 2/d : 2)
- ☐ 2 branches de céleri (d)
- ☐ 4 gousses d'ail (d)
- ☐ 250 g de chair de courge butternut (e)

DANS VOTRE PLACARD

- ☐ Sel, poivre, cumin, piment doux, thym séché, curry
- ☐ Miel (c)
- ☐ 1 c. à café de fond de veau en poudre (c)
- ☐ 2 cubes de bouillon de légumes (d : 1/e : 1)
- ☐ Huile d'olive

ÉPICERIE

- ☐ 65 g de riz blanc (a)
- ☐ 10 feuilles de brick (b)
- ☐ 280 g de thon en boîte (b)
- ☐ 25 cl de bière blonde (c)
- ☐ 200 g de lentilles vertes (d)
- ☐ 400 g de tomates concassées (d)
- ☐ 150 g de riz arborio (e)

CRÉMERIE

- ☐ 5 œufs (a : 2/b : 3)
- ☐ 1 yaourt à la grecque (b)
- ☐ 10 cl de lait (e)
- ☐ 300 g de pâtes fraîches (c) utilisées en semaine
- ☐ 30 g de parmesan râpé (e) utilisé en semaine

VIANDE

- ☐ 400 g de viande hachée (mélange porc et bœuf ou 100 % bœuf) (a)
- ☐ 500 g de sauté de porc (c)

LES ACCOMPAGNEMENTS À PRÉVOIR

- Prévoyez une salade verte et/ou des crudités pour accompagner les bricks.

JEUDI
MERCREDI
VENDREDI

LUNDI
MARDI

Les préparations DU WEEK-END

1

LANCEZ LES PREMIÈRES PRÉPARATIONS ET CUISSONS

(a) Dans la cuve du Cookeo, mettez le riz et couvrez largement d'eau salée. Lancez le **mode sous pression** pour la moitié du temps indiqué sur le paquet. Rincez à l'eau froide, égouttez et réservez.

(b) Faites cuire 3 œufs 8 à 10 min dans de l'eau bouillante, puis écalez-les et coupez-les en morceaux. Réservez.

(a) Retirez les premières feuilles du chou vert, puis détachez une douzaine de feuilles. Coupez la partie centrale dure. Versez 20 cl d'eau dans la cuve du Cookeo, placez-y le panier vapeur contenant les feuilles de chou. Lancez le **mode sous pression** pour 3 min. Égouttez et réservez.

2

DÉCOUPEZ ET PRÉPAREZ LES INGRÉDIENTS DES PREMIÈRES RECETTES

Épluchez les oignons et ciselez-les finement.

Pelez et dégermez les gousses d'ail.

(c) Coupez le sauté de porc en cubes d'environ 3 cm.

(c/d) Épluchez les pommes de terre, coupez-en 450 g en gros cubes et le reste en petits dés.

(c/d) Épluchez les carottes, coupez-en 2 en rondelles et 2 en petits dés.

3

ENCHAÎNEZ AVEC LE PORC AU COOKEO

(c) Rincez la cuve du Cookeo. Faites-y revenir le sauté de porc dans un filet d'huile d'olive 5 min en **mode dorer**. Ajoutez 1 oignon jaune ciselé, 450 g de pommes de terre en gros cubes, les 2 carottes en rondelles, 3 c. à soupe de miel, 1 c. à café de fond de veau, la bière blonde et 10 cl d'eau. Salez et poivrez, puis lancez le **mode sous pression** pour 20 min.

♦ Laissez refroidir, puis placez dans un contenant hermétique au frais.

4

PENDANT CE TEMPS, PRÉPAREZ LA SUITE DES INGRÉDIENTS

(d) Coupez les branches de céleri en tronçons.

(a) Nettoyez le poireau et émincez-le finement.

(e) Coupez la chair de courge en cubes.

5

PRÉPAREZ LE CHOU FARCI (HORS COOKEO)

(a) Mélangez la viande hachée avec 1 oignon jaune ciselé, le poireau émincé, le riz cuit et 2 œufs. Salez et poivrez, puis mélangez bien. Mettez les feuilles de chou cuites à plat sur le plan de travail et garnissez-les avec la farce. Enroulez en boule et ficelez.

♦ Placez dans un contenant hermétique au frais.

6

ENCHAÎNEZ AVEC LA SOUPE AU COOKEO

(d) Rincez la cuve du Cookeo. Faites-y revenir 1 oignon jaune ciselé, les carottes en petits dés et le céleri en tronçons dans un filet d'huile d'olive en **mode dorer**. Laissez cuire 2 min en remuant, puis ajoutez les gousses d'ail pressées, 1 c. à café de thym séché et 1 cube de bouillon de légumes émietté. Mélangez, puis ajoutez les petits dés de pommes de terre, les tomates concassées, les lentilles vertes et 1 l d'eau. Lancez le **mode sous pression** pour 15 min. Rectifiez l'assaisonnement.

♦ Laissez refroidir, puis placez dans un contenant hermétique au frais.

7

PENDANT CE TEMPS, PRÉPAREZ LES BRICKS (HORS COOKEO)

(b) Dans un blender ou un mixeur, mixez le thon égoutté avec les œufs durs, 3 c. à soupe de yaourt, le persil plat effeuillé, 1 c. à café de cumin, 1 c. à café de piment doux, salez et poivrez (attention à ne pas mixer trop longtemps).

Coupez les feuilles de brick en 2, puis pliez chaque moitié en 2 dans le sens de la longueur, partie arrondie au-dessus. Mettez une cuillère de préparation à l'extrémité de la bande de brick et repliez pour former un triangle. Continuez de plier la bande en alternant à gauche et à droite et en serrant bien. Glissez la pointe restant à la fin de la bande à l'intérieur du triangle pour faire tenir le tout.

Dans une grande poêle, faites chauffer un peu d'huile d'olive et faites-y dorer les bricks quelques minutes de chaque côté.

♦ Laissez refroidir, puis placez dans un contenant hermétique au frais.

8

TERMINEZ AVEC LE RISOTTO AU COOKEO

(e) Rincez la cuve du Cookeo. Faites-y revenir 1 oignon jaune ciselé et les cubes de butternut dans un filet d'huile 2 min en **mode dorer**. Ajoutez le riz arborio et laissez cuire 2 min en remuant. Ajoutez 1 cube de bouillon de légumes émietté, 1 c. à café de curry, le lait et 20 cl d'eau. Salez et poivrez, puis lancez le **mode sous pression** pour 15 min.

♦ Laissez refroidir, puis placez dans un contenant hermétique au frais.

Les assemblages
À FAIRE EN SEMAINE

Lundi **(a)**

CHOU FARCI FACILE

Ma préparation : le chou farci

Dans la cuve du Cookeo, faites revenir le chou farci sur toutes les faces dans un filet d'huile d'olive en **mode dorer**. Ajoutez 15 cl d'eau et lancez le **mode sous pression** pour 10 min. Servez aussitôt.

Mardi **(b)**

BRICKS AU THON ET À L'ŒUF

Ma préparation : les bricks au thon

Réchauffez les bricks 10 min au four à 180 °C.

Servez éventuellement avec une salade verte et/ou des crudités.

Mercredi **(c)**

SAUTÉ DE PORC À LA BIÈRE

Ma préparation : le porc à la bière

› J'ajoute : 300 g de pâtes fraîches

Réchauffez le sauté de porc à la casserole à feu doux ou au Cookeo.

Pendant ce temps, faites cuire les pâtes en suivant les indications du paquet.

Jeudi **(d)**

SOUPE DE LENTILLES AUX LÉGUMES

Ma préparation : la soupe de lentilles

Réchauffez la soupe à la casserole à feu doux ou au Cookeo.

Vendredi **(e)**

RISOTTO À LA COURGE BUTTERNUT

Ma préparation : le risotto

› J'ajoute : 30 g de parmesan râpé

Réchauffez le risotto à la casserole à feu doux en remuant régulièrement et en ajoutant un peu de lait ou d'eau si besoin.

Servez parsemé de parmesan râpé.

menu 33

Le menu de la semaine

LUNDI (A)

PAPILLOTES DE CABILLAUD
AUX LÉGUMES

♦ 1 jour au réfrigérateur, peuvent être congelées

MARDI (B)

CAKE À LA COURGE
ET AU BLEU

♦ 2-3 jours au réfrigérateur, peut être congelé

MERCREDI (C)

BLANQUETTE
DE POULET

♦ 2-3 jours au réfrigérateur, peut être congelée

JEUDI (D)

CURRY DE POMMES DE TERRE
ET CHOU-FLEUR

♦ 4-5 jours au réfrigérateur, peut être congelé

VENDREDI (E)

SOUPE DE CHOU-FLEUR
ET POIS CHICHES GRILLÉS

♦ 4-5 jours au réfrigérateur, peut être congelée

La liste des courses
POUR 4 PERSONNES

Coût : environ 60 €

FRUITS ET LÉGUMES

- ☐ 2 navets (a)
- ☐ 1 poireau (a)
- ☐ 1 échalote (a)
- ☐ 5 carottes (a : 2/c : 2/d : 1)
- ☐ 125 g de chair de courge butternut (b)
- ☐ 200 g de champignons de Paris (c)
- ☐ 3 oignons jaunes (c : 1/d : 1/e : 1)
- ☐ 1 cm de gingembre frais (d)
- ☐ 700 g de pommes de terre (d : 350/ e : 350)
- ☐ 1 beau chou-fleur (d/e)
- ☐ 3 gousses d'ail (d : 1/e : 2)
- ☐ 1 citron vert (a) utilisé en semaine

POISSON

- ☐ 4 pavés de cabillaud (a)

DANS VOTRE PLACARD

- ☐ Sel, poivre, noix de muscade, 2 feuilles de laurier, garam masala, curry, paprika fumé, cumin
- ☐ 40 g de farine (b)
- ☐ 30 g de fécule de maïs (c)
- ☐ 20 cl de bouillon de légumes (d)
- ☐ 1 cube de bouillon de volaille (c), 2 cubes de bouillon de légumes (e)
- ☐ Huile d'olive, huile de colza

ÉPICERIE

- ☐ 25 cl de vin blanc sec (c)
- ☐ 400 g de tomates concassées (d)
- ☐ 200 g de pois chiches en boîte (e)
- ☐ 20 cl de lait de coco (a) utilisé en semaine
- ☐ 20 cl de crème de coco (d) utilisée en semaine

CRÉMERIE

- ☐ 30 g de bleu d'Auvergne (b)
- ☐ 3 œufs (b : 1/c : 2 utilisés en semaine)
- ☐ 300 g de pâtes fraîches (c) utilisées en semaine
- ☐ 35 cl de crème liquide (c : 20/e : 15) utilisée en semaine

SURGELÉS

- ☐ 150 g de petits pois (d) utilisés en semaine

VIANDE

- ☐ 600 g de filets de poulet (c)

LES ACCOMPAGNEMENTS À PRÉVOIR

- Servez le cake avec une salade verte et/ou des crudités.
- Vous pouvez accompagner le curry avec du riz et/ou une autre céréale de votre choix.

MERCREDI
MARDI
JEUDI

VENDREDI
LUNDI
VENDREDI

Les préparations DU WEEK-END

1

LANCEZ LA PURÉE DE COURGE AU COOKEO

(b) Coupez la courge butternut en dés. Versez 20 cl d'eau dans la cuve du Cookeo et placez-y le panier contenant la courge. Lancez le **mode sous pression** pour 10 min. Écrasez en purée et réservez.

2

DÉCOUPEZ ET PRÉPAREZ LES INGRÉDIENTS DES PREMIÈRES RECETTES

Épluchez les oignons puis ciselez-les finement.

Pelez et dégermez les gousses d'ail.

(a) Pelez l'échalote et émincez-la finement.

(a/c/d) Épluchez les carottes, coupez-en 2 en julienne et 3 en rondelles.

(c) Brossez les champignons et coupez-les en lamelles.

(c) Coupez les filets de poulet en cubes d'environ 2 cm.

3

ENCHAÎNEZ AVEC LA BLANQUETTE AU COOKEO

(c) Rincez la cuve du Cookeo. Faites-y revenir 1 oignon jaune dans un filet d'huile de colza 2 min en **mode dorer**. Ajoutez les cubes de poulet et faites dorer 3 min en remuant. Déglacez avec le vin blanc et laissez évaporer en remuant. Ajoutez 2 carottes en rondelles, les champignons de Paris, 2 feuilles de laurier, 1 cube de bouillon de volaille émietté et 30 g de fécule de maïs délayée dans 20 cl d'eau. Lancez le **mode sous pression** pour 10 min.

♦ Laissez refroidir, puis placez dans un contenant hermétique au frais.

4

PENDANT CE TEMPS, PRÉPAREZ LA SUITE DES INGRÉDIENTS

(d) Râpez le gingembre.

(d/e) Détachez les fleurettes du chou-fleur et coupez le pied en petits cubes.

(d/e) Épluchez les pommes de terre et coupez-les en petits dés.

(b) Coupez le bleu en cubes.

(a) Épluchez les navets et coupez-les en julienne.

(a) Nettoyez le poireau et émincez-le finement.

5

ENCHAÎNEZ AVEC LE CURRY AU COOKEO

(d) Rincez la cuve du Cookeo. Faites-y revenir 1 oignon jaune dans un filet d'huile d'olive 1 min en **mode dorer**. Ajoutez 1 carotte en rondelles, le gingembre râpé, 1 c. à café de garam masala, 1 c. à café de curry et 1 gousse d'ail pressée, puis laissez dorer 2 min en remuant. Ajoutez la moitié des fleurettes de chou-fleur et des dés de pommes de terre, les tomates concassées et 20 cl de bouillon de légumes. Lancez le **mode sous pression** pour 8 min.

♦ Laissez refroidir, puis placez dans un contenant hermétique au frais.

6

PENDANT CE TEMPS, PRÉPAREZ LES POIS CHICHES (HORS COOKEO)

(e) Dans une poêle, faites griller les pois chiches égouttés 10 à 15 min dans un filet d'huile d'olive avec 1 c. à café de paprika fumé, 1 pincée de cumin, du sel et du poivre.

♦ Laissez refroidir, puis placez dans un contenant hermétique au frais.

7

ENCHAÎNEZ AVEC LA SOUPE AU COOKEO

(e) Rincez la cuve du Cookeo. Faites-y fondre 1 oignon jaune ciselé et 2 gousses d'ail pressées dans un filet d'huile d'olive en **mode dorer**. Ajoutez le reste des fleurettes de chou-fleur, le pied du chou-fleur en cubes, le reste des cubes de pommes de terre, 2 cubes de bouillon de légumes et 1 l d'eau. Lancez le **mode sous pression** pour 12 min. Mixez.

♦ Laissez refroidir, puis placez dans un contenant hermétique au frais.

8

PENDANT CE TEMPS, PRÉPAREZ LES PAPILLOTES (HORS COOKEO)

(a) Préparez 4 carrés de papier sulfurisé et répartissez-y la julienne de carottes et navets, le poireau émincé et l'échalote. Déposez 1 pavé de cabillaud sur chaque feuille et refermez les papillotes.

♦ Placez dans un contenant hermétique au frais.

9

TERMINEZ AVEC LE CAKE AU COOKEO

(b) Rincez la cuve du Cookeo. Mélangez la purée de courge avec 1 œuf, 40 g de farine et 1 pincée de muscade râpée. Mélangez bien, puis ajoutez les dés de bleu. Versez la préparation dans un moule à cake adapté au Cookeo tapissé de papier sulfurisé. Versez 20 cl d'eau dans la cuve et placez-y le panier vapeur contenant le moule. Lancez le **mode sous pression** pour 45 min.

♦ Laissez refroidir, puis placez dans un contenant hermétique au frais.

Les assemblages
À FAIRE EN SEMAINE

Lundi **(a)**

PAPILLOTES DE CABILLAUD AUX LÉGUMES

Ma préparation : les papillotes de cabillaud

› *J'ajoute : 1 citron vert, 20 cl de lait de coco*

Coupez le citron vert en rondelles et déposez-en 1 ou 2 dans chaque papillote. Salez et poivrez puis arrosez d'un filet de lait de coco. Refermez les papillotes et enfournez pour 10 à 12 min à 200 °C, selon la cuisson souhaitée.

Mardi **(b)**

CAKE À LA COURGE ET BLEU

Ma préparation : le cake

Réchauffez le cake 15 min au four à 160 °C.

Servez éventuellement avec une salade verte et/ou des crudités.

Mercredi **(c)**

BLANQUETTE DE POULET

Ma préparation : la blanquette de poulet

› *J'ajoute : 20 cl de crème liquide, 2 jaunes d'œufs, 300 g de pâtes fraîches*

Réchauffez la blanquette à la casserole à feu doux. Mélangez la crème et les jaunes d'œufs, puis ajoutez-les dans la casserole et laissez épaissir.

Pendant ce temps, faites cuire les pâtes en suivant les indications du paquet.

Jeudi **(d)**

CURRY DE POMMES DE TERRE ET CHOU-FLEUR

Ma préparation : le curry

› *J'ajoute : 150 g de petits pois surgelés, 20 cl de crème de coco*

Réchauffez le curry à la casserole à feu moyen en ajoutant les petits pois et la crème de coco. Rectifiez l'assaisonnement.

Servez éventuellement avec du riz ou la céréale de votre choix.

Vendredi **(e)**

SOUPE DE CHOU-FLEUR ET POIS CHICHES GRILLÉS

Mes préparations : la soupe de chou-fleur, les pois chiches grillés

› *J'ajoute : 15 cl de crème liquide*

Réchauffez la soupe à la casserole à feu doux en ajoutant la crème liquide. Ajoutez les pois chiches grillés et mélangez.

menu 34

Le menu de la semaine

LUNDI (A)

PAIN DE THON
À LA TOMATE

2-3 jours au réfrigérateur, peut être congelé

MARDI (B)

MAFÉ
AU POULET

2-3 jours au réfrigérateur, peut être congelé

MERCREDI (C)

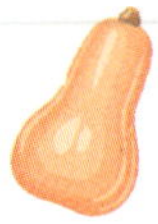

TARTE RUSTIQUE
À LA COURGE ET CHÈVRE

3-4 jours au réfrigérateur, peut être congelée

JEUDI (D)

PARMENTIER
À LA PATATE DOUCE

4-5 jours au réfrigérateur, peut être congelé

VENDREDI (E)

GRATIN DE PATATE DOUCE,
QUINOA ET CHÈVRE

4-5 jours au réfrigérateur, peut être congelé

La liste des courses
POUR 4 PERSONNES

Coût : environ 55 €

FRUITS ET LÉGUMES

- ☐ 1 échalote (a)
- ☐ 2 carottes (b)
- ☐ 2 cm de gingembre (b)
- ☐ 3 gousses d'ail (b)
- ☐ 2 oignons jaunes (b : 1/d : 1)
- ☐ 1,5 kg de patates douces (b : 0,2/d : 0,8/e : 0,5)
- ☐ 500 g de courge butternut (c)
- ☐ 1 brin de thym frais (c)
- ☐ 1 oignon rouge (e)

DANS VOTRE PLACARD

- ☐ Sel, poivre, paprika fumé, origan séché, muscade râpée
- ☐ 250 g de farine (c)
- ☐ 50 cl de bouillon de volaille (b)
- ☐ Huile d'olive

ÉPICERIE

- ☐ 240 g de thon en boîte (a)
- ☐ 210 g de concentré de tomate (a : 70/b : 70/d : 70)
- ☐ 2 c. à soupe de beurre de cacahuète (b)
- ☐ 100 g de quinoa (e)
- ☐ 30 g de noix (e)
- ☐ 30 g de noisettes (c) utilisées en semaine

CRÉMERIE

- ☐ 6 œufs (a : 5/c : 1)
- ☐ 50 cl de crème liquide (a : 20/d : 10/e : 20)
- ☐ 110 g de beurre (c : 100/d : 10)
- ☐ 2 bûches de chèvre (c : 1/e : 1)
- ☐ 100 g de gruyère râpé (d)

VIANDE

- ☐ 500 g de filets de poulet (b)
- ☐ 500 g de viande hachée (bœuf ou mélange porc/bœuf) (d)

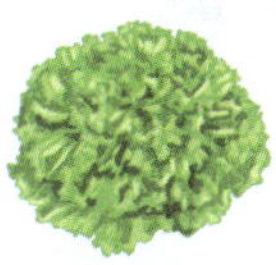

LES ACCOMPAGNEMENTS À PRÉVOIR

- Servez le pain de thon avec une salade verte bien assaisonnée.
- Vous pouvez servir le mafé au poulet avec du riz. Si vous préférez les riz complets, n'hésitez pas à le cuire pendant le batch, cela vous avancera pour la semaine et le riz se conserve 5 jours dans un contenant hermétique au réfrigérateur.
- Vous pouvez accompagner la tarte rustique de salade verte et/ou de crudités

JEUDI

VENDREDI

LUNDI
MARDI
MERCREDI

Les préparations DU WEEK-END

1

LANCEZ LES PREMIÈRES PRÉPARATIONS ET CUISSONS

(c) Dans un saladier, mettez 250 g de farine, 1 c. à café d'origan séché, 1 c. à café de sel et 100 g de beurre. Mélangez du bout des doigts jusqu'à obtenir une texture sableuse, puis ajoutez 1 œuf. Pétrissez pour former une boule de pâte. Si la pâte est trop friable et ne forme pas une boule homogène, n'hésitez pas à ajouter un peu d'eau, elle doit garder une texture sablée mais tout de même pouvoir se travailler un peu. Enveloppez dans du film alimentaire, aplatissez légèrement et réservez au moins 30 min au frais.

(e) Dans la cuve du Cookeo, mettez le quinoa, couvrez largement d'eau salée et lancez le **mode sous pression** pour 5 min. Égouttez et réservez.

2

DÉCOUPEZ ET PRÉPAREZ LES INGRÉDIENTS DES PREMIÈRES RECETTES

Préchauffez le four à 180 °C.

Épluchez les oignons et ciselez-les finement.

Pelez et dégermez les gousses d'ail.

(b/d/e) Épluchez les patates douces et coupez-les en cubes.

3

LANCEZ LES PATATES DOUCES AU COOKEO

(d/e) Rincez la cuve du Cookeo. Versez-y 20 cl d'eau et placez-y le panier vapeur contenant 1,3 kg de cubes de patates douces. Lancez le **mode sous pression** pour 8 min. Prélevez 500 g de cubes de patates douces et réservez-les dans un grand bol.

(d) Écrasez le reste de patate douce en purée. Ajoutez 10 cl de crème liquide, 1 noix de beurre, 1 pincée de muscade, salez et poivrez. Réservez.

4

PENDANT CE TEMPS, PRÉPAREZ LA SUITE DES INGRÉDIENTS

(a) Pelez et ciselez l'échalote.

(b) Épluchez les carottes et coupez-les en rondelles.

(b) Râpez le gingembre.

(b) Coupez le poulet en morceaux.

(c/e) Coupez les bûches de chèvre en rondelles.

5

LANCEZ LE PARMENTIER AU COOKEO, PUIS AU FOUR

(d) Rincez la cuve du Cookeo. Faites-y revenir 1 oignon jaune ciselé dans un peu d'huile d'olive en **mode dorer**. Ajoutez la viande hachée et laissez cuire 2 min en remuant. Ajoutez 70 g de concentré de tomate, salez et poivrez, mélangez, puis versez dans un plat à gratin. Recouvrez de la purée de patates douces, parsemez de gruyère râpé, puis enfournez pour 20 min.

♦ Laissez refroidir, puis couvrez et placez au frais.

6

ENCHAÎNEZ AVEC LE MAFÉ AU COOKEO

(b) Rincez la cuve du Cookeo. Faites-y revenir 1 oignon jaune ciselé et 3 gousses d'ail pressées dans peu d'huile d'olive en **mode dorer**. Ajoutez les morceaux de poulet et laissez dorer 2 min. Ajoutez le gingembre râpé, 1 c. à café de paprika fumé, salez et poivrez. Ajoutez 70 g de concentré de tomate, 50 cl de bouillon de volaille, les rondelles de carottes et les 200 g de dés de patate douce crus, puis mélangez bien. Lancez le **mode sous pression** pour 15 min. À la fin de la cuisson, ajoutez le beurre de cacahuète et laissez réduire la sauce en **mode dorer**.

♦ Laissez refroidir, puis placez dans un contenant hermétique au frais.

7

PENDANT CE TEMPS, PRÉPAREZ LA COURGE (HORS COOKEO)

(c) Coupez la courge en 2, retirez les graines et pelez-la avant de la découper en petits dés. Faites revenir les dés de courge dans une sauteuse avec un peu d'huile d'olive jusqu'à ce qu'ils soient tendres. Réservez.

8

PRÉPAREZ LA TARTE, À ENFOURNER APRÈS LE PARMENTIER (HORS COOKEO)

(c) Étalez la pâte à tarte en cercle sur une épaisseur d'environ 0,5 cm (les bords resteront inégaux et elle aura tendance à se déchirer, c'est normal). Déposez-y les dés de courge, salez et poivrez, puis recouvrez de la moitié des rondelles de chèvre. Ajoutez un peu de thym, puis repliez les bords sur la tarte. Enfournez pour 25 à 30 min en surveillant la cuisson.

- Laissez refroidir, puis couvrez et placez au frais.

9

ENCHAÎNEZ AVEC LE PAIN DE THON AU COOKEO

(a) Dans un saladier, émiettez le thon égoutté, ajoutez l'échalote ciselée, 5 œufs, 20 cl de crème liquide et 70 g de concentré de tomate, salez et poivrez, puis mélangez bien. Versez dans un moule à manqué adapté au Cookeo de 20 cm tapissé de papier sulfurisé. Versez 20 cl d'eau dans la cuve du Cookeo, placez-y le panier vapeur contenant le moule. Lancez le **mode sous pression** pour 35 min.

- Laissez refroidir, puis placez dans un contenant hermétique au frais.

10

TERMINEZ AVEC LE GRATIN, À ENFOURNER APRÈS LA TARTE (HORS COOKEO)

(e) Dans une poêle, faites revenir l'oignon rouge ciselé dans un peu d'huile d'olive. Hors du feu, ajoutez le quinoa cuit et les 500 g de cubes de patate douce cuite réservés, puis mélangez bien. Versez dans un plat à gratin et ajoutez 20 cl de crème liquide. Parsemez de noix concassées et du reste de chèvre. Enfournez pour 15 min.

- Laissez refroidir, puis placez dans un contenant hermétique au frais.

Les assemblages
À FAIRE EN SEMAINE

Lundi **(a)**

PAIN DE THON
À LA TOMATE

Ma préparation : le pain de thon à la tomate

Réchauffez le pain de thon 15 min au four à 160 °C.

Servez éventuellement avec une salade verte.

Mardi **(b)**

MAFÉ AU POULET

Ma préparation : le mafé au poulet

Réchauffez le mafé à la casserole à feu doux.

Servez éventuellement avec la céréale de votre choix.

Mercredi **(c)**

TARTE RUSTIQUE
À LA COURGE ET CHÈVRE

Ma préparation : la tarte rustique

› *J'ajoute : 30 g de noisettes*

Réchauffez la tarte 10 à 15 min au four à 160 °C en couvrant de papier sulfurisé si elle brunit trop. À la sortie du four, parsemez de noisettes concassées.

Servez éventuellement avec une salade verte et/ou des crudités.

Jeudi **(d)**

PARMENTIER
À LA PATATE DOUCE

Ma préparation : le Parmentier

Réchauffez le parmentier 15 à 20 min au four à 160 °C, en couvrant de papier sulfurisé si la surface brunit trop.

Vendredi **(e)**

GRATIN DE PATATE DOUCE,
QUINOA ET CHÈVRE

Ma préparation : le gratin

Réchauffez le gratin 15 à 20 min au four à 160 °C, en couvrant de papier sulfurisé si la surface brunit trop.

menu 35

Le menu de la semaine

LUNDI (A)

TOURTE AU BŒUF,
CHAMPIGNONS ET BIÈRE NOIRE

2-3 jours au réfrigérateur, peut être congelée

MARDI (B)

VELOUTÉ DE POTIMARRON
ET TARTINES CRÉMEUSES

4-5 jours au réfrigérateur, peut être congelé

MERCREDI (C)

GRATIN DE POMMES DE TERRE
AU BROCOLI ET CHORIZO

2-3 jours au réfrigérateur, peut être congelé

JEUDI (D)

SALADE FAÇON CAESAR
AUX PATATES DOUCES ET CHOUX DE BRUXELLES

4-5 jours au réfrigérateur, peut être congelée (sans la sauce)

VENDREDI (E)

VELOUTÉ
DE CHAMPIGNONS

4-5 jours au réfrigérateur, peut être congelé

La liste des courses
POUR 4 PERSONNES

Coût : environ 50 €

FRUITS ET LÉGUMES

- ☐ 1 carotte (a)
- ☐ 2 échalotes (a)
- ☐ 1,5 kg de champignons de Paris (a : 500/b : 500/e : 500)
- ☐ 1 potimarron (b)
- ☐ 400 g de patate douce (b)
- ☐ 500 g de choux de Bruxelles (b)
- ☐ 3 brins de persil plat (b)
- ☐ 4 gousses d'ail (b : 2/d : 2)
- ☐ 1 oignon rouge (c)
- ☐ 1 kg de pommes de terre (c : 0,8/b : 0,2)
- ☐ 1 brocoli (d)
- ☐ 2 citrons jaunes (d)
- ☐ 1 oignon jaune (e)
- ☐ 2 avocats (d) utilisés en semaine

DANS VOTRE PLACARD

- ☐ Sel, poivre, 2 feuilles de laurier, paprika fumé
- ☐ 2 c. à soupe de farine (a)
- ☐ Sauce Worcestershire (a/d)
- ☐ Moutarde (d)
- ☐ 20 cl de bouillon de bœuf (a)
- ☐ 2 cubes de bouillon de légumes (b : 1/e : 1)
- ☐ Huile d'olive, huile de colza

ÉPICERIE

- ☐ 33 cl de bière noire (ou brune) (a)
- ☐ 70 g de concentré de tomate (a)
- ☐ 250 g de pois chiches en boîte (d)
- ☐ 1 c. à soupe de tahini (d)
- ☐ 10 cl de vin blanc sec (e)
- ☐ 20 cl de crème de coco (b) utilisée en semaine
- ☐ 4 tranches de pain de campagne (b) utilisées en semaine

CRÉMERIE

- ☐ 1 pâte feuilletée (a)
- ☐ 1 œuf (a)
- ☐ 20 cl de crème liquide (c)
- ☐ 80 g de parmesan râpé (c : 40/d : 40)
- ☐ 50 g de beurre (e)
- ☐ 100 g de fromage blanc (b) utilisé en semaine
- ☐ 20 cl de crème épaisse (e) utilisée en semaine

VIANDE ET CHARCUTERIE

- ☐ 600 g de bœuf à braiser (a)
- ☐ 1 chorizo (c)

LES ACCOMPAGNEMENTS À PRÉVOIR

- Servez la tourte avec des crudités de saison et une vinaigrette bien relevée.
- Prévoyez une belle miche de pain de campagne et éventuellement un peu de charcuterie pour accompagner le velouté de champignons.

MERCREDI
MARDI
MARDI

VENDREDI
JEUDI
JEUDI
LUNDI
JEUDI

Les préparations DU WEEK-END

1

LANCEZ LES PREMIÈRES CUISSONS

Préchauffez le four à 180 °C.

(c) Détachez les fleurettes du brocoli et placez-les dans le panier vapeur. Versez 20 cl d'eau dans la cuve, placez-y le panier vapeur et lancez le **mode sous pression** pour 5 min. Égouttez et réservez.

(d) Épluchez les patates douces et coupez-les en rondelles. Déposez-les sur une plaque recouverte de papier sulfurisé. Ajoutez 2 c. à soupe d'huile d'olive, 1 c. à café de paprika fumé, salez et poivrez. Mélangez bien et enfournez pour 20 min.

(b/c) Épluchez les pommes de terre et coupez-les en cubes. Mettez 800 g de pommes de terre dans le panier vapeur et réservez le reste. Versez 20 cl d'eau dans la cuve, placez-y le panier vapeur et lancez le **mode sous pression** pour 10 min. Égouttez et réservez.

2

DÉCOUPEZ ET PRÉPAREZ LES INGRÉDIENTS DES PREMIÈRES RECETTES

Épluchez les oignons et ciselez-les finement.

Pelez et dégermez les gousses d'ail.

(a) Ciselez finement les échalotes.

(a/b/e) Brossez les champignons et coupez-les en lamelles.

3

ENCHAÎNEZ AVEC LE VELOUTÉ DE CHAMPIGNONS AU COOKEO

(e) Rincez la cuve du Cookeo. Faites-y revenir l'oignon jaune dans 50 g de beurre 1 min en **mode dorer**. Ajoutez 500 g de champignons et laissez cuire 2 min en remuant. Ajoutez le vin blanc, 15 cl d'eau, 1 cube de bouillon de légumes émietté, poivrez, puis lancez le **mode sous pression** pour 10 min. Mixez au mixeur plongeant.

♦ Laissez refroidir, puis placez dans un contenant hermétique au frais.

4

PENDANT CE TEMPS, PRÉPAREZ LA SUITE DES INGRÉDIENTS

(a) Coupez le bœuf en gros cubes.

(a) Épluchez la carotte et coupez-la en rondelles.

5

FINALISEZ LES PATATES DOUCES ET POIS CHICHES (HORS COOKEO)

(d) Après la cuisson des patates douces, ajoutez les pois chiches égouttés sur la plaque, mélangez et enfournez pour 20 min supplémentaires.

♦ Laissez refroidir, puis placez dans un contenant hermétique au frais.

6

ENCHAÎNEZ AVEC LE BOEUF AU COOKEO

(a) Rincez la cuve du Cookeo. Faites-y revenir le bœuf dans un peu d'huile en **mode dorer**. Salez et saupoudrez de 2 c. à soupe de farine, mélangez et laisser dorer quelques minutes. Réservez la viande. Mettez dans la cuve 1 c. à soupe d'huile d'olive, les échalotes, la carotte, 500 g de champignons, 2 feuilles de laurier, 2 c. à soupe de sauce Worcestershire et le concentré de tomate. Ajoutez 20 cl de bouillon de bœuf et grattez bien le fond de la cuve avec une cuillère en bois pour décoller les sucs. Remettez la viande dans la cuve et ajoutez la bière. Salez, mélangez et lancez le **mode sous pression** pour 30 min. Réservez.

7

PENDANT CE TEMPS, PRÉPAREZ LE RESTE DES INGRÉDIENTS

(d) Râpez les choux de Bruxelles.

♦ Placez-les dans un contenant hermétique au frais.

(b) Coupez le potimarron en 2 et épépinez-le. Pelez-le s'il n'est pas bio, puis le coupez-le en gros cubes.

(c) Coupez le chorizo en demi-rondelles.

(c) Détachez les fleurettes du brocoli.

8

PRÉPAREZ LE GRATIN, À ENFOURNER APRÈS LES PATATES DOUCES (HORS COOKEO)

(c) Répartissez-les pommes de terre cuites, le brocoli et le chorizo dans un plat à four. Salez et poivrez, puis arrosez de crème liquide. Parsemez de 40 g de parmesan râpé et enfournez pour 15 min.

♦ Laissez refroidir, puis placez dans un contenant hermétique au frais.

9

ENCHAÎNEZ AVEC LE VELOUTÉ DE POTIMARRON AU COOKEO

(b) Rincez la cuve du Cookeo. Faites-y revenir l'oignon rouge ciselé dans un filet d'huile d'olive 1 min en **mode dorer**. Ajoutez les pommes de terre crues, le potimarron, 1 cube de bouillon de légumes et couvrez d'eau. Salez et poivrez. Lancez le **mode sous pression** pour 25 min. Mixez au mixeur plongeant.

♦ Laissez refroidir, puis placez dans un contenant hermétique au frais.

10

PENDANT CE TEMPS, PRÉPAREZ LA VINAIGRETTE (HORS COOKEO)

(d) Mettez dans un blender 5 cl d'huile d'olive, le jus des 2 citrons, 2 c. à café de moutarde, 1 c. à soupe de tahini, 1 c. à soupe de sauce Worcestershire, 2 gousses d'ail, 40 g de parmesan râpé, salez et poivrez. Mixez.

♦ Placez dans un bocal hermétique au frais.

11

PRÉPAREZ LES CHAMPIGNONS (HORS COOKEO)

(b) Faites chauffer une poêle avec un filet d'huile de colza, ajoutez 2 gousses d'ail pressées et le reste de champignons. Faites cuire à feu vif jusqu'à ce que les champignons aient rendu leur eau. Salez, poivrez et ajoutez le persil haché. Mélangez bien.

♦ Laissez refroidir, puis placez dans un contenant hermétique au frais.

12

TERMINEZ AVEC LA TOURTE, À ENFOURNER APRÈS LE GRATIN (HORS COOKEO)

(a) Déposez la viande et les légumes dans une tourtière ou un plat allant au four, puis ajoutez la moitié de la sauce. Couvrez avec la pâte feuilletée et dorez à l'œuf. Enfourner pour 20 min.

♦ Laissez refroidir, puis couvrez et placez au frais.

Les assemblages
À FAIRE EN SEMAINE

Lundi **(a)**

TOURTE AU BŒUF, CHAMPIGNONS ET BIÈRE NOIRE

Ma préparation : la tourte

Réchauffez la tourte 15 à 20 min au four à 160 °C. Si la surface brunit trop, couvrez de papier sulfurisé.

Servez éventuellement avec une salade verte et/ou des crudités.

Mardi **(b)**

VELOUTÉ DE POTIMARRON ET TARTINES CRÉMEUSES

Mes préparations : le velouté de potimarron, les champignons grillés

› *J'ajoute : 20 cl de crème de coco, 100 g de fromage blanc, 4 tranches de pain de campagne*

Réchauffez le velouté à la casserole à feu doux en remuant. Ajoutez la crème de coco au moment de servir. (Vous pouvez ajouter quelques graines de courge en topping pour apporter du croquant.)

Pendant ce temps, faites griller les tranches de pain et réchauffez les champignons à la poêle. Garnissez chaque tranche de pain de 1 c. à soupe de fromage blanc, salez et poivrez, puis recouvrez de champignons. Servez avec la soupe.

Mercredi **(c)**

GRATIN DE POMMES DE TERRE AU BROCOLI ET CHORIZO

Ma préparation : le gratin

Réchauffez le gratin 15 à 20 min au four à 160 °C, en ajoutant un peu de crème s'il vous paraît trop sec.

Jeudi **(d)**

SALADE FAÇON CAESAR AUX PATATES DOUCES ET CHOUX DE BRUXELLES

Mes préparations : les choux de Bruxelles râpés, les patates douces et pois chiches, la vinaigrette

› *J'ajoute : 2 avocats*

Dans un saladier, mélangez les choux de Bruxelles, les patates douces et pois chiches et les avocats coupés en lamelles. Nappez de vinaigrette, mélangez et servez.

Vendredi **(e)**

VELOUTÉ DE CHAMPIGNONS

Ma préparation : le velouté de champignons

› *J'ajoute : 20 cl de crème épaisse*

Réchauffez le velouté à la casserole à feu doux en remuant. Ajoutez la crème au moment de servir.

menu 36

Le menu de la semaine

LUNDI (A)

TORTILLA
AU CHORIZO

3-4 jours au réfrigérateur, peut être congelée

MARDI (B)

TAJINE DE POULET
AUX ABRICOTS ET COURGE

3-4 jours au réfrigérateur, peut être congelé

MERCREDI (C)

MINESTRONE D'HIVER
AU POTIRON

4-5 jours au réfrigérateur, peut être congelé

JEUDI (D)

CALDO VERDE
(SOUPE AU CHOU PORTUGAISE)

4-5 jours au réfrigérateur, peut être congelée

VENDREDI (E)

NEMS VÉGÉTARIENS,
SAUCE ET CRUDITÉS

4-5 jours au réfrigérateur, les nems peuvent être congelés

La liste des courses
POUR 4 PERSONNES

Coût : environ 55 €

FRUITS ET LÉGUMES

- ☐ 1,2 kg de pommes de terre (a : 0,6/d : 0,6)
- ☐ 3 oignons jaunes (a : 1/d : 2)
- ☐ 800 g de courge au choix (butternut, potimarron...) (b : 600/c : 200)
- ☐ 2 oignons rouges (b : 1/c : 1)
- ☐ 7 gousses d'ail (b : 2/c : 2/d : 1/e : 2)
- ☐ 100 g de pousses d'épinards (c)
- ☐ 1/2 chou blanc (d)
- ☐ 300 g de chou vert (d/e)
- ☐ 4 carottes (e)
- ☐ 2 navets (e)
- ☐ 200 g de pousses de soja (e)

DANS VOTRE PLACARD

- ☐ Sel, poivre, graines de cumin, graines de coriandre, 2 bâtons de cannelle, ras el-hanout
- ☐ Sucre semoule (e)
- ☐ Miel (b)
- ☐ 30 cl de bouillon de volaille (b)
- ☐ 2 cubes de bouillon de légumes (c : 1/d : 1)
- ☐ Sauce nuoc-mâm (e)
- ☐ Vinaigre de riz (e)
- ☐ Huile d'olive, huile de colza

ÉPICERIE

- ☐ 10 abricots secs (b)
- ☐ 400 g de tomates pelées en boîte (c)
- ☐ 20 feuilles de riz (e)
- ☐ 200 g de semoule (b) utilisée en semaine
- ☐ 150 g de pâtes type mini-penne (c) utilisées en semaine

CRÉMERIE

- ☐ 5 œufs (a)
- ☐ 6 cl de crème liquide (a)

VIANDE ET CHARCUTERIE

- ☐ 8 hauts de cuisses de poulet (b)
- ☐ 1 chorizo doux (a/d)

LES ACCOMPAGNEMENTS À PRÉVOIR

- Servez la tortilla avec une salade verte et/ou des crudités.

MERCREDI
LUNDI
JEUDI
MARDI

JEUDI
VENDREDI
VENDREDI

Les préparations DU WEEK-END

1

DÉCOUPEZ ET PRÉPAREZ LES INGRÉDIENTS DES PREMIÈRES RECETTES

Épluchez les oignons jaunes et ciselez-les finement.

Pelez et dégermez les gousses d'ail.

(b/c) Épluchez les oignons rouges, coupez-en 1 en 6 et ciselez l'autre finement.

(b/c) Épluchez la courge, retirez les graines et coupez-en les trois quarts en gros cubes et le reste en petits dés.

2

LANCEZ LE TAJINE AU COOKEO

(b) Dans la cuve du Cookeo, faites revenir le poulet dans un filet d'huile d'olive en **mode dorer**, jusqu'à ce qu'il colore. Ajoutez les morceaux d'oignon rouge et 2 gousses d'ail pressées, puis faites dorer 2 min en remuant. Ajoutez 1 c. à café de graines de cumin, 1 c. à café de graines de coriandre, 2 bâtons de cannelle, 2 c. à café de ras el-hanout et laissez cuire 2 min en remuant. Ajoutez les gros cubes de courge, les abricots secs, 1 c. à soupe de miel et 30 cl de bouillon de volaille. Mélangez bien et lancez le **mode sous pression** pour 20 min.

♦ Laissez refroidir, puis placez dans un contenant hermétique au frais.

3

PENDANT CE TEMPS, PRÉPAREZ LA SUITE DES INGRÉDIENTS

(d/e) Émincez le chou vert en lanières. Réservez-en une petite poignée pour les nems.

(e) Émincez le demi-chou blanc en fines lanières.

(e) Épluchez les carottes et coupez-en 2 en julienne. Râpez les 2 autres.

♦ Placez les carottes râpées et le chou blanc dans un contenant hermétique au frais.

(e) Épluchez les navets et coupez-les en julienne.

(a/d) Épluchez les pommes de terre et coupez-en la moitié en rondelles fines, puis l'autre en petits cubes.

(a/d) Coupez le chorizo en petits dés.

♦ Placez-en la moitié dans un contenant hermétique au frais.

4

PRÉPAREZ LA GARNITURE DES NEMS (HORS COOKEO)

(e) Dans une poêle, faites revenir la julienne de carottes, de navets et les lanières de chou vert réservées dans un peu d'huile d'olive. Laissez cuire 3 min en remuant, puis ajoutez les pousses de soja. Laissez refroidir et réservez.

5

ENCHAÎNEZ AVEC LE MINESTRONE AU COOKEO

(c) Rincez la cuve du Cookeo. Faites-y revenir l'oignon rouge ciselé et 2 gousses d'ail pressées dans un filet d'huile d'olive 1 min en **mode dorer**. Ajoutez les petits dés de courge, les tomates pelées grossièrement concassées, les épinards équeutés, 1 cube de bouillon de légumes émietté et 1,5 l d'eau. Mélangez bien, puis lancez le **mode sous pression** pour 10 min.

♦ Laissez refroidir, puis placez dans un contenant hermétique au frais.

6

PENDANT CE TEMPS, PRÉPAREZ LA GARNITURE DES TORTILLAS (HORS COOKEO)

(a) Dans une poêle, faites griller le reste du chorizo avec 1 oignon jaune ciselé. Ajoutez les rondelles de pomme de terre et laissez cuire 5 min en remuant.

Pendant ce temps, dans un saladier, battez les œufs avec la crème liquide, salez et poivrez. Incorporez la préparation au chorizo et mélangez bien. Réservez.

7

ENCHAÎNEZ AVEC LE CALDO VERDE AU COOKEO

(d) Rincez la cuve du Cookeo. Faites-y revenir 2 oignons jaunes et 1 gousse d'ail pressée dans un filet d'huile d'olive 1 min en **mode dorer**. Ajoutez les petits cubes de pommes de terre, 1 cube de bouillon de légumes émietté et 1,5 l d'eau. Mélangez bien, puis lancez le **mode sous pression** pour 10 min. Mixez au mixeur plongeant, ajoutez le reste de chou vert et lancez le **mode sous pression** pour 5 min.

♦ Laissez refroidir, puis placez dans un contenant hermétique au frais.

8

PENDANT CE TEMPS, PRÉPAREZ LES NEMS (HORS COOKEO)

Préchauffez le four à 200 °C.

(e) Réhydratez les feuilles de riz une par une dans une assiette d'eau tiède, puis déposez-y la garniture de légumes et roulez-les. Déposez-les au fur et à mesure sur une plaque recouverte de papier sulfurisé, badigeonnez-les d'un peu d'huile de colza, puis enfournez pour 20 à 30 min en les retournant régulièrement.

♦ Laissez refroidir, puis placez dans un contenant hermétique au frais.

9

ENCHAÎNEZ AVEC LA TORTILLA AU COOKEO

(a) Rincez la cuve du Cookeo. Versez la préparation au chorizo dans un moule à manqué adapté au Cookeo de 20 cm tapissé de papier sulfurisé. Versez 20 cl d'eau dans la cuve et placez-y le panier vapeur contenant le moule. Lancez le **mode sous pression** pour 25 min.

♦ Laissez refroidir, puis placez dans un contenant hermétique au frais.

10

TERMINEZ AVEC LA SAUCE POUR NEMS (HORS COOKEO)

(e) Mettez dans une petite casserole 2 c. à soupe de sucre semoule, 2 c. à soupe de vinaigre de riz, 2 c. à soupe de sauce nuoc-mâm et 8 c. à soupe d'eau, puis portez à frémissement. Hors du feu, ajoutez 2 gousses d'ail et mélangez bien (si vous le souhaitez vous pouvez ajouter un petit piment coupé en rondelles).

♦ Laissez refroidir, puis placez dans un bocal hermétique au frais.

Les assemblages
À FAIRE EN SEMAINE

Lundi **(a)**

TORTILLA AU CHORIZO

Ma préparation : la tortilla

Réchauffez la tortilla 10 à 15 min au four à 180 °C.

Servez éventuellement avec une salade verte et/ou des crudités.

Mardi **(b)**

TAJINE DE POULET AUX ABRICOTS ET COURGE

Ma préparation : le tajine

› *J'ajoute : 200 g de semoule*

Réchauffez le tajine à la casserole à feu doux ou au Cookeo.

Pendant ce temps, préparez la semoule en suivant les indications du paquet.

Mercredi **(c)**

MINESTRONE D'HIVER AU POTIRON

Ma préparation : le bouillon minestrone

› *J'ajoute : 150 g de pâtes type mini-penne*

Réchauffez le minestrone à la casserole à feu doux et ajoutez les pâtes à frémissement. Laissez cuire le temps indiqué sur le paquet.

Jeudi **(d)**

CALDO VERDE

Mes préparations : la soupe de chou vert, les dés de chorizo

Réchauffez la soupe à la casserole à feu doux ou au Cookeo.

Pendant ce temps, faites griller les dés de chorizo à sec dans une petite poêle.

Servez la soupe parsemée du chorizo grillé.

Vendredi **(e)**

NEMS VÉGÉTARIENS, SAUCE ET CRUDITÉS

Mes préparations : les nems, le contenant de carotte et chou blanc, la sauce

Réchauffez les nems 15 min au four à 160 °C en couvrant d'une feuille de papier sulfurisé.

Servez avec la sauce et les crudités.

menu 37

Le menu de la semaine

LUNDI (A)

POT-AU-FEU
DE POISSONS

1-2 jours au réfrigérateur, peut être congelé

MARDI (B)

TOURTE
AU POULET

2-3 jours au réfrigérateur, peut être congelée

MERCREDI (C)

SOUPE
DE POMMES DE TERRE

4-5 jours au réfrigérateur, peut être congelée

JEUDI (D)

MUNSTER FRIT
SUR SALADE VERTE

4-5 jours au réfrigérateur, peut être congelé

VENDREDI (E)

SPANAKOPITA

4-5 jours au réfrigérateur, peut être congelée (sans les œufs)

La liste des courses
POUR 4 PERSONNES

Coût : environ 60 €

FRUITS ET LÉGUMES

- ☐ 4 navets (a)
- ☐ 1 brin de persil plat (a)
- ☐ 5 poireaux (a : 4/b : 1)
- ☐ 2 gousses d'ail (a : 1/b : 1)
- ☐ 6 carottes (a : 4/c : 2)
- ☐ 150 g de champignons de Paris (b)
- ☐ 3 oignons jaunes (b : 1/c : 1/e : 1)
- ☐ 1 kg de pommes de terre (c)
- ☐ 1 salade verte (d) utilisée en semaine

POISSON

- ☐ 300 g de filet de saumon (a) utilisé en semaine
- ☐ 300 g de filet de colin (a) utilisé en semaine

DANS VOTRE PLACARD

- ☐ Sel, poivre, 1 feuille de laurier, origan séché, paprika, estragon
- ☐ 5 c. à soupe de farine (b : 2/d : 3)
- ☐ 2 c. à café de fécule de maïs (c) utilisée en semaine
- ☐ 100 g de chapelure (d)
- ☐ Moutarde (d)
- ☐ 1 cube de bouillon de volaille (b), 2 cubes de bouillon de légumes (c)
- ☐ Vinaigre doux
- ☐ Huile d'olive, huile de friture

CRÉMERIE

- ☐ 1 pâte brisée (b)
- ☐ 1 pâte feuilletée (b)
- ☐ 4 œufs (b : 1/d : 2/e : 1)
- ☐ 500 g de munster (d)
- ☐ 200 g de feta (e)
- ☐ 8 feuilles de pâte filo (e)
- ☐ 50 g de beurre (e)
- ☐ 20 cl de crème liquide (c) utilisée en semaine

SURGELÉS

- ☐ 60 g de petits pois (b)
- ☐ 750 g d'épinards hachés (e)

VIANDE ET CHARCUTERIE

- ☐ 400 g d'escalopes de poulet (b)
- ☐ 50 g de dés de bacon (b)

LES ACCOMPAGNEMENTS À PRÉVOIR

- Vous pouvez prévoir des crudités pour accompagner la tourte et la spanakopita.
- Accompagnez la soupe de pommes de terre de saucisses fumées ou de charcuterie si vous le souhaitez.

VENDREDI
LUNDI
MERCREDI

LUNDI
JEUDI
JEUDI
MARDI

Les préparations DU WEEK-END

1

DÉCOUPEZ ET PRÉPAREZ LES INGRÉDIENTS DES PREMIÈRES RECETTES

Épluchez les oignons et ciselez-les finement.

Pelez et dégermez les gousses d'ail.

2

LANCEZ LES ÉPINARDS AU COOKEO

(e) Dans la cuve du Cookeo, faites revenir 1 oignon jaune dans un filet d'huile d'olive 1 min en **mode dorer**. Ajoutez les épinards hachés encore surgelés, 10 cl d'eau, salez et poivrez, puis lancez le **mode sous pression** pour 8 min. Réservez dans un saladier et laissez refroidir.

3

PENDANT CE TEMPS, PRÉPAREZ LA SUITE DES INGRÉDIENTS

Préchauffez le four à 180 °C.

(b) Brossez les champignons et coupez-les en lamelles.

(b) Coupez le poulet en petits cubes.

(a/b) Nettoyez les poireaux et coupez-les en rondelles.

4

FINALISEZ LA SPANAKOPITA (HORS COOKEO)

(e) Dans le saladier avec les épinards cuits, ajoutez 1 œuf battu et la feta émiettée. Mélangez bien et rectifiez l'assaisonnement. Coupez les feuilles de pâte filo en 2, puis badigeonnez-les de beurre fondu. Placez la moitié des feuilles dans un plat creux huilé, déposez la farce aux épinards et recouvrez du reste des feuilles. Coupez en rectangles directement dans le plat, puis enfournez pour 25 min environ, la surface doit être bien dorée.

♦ Laissez refroidir, puis placez dans un contenant hermétique au frais.

5

ENCHAÎNEZ AVEC LA GARNITURE DE LA TOURTE AU COOKEO

(b) Rincez la cuve du Cookeo. Faites-y revenir 1 oignon jaune, 1 gousse d'ail pressée, le poulet et les dés de bacon dans un filet d'huile d'olive 3 min en **mode dorer** en remuant. Salez et poivrez, puis ajoutez 1 cube de bouillon de volaille émietté, 1 poireau en rondelles, les champignons, 1 c. à café d'estragon et 10 cl d'eau. Lancez le **mode sous pression** pour 10 min. Réservez.

6

PENDANT CE TEMPS, PRÉPAREZ LA SUITE DES INGRÉDIENTS

(c) Épluchez les pommes de terre et coupez-les en cubes.

(a/c) Épluchez les carottes, coupez-en 4 en rondelles et 2 en demi-rondelles.

7

PRÉPAREZ LA VINAIGRETTE (HORS COOKEO)

(d) Mélangez 4 c. à soupe de vinaigre doux, 1 c. à café de moutarde et 4 c. à soupe d'huile d'olive.

♦ Placez dans un bocal hermétique au frais.

8

ENCHAÎNEZ AVEC LA SOUPE AU COOKEO

(c) Rincez la cuve du Cookeo. Faites-y revenir 1 oignon jaune dans un filet d'huile d'olive 1 min en **mode dorer**. Ajoutez les cubes de pommes de terre, les 2 carottes en demi-rondelles, 2 cubes de bouillon de légumes émiettés, 1 c. à café d'origan séché, 1 pincée de poivre et 50 cl d'eau. Mélangez bien et lancez le **mode sous pression** pour 10 min.

♦ Laissez refroidir, puis placez dans un contenant hermétique au frais.

9

FINALISEZ LA TOURTE, À ENFOURNER APRÈS LA SPANAKOPITA (HORS COOKEO)

(b) Ajoutez les petits pois encore surgelés et 2 c. à soupe de farine à la garniture de la tourte, puis mélangez bien. Garnissez un moule à tourte beurré avec la pâte brisée. Remplissez avec la garniture au poulet et recouvrez d'un disque de pâte feuilletée. Soudez bien les bords et dorez à l'œuf battu. Enfournez pour 25 min en surveillant la cuisson, la pâte doit être bien dorée et croustillante.

♦ Laissez refroidir, puis couvrez et placez au frais.

10

PENDANT CE TEMPS, PRÉPAREZ LE RESTE DES INGRÉDIENTS

(a) Épluchez les navets et coupez-les en 4.

(d) Coupez le munster en 2, puis détaillez 6 tranches dans la largeur de chaque moitié.

11

ENCHAÎNEZ AVEC LE POT-AU-FEU AU COOKEO

(a) Rincez la cuve du Cookeo. Faites-y revenir les rondelles de carottes, les navets et 4 poireaux dans un filet d'huile d'olive 2 min en **mode dorer**. Ajoutez 1 gousse d'ail pressée, 1 brin de persil plat effeuillé, 1 feuille de laurier et 1,5 l d'eau, puis lancez le **mode sous pression** pour 6 min. Retirez les légumes à l'aide d'une écumoire en conservant le jus.

♦ Laissez refroidir, placez les légumes dans un contenant hermétique et le bouillon de cuisson dans un bocal au frais.

12

TERMINEZ AVEC LE MUNSTER PANÉ (HORS COOKEO)

(d) Préparez 3 assiettes creuses avec respectivement 3 c. à soupe de farine, 2 œufs battus et salés et 100 g de chapelure mélangée à 1 c. à café de paprika. Passez les bâtonnets de munster dans la farine, puis dans l'œuf et dans la chapelure. Faites un deuxième passage dans l'œuf, puis la chapelure afin d'obtenir une belle croûte.

♦ Placez dans un contenant hermétique au frais.

Les assemblages
À FAIRE EN SEMAINE

Lundi **(a)**

POT-AU-FEU DE POISSONS

Mes préparations : les légumes cuits, le bouillon

› *J'ajoute : 300 g de filets de saumon, 300 g de filets de colin*

Portez le bouillon à ébullition puis déposez-y les légumes et les poissons coupés en gros cubes. Laissez cuire 6 min environ, puis retirez les légumes et les poissons. Présentez le poisson avec les légumes. Servez le bouillon à part.

Mardi **(b)**

TOURTE AU POULET

Ma préparation : la tourte

Réchauffez la tourte 15 à 20 min au four à 160°C (à adapter selon votre four). Si la surface brunit trop, couvrez d'une feuille de papier sulfurisé.

Servez éventuellement avec une salade verte et/ou des crudités.

Mercredi **(c)**

SOUPE DE POMMES DE TERRE

Ma préparation : la soupe

› *J'ajoute : 20 cl de crème liquide, 2 c. à café de fécule de maïs*

Réchauffez la soupe à feu doux à la casserole ou au Cookeo. Mélangez la fécule dans la crème et ajoutez le tout à la soupe pour épaissir. Remuez sans arrêt et servez bien chaud.

Jeudi **(d)**

MUNSTER FRIT SUR SALADE VERTE

Mes préparations : le munster pané, la vinaigrette

› *J'ajoute : 1 salade verte*

Dans une sauteuse à fond épais, faites chauffer environ 2 cm d'huile de friture. Pour savoir si l'huile est prête, mettez un petit morceau de panure dans l'huile, elle doit crépiter. Faites frire les bâtonnets 1 à 2 min de chaque côté, jusqu'à ce qu'ils soient bien dorés.

Servez immédiatement avec la salade arrosée de vinaigrette.

Vendredi **(e)**

SPANAKOPITA

Ma préparation : la spanakopita

Réchauffez la spanakopita 10 à 15 min au four à 160 °C. Si le dessus brunit trop, couvrez de papier sulfurisé.

Servez éventuellement avec une salade verte et/ou des crudités.

menu 38

Le menu de la semaine

LUNDI (A)

WATERZOÏ
DE POULET

2-3 jours au réfrigérateur, peut être congelé

MARDI (B)

CURRY DE DINDE
AU LAIT DE COCO

2-3 jours au réfrigérateur, peut être congelé

MERCREDI (C)

ROUGAIL
SAUCISSES

2-3 jours au réfrigérateur, peut être congelé

JEUDI (D)

PÂTES AUX POIREAUX,
CRÈME ET LARDONS

3-4 jours au réfrigérateur, congélation déconseillée

VENDREDI (E)

BLÉ
AUX LÉGUMES

4-5 jours au réfrigérateur, peut être congelé

La liste des courses
POUR 4 PERSONNES

Coût : environ 50 €

FRUITS ET LÉGUMES

- ☐ 1 navet (a)
- ☐ 4 poireaux (a : 2/d : 2)
- ☐ 6 carottes (a : 4/e : 2)
- ☐ 2 cm de gingembre (c)
- ☐ 1 brin de thym frais (c)
- ☐ 4 gousses d'ail (c : 3/d : 1)
- ☐ 3 oignons jaunes (c : 2/e : 1)
- ☐ 200 g de potiron (e)
- ☐ 100 g de céleri-rave (e)
- ☐ 2 topinambours (e)
- ☐ 1 botte de blettes (e)

DANS VOTRE PLACARD

- ☐ Sel, poivre, piment, curry
- ☐ 1 sachet de thé noir (b)
- ☐ 1 c. à soupe de fécule de maïs (a) utilisée en semaine
- ☐ 1 cube de bouillon de légumes (e)
- ☐ 1 cube de bouillon de volaille (a)
- ☐ Moutarde à l'ancienne (d)
- ☐ Huile d'olive, huile de colza

ÉPICERIE

- ☐ 1 petite boîte d'ananas au sirop (sans sucre ajouté) (b)
- ☐ 2 c. à soupe de raisins secs (b)
- ☐ 50 cl de lait de coco (b)
- ☐ 800 g de tomates pelées en boîte (c)
- ☐ 200 g de blé type Ebly® (e)
- ☐ 50 g de châtaignes en bocal (e)
- ☐ 350 g de pâtes sèches (d) utilisées en semaine

CRÉMERIE

- ☐ 4 c. à soupe de crème épaisse (a : 1 utilisée en semaine/d : 3)

VIANDE ET CHARCUTERIE

- ☐ 4 escalopes de poulet (a)
- ☐ 1 filet de dinde d'environ 400 g (b)
- ☐ 4 saucisses fumées (Montbéliard par exemple) (c)
- ☐ 200 g de lardons fumés (d)

LES ACCOMPAGNEMENTS À PRÉVOIR

- Vous pouvez prévoir la protéine de votre choix pour accompagner le blé aux légumes (une omelette par exemple).
- Prévoyez du riz ou une autre céréale (quinoa, boulgour, semoule…) pour accompagner le curry et le rougail.

VENDREDI
MERCREDI

MARDI
LUNDI
JEUDI

Les préparations DU WEEK-END

1

LANCEZ LES PREMIÈRES PRÉPARATIONS ET CUISSONS

(e) Dans la cuve du Cookeo, mettez le blé, couvrez largement d'eau salée et lancez le **mode sous pression** pour la moitié du temps indiqué sur le paquet. Rincez et égouttez.

(b) Mettez les raisins secs à gonfler dans du thé chaud.

(c) Portez un grand volume d'eau à ébullition, piquez les saucisses puis plongez-les 10 min dans l'eau bouillante. Retirez-les de la casserole et tranchez-les en rondelles. Réservez.

2

DÉCOUPEZ ET PRÉPAREZ LES INGRÉDIENTS DES PREMIÈRES RECETTES

Épluchez les oignons et ciselez-les finement.

Pelez et dégermez les gousses d'ail.

(c) Pelez le gingembre et râpez-le.

3

LANCEZ LE ROUGAIL AU COOKEO

(c) Rincez la cuve du Cookeo. Faites-y revenir les tranches de saucisses, 2 oignons ciselés, 3 gousses d'ail pressées, le gingembre et 1 brin de thym dans un filet d'huile d'olive 2 min en **mode dorer**. Ajoutez les tomates pelées et du piment selon votre goût, salez et poivrez. Lancez le **mode sous pression** pour 10 min.

♦ Laissez refroidir, puis placez dans un contenant hermétique au frais.

4

PENDANT CE TEMPS, PRÉPAREZ LA SUITE DES INGRÉDIENTS

(a/e) Pelez les carottes et coupez-les en rondelles.

(e) Pelez et coupez le potiron en cubes.

(e) Pelez et coupez le céleri en cubes.

(e) Pelez et coupez les topinambours en cubes.

(e) Nettoyez les blettes, séparez les feuilles et les côtes. Coupez les côtes en tronçons et hachez les feuilles.

5

ENCHAÎNEZ AVEC LE BLÉ AUX LÉGUMES AU COOKEO

(e) Rincez la cuve du Cookeo. Faites-y revenir 1 oignon jaune ciselé dans un filet d'huile d'olive 1 min en **mode dorer**. Ajoutez un tiers des carottes en rondelles, les topinambours, le céleri, le potiron, les côtes et feuilles de blettes et 1 cube de bouillon de légumes émietté. Ajoutez 10 cl d'eau, mélangez bien et lancez le **mode sous pression** pour 10 min. À la fin de la cuisson, ajoutez le blé cuit, les châtaignes égouttées et rectifiez l'assaisonnement.

♦ Laissez refroidir, puis placez dans un contenant hermétique au frais.

6

PENDANT CE TEMPS, PRÉPAREZ LE RESTE DES INGRÉDIENTS

(a/d) Ôtez le pied et les feuilles vertes des poireaux, puis coupez-les en 4 dans la longueur sans aller jusqu'au bout. Coupez-les en fines rondelles.

(b) Émincez le filet de dinde.

(b) Égouttez l'ananas et coupez-le en petits cubes.

(a) Émincez les escalopes de poulet en lanières.

(a) Épluchez le navet et coupez-le en cubes.

7

ENCHAÎNEZ AVEC LE CURRY AU COOKEO

(b) Rincez la cuve du Cookeo. Faites-y revenir la dinde dans un filet d'huile de colza 1 min en **mode dorer**. Ajoutez le lait de coco, 1 c. à café de curry, l'ananas et les raisins secs gonflés dans le thé. Lancez le **mode sous pression** pour 8 min. Rectifiez l'assaisonnement.

♦ Laissez refroidir, puis placez dans un contenant hermétique au frais.

8

PENDANT CE TEMPS, PRÉPAREZ LA GARNITURE DES PÂTES (HORS COOKEO)

(d) Dans une poêle, faites revenir les lardons 2 min, puis ajoutez la moitié des poireaux et 1 gousse d'ail pressée. Laissez cuire à feu moyen 10 min en remuant. Ajoutez 3 c. à soupe de crème épaisse et 1 c. à soupe de moutarde à l'ancienne, mélangez bien et poivrez à votre goût.

♦ Laissez refroidir, puis placez dans un contenant hermétique au frais.

9

TERMINEZ AVEC LE WATERZOÏ AU COOKEO

(a) Rincez la cuve du Cookeo. Mettez-y le poulet émincé, le reste des rondelles de carottes et du poireau, le navet, 1 cube de bouillon de volaille émietté et 80 cl d'eau. Lancez le **mode sous pression** pour 30 min.

♦ Laissez refroidir, puis placez dans un contenant hermétique au frais.

Les assemblages
À FAIRE EN SEMAINE

Lundi **(a)**

WATERZOÏ DE POULET

Ma préparation : le waterzoï

› *J'ajoute : 1 c. à soupe de crème épaisse, 1 c. à soupe de fécule de maïs*

Prélevez une louche du bouillon et délayez-y la fécule et la crème. Versez dans une casserole et réchauffez à feu doux pour obtenir une sauce onctueuse. Ajoutez le reste du waterzoï et réchauffez à feu doux. Servez bien chaud.

Mardi **(b)**

CURRY DE DINDE AU LAIT DE COCO

Ma préparation : le curry de dinde

Réchauffez le curry à la casserole à feu doux ou au Cookeo.

Servez éventuellement avec du riz basmati.

Mercredi **(c)**

ROUGAIL SAUCISSES

Ma préparation : le rougail saucisses

Réchauffez le rougail à la casserole à feu doux ou au Cookeo.

Jeudi **(d)**

PÂTES AUX POIREAUX, CRÈME ET LARDONS

Ma préparation : la garniture des pâtes

› *J'ajoute : 350 g de pâtes sèches*

Faites cuire les pâtes environ 1 min de moins que le temps indiqué sur le paquet.

Pendant ce temps, réchauffez la garniture à la casserole à feu doux. Égouttez rapidement les pâtes et versez-les dans la sauce, mélangez et poursuivez la cuisson 1 min.

Vendredi **(e)**

BLÉ AUX LÉGUMES

Ma préparation : le blé aux légumes

Réchauffez le blé au micro-ondes ou à la casserole à feu doux.

Servez éventuellement avec la protéine de votre choix.

menu 39

Le menu de la semaine

LUNDI (A)

CREVETTES AU LAIT DE COCO
ET CURRY VERT

1-2 jours au réfrigérateur, peuvent être congelées

MARDI (B)

PETIT SALÉ
AUX LENTILLES

2-3 jours au réfrigérateur, peut être congelé

MERCREDI (C)

SOUPE
CHINOISE

2-3 jours au réfrigérateur, peut être congelée

JEUDI (D)

AIGUILLETTES DE POULET
AUX CLÉMENTINES ET CHOU ROMANESCO

2-3 jours au réfrigérateur, peuvent être congelées

VENDREDI (E)

VELOUTÉ DE COURGE
AU LAIT DE COCO

4-5 jours au réfrigérateur, peut être congelé

La liste des courses
POUR 4 PERSONNES

Coût : environ 65 €

FRUITS ET LÉGUMES

- ☐ 1 oignon rouge (a)
- ☐ 3 carottes (b : 2/c : 1)
- ☐ 2 oignons jaunes (b : 1/e : 1)
- ☐ 2 oignons nouveaux (c)
- ☐ 2 cm de gingembre frais (c)
- ☐ 1 chou romanesco (d)
- ☐ 4 clémentines non traitées (d)
- ☐ 1 kg de courge au choix (butternut, musquée...) (e)
- ☐ 1 citron vert (a) utilisé en semaine
- ☐ 1 bouquet de coriandre (a/d) utilisé en semaine

POISSON

- ☐ 20 grosses crevettes crues (a)

DANS VOTRE PLACARD

- ☐ Sel, poivre, 1 bouquet garni
- ☐ 30 g de farine (d)
- ☐ Miel (d)
- ☐ 2 cubes de bouillon de légumes (b/e), 1 cube de bouillon de volaille (c)
- ☐ Sauce nuoc-mâm (a)
- ☐ Huile d'olive, huile de colza, huile de sésame

ÉPICERIE

- ☐ 2 c. à café de pâte de curry vert thaï (a)
- ☐ 70 cl de lait de coco (a : 50/e : 20 utilisé en semaine)
- ☐ 300 g de lentilles vertes (b)
- ☐ 6 champignons parfumés (c)
- ☐ 200 g de nouilles chinoises aux œufs (a) utilisées en semaine
- ☐ 120 g de nouilles de riz plates (c) utilisées en semaine

CRÉMERIE

- ☐ 30 g de beurre (d)

VIANDE

- ☐ 600 g de palette de porc demi-sel (b)
- ☐ 300 g de filet de dinde (c)
- ☐ 500 g d'aiguillettes de poulet (d)

LES ACCOMPAGNEMENTS À PRÉVOIR

- Vous pouvez prévoir de la charcuterie pour accompagner la soupe.

VENDREDI
LUNDI
JEUDI

MARDI
MERCREDI

Les préparations DU WEEK-END

1

LANCEZ LA PREMIÈRE PRÉPARATION

(c) Réhydratez les champignons parfumés dans un bol d'eau chaude pendant 30 min.

2

DÉCOUPEZ ET PRÉPAREZ LES INGRÉDIENTS DES PREMIÈRES RECETTES

Épluchez les oignons jaunes et rouge et ciselez-les finement.

(c) Émincez finement les oignons nouveaux.

3

LANCEZ LES CREVETTES AU COOKEO

(a) Dans la cuve du Cookeo, faites revenir l'oignon rouge ciselé dans un filet d'huile de sésame 2 min en **mode dorer**. Ajoutez 2 c. à café de pâte de curry, 50 cl de lait de coco, 1 c. à café de sauce nuoc-mâm et les crevettes. Lancez le **mode sous pression** pour 5 min.

♦ Laissez refroidir, puis placez dans un contenant hermétique au frais.

4

PENDANT CE TEMPS, PRÉPAREZ LA SUITE DES INGRÉDIENTS

(b/c) Épluchez les carottes, puis coupez-en 2 en rondelles et 1 en julienne.

(b) Rincez la palette sous l'eau froide pour la dessaler un peu.

(d) Détaillez le chou romanesco en fleurettes.

(d) Taillez 3 clémentines en tranches fines en conservant la peau. Récupérez le jus de la dernière clémentine.

5

ENCHAÎNEZ AVEC LE PETIT SALÉ AU COOKEO

(b) Rincez la cuve du Cookeo. Faites-y revenir 1 oignon jaune et les rondelles des 2 carottes dans un filet d'huile de colza 2 min en **mode dorer** en remuant. Ajoutez la palette, 1 cube de bouillon de légumes émietté, 1 bouquet garni et couvrez d'eau à hauteur. Lancez le **mode sous pression** pour 13 min. Réservez.

6

PENDANT CE TEMPS, PRÉPAREZ LE POULET AU CHOU (HORS COOKEO)

(d) Dans une poêle, faites fondre 30 g de beurre dans 1 c. à soupe d'huile d'olive. Passez les aiguillettes de poulet dans la farine, puis faites-les cuire dans le beurre jusqu'à ce qu'elles soient bien dorées. Réservez.

Faites sauter le chou romanesco à la place du poulet. Laissez cuire en gardant le chou légèrement croquant, salez et poivrez, puis réservez.

Déposez les tranches de clémentines à la place du chou, laissez cuire 2 min de chaque côté, puis réservez.

Déglacez la poêle avec le jus de clémentine, ajoutez 2 c. à soupe de miel et un trait d'huile d'olive, puis mélangez bien en grattant les sucs. Remettez le chou romanesco, le poulet et les tranches de clémentines dans la poêle et mélangez bien le tout.

♦ Laissez refroidir, puis placez dans un contenant hermétique au frais.

7

FINALISEZ LE PETIT SALÉ AU COOKEO

(b) À la fin de la cuisson de la palette, ajoutez les lentilles vertes dans la cuve et mélangez bien (vérifiez que l'eau recouvre bien les lentilles). Lancez le **mode sous pression** pour 17 min.

♦ Laissez refroidir, puis placez dans un contenant hermétique au frais.

8

PENDANT CE TEMPS, PRÉPAREZ LE RESTE DES INGRÉDIENTS

(c) Coupez la dinde en petits cubes.

(c) Pelez et râpez le gingembre.

(c) Coupez les champignons réhydratés en lanières.

(e) Pelez la courge, ôtez les pépins et coupez en gros cubes.

9

ENCHAÎNEZ AVEC LA SOUPE CHINOISE AU COOKEO

(c) Rincez la cuve du Cookeo. Faites-y revenir les oignons nouveaux, le gingembre râpé et la carotte en julienne dans un filet d'huile de sésame en **mode dorer**. Ajoutez les champignons, la dinde, 1 cube de bouillon de volaille émietté et 1 l d'eau. Lancez le **mode sous pression** pour 5 min.

♦ Laissez refroidir, puis placez dans un contenant hermétique au frais.

10

TERMINEZ AVEC LE VELOUTÉ AU COOKEO

(e) Rincez la cuve du Cookeo. Faites-y revenir 1 oignon jaune dans un filet d'huile d'olive 1 min en **mode dorer**. Ajoutez les cubes de courge et 1 cube de bouillon de légumes émietté, mélangez bien et ajoutez 30 cl d'eau. Lancez le **mode sous pression** pour 10 min. Mixez au mixeur plongeant.

♦ Laissez refroidir, puis placez dans un contenant hermétique au frais.

Les assemblages
À FAIRE EN SEMAINE

Lundi **(a)**

CREVETTES AU LAIT DE COCO ET CURRY VERT

Ma préparation : les crevettes

› *J'ajoute : 200 g de nouilles chinoises aux œufs, 1 citron vert, ½ bouquet de coriandre*

Réchauffez les crevettes à la casserole à feu doux. Hors du feu, ajoutez le jus du citron et la coriandre ciselée.

Pendant ce temps, faites cuire les nouilles en suivant les indications du paquet.

Mardi **(b)**

PETIT SALÉ AUX LENTILLES

Ma préparation : le petit salé

Réchauffez le petit salé à la casserole à feu doux ou au Cookeo.

Mercredi **(c)**

SOUPE CHINOISE

Ma préparation : la soupe chinoise

› *J'ajoute : 120 g de nouilles de riz*

Réchauffez la soupe à la casserole à feu doux et ajoutez les nouilles de riz à frémissement. Laissez cuire 2 min et servez bien chaud.

Jeudi **(d)**

AIGUILLETTES DE POULET AUX CLÉMENTINES ET CHOU ROMANESCO

Ma préparation : les aiguillettes de poulet au chou

› *J'ajoute : ½ bouquet de coriandre*

Réchauffez le poulet à la poêle à feu moyen.

Servez bien chaud parsemé de coriandre ciselée.

Vendredi **(e)**

VELOUTÉ DE COURGE AU LAIT DE COCO

Ma préparation : le velouté de courge

› *J'ajoute : 20 cl de lait de coco*

Réchauffez le velouté à la casserole à feu doux ou au Cookeo en ajoutant le lait de coco.

hiver

menu 40

Le menu de la semaine

LUNDI (A)

NAVARIN
DE LA MER

1-2 jours au réfrigérateur, peut être congelé

MARDI (B)

DINDE AUX CHÂTAIGNES
ET CRÈME

2-3 jours au réfrigérateur, peut être congelée

MERCREDI (C)

FILET MIGNON AUX BLETTES,
LARD ET COMTÉ

3-4 jours au réfrigérateur, peut être congelé

JEUDI (D)

VELOUTÉ DE PANAIS
ET TOPINAMBOURS

4-5 jours au réfrigérateur, peut être congelé

VENDREDI (E)

CHAKCHOUKA
À LA COURGE

4-5 jours au réfrigérateur, peut être congelée

La liste des courses
POUR 4 PERSONNES

Coût : environ 60 €

FRUITS ET LÉGUMES

- ☐ 400 g de navets (a)
- ☐ 1 carotte (a)
- ☐ 100 g de champignons de Paris (a)
- ☐ 1 oignon jaune (a)
- ☐ 1 kg de pommes de terre (a : 0,4/ c : 0,4/d : 0,2)
- ☐ 4 échalotes (b : 1/e : 3)
- ☐ 1 botte de blettes (c)
- ☐ 2 brins de thym frais (c)
- ☐ 2 gousses d'ail (c : 1/e : 1)
- ☐ 375 g de panais (d)
- ☐ 300 g de topinambours (d)
- ☐ 1 kg de courge butternut (e)

POISSON

- ☐ 250 g de pavés de saumon sans peau (a)
- ☐ 300 g de cabillaud (a)

SURGELÉS

- ☐ 350 g de mélange de fruits de mer (a)

DANS VOTRE PLACARD

- ☐ Sel, poivre, cannelle, cumin
- ☐ Miel (b)
- ☐ 1 cube de bouillon de volaille (b)
- ☐ Huile d'olive, huile de colza

ÉPICERIE

- ☐ 30 cl de fumet de poisson (a)
- ☐ 250 g de châtaignes en bocal (b)
- ☐ 250 g de pois chiches en boîte (e)

CRÉMERIE

- ☐ 30 cl de crème liquide (b : 20/d : 10) utilisée en semaine
- ☐ 1 boule de mozzarella (c)
- ☐ 1 jaune d'œuf (a) utilisé en semaine
- ☐ 20 cl de crème épaisse (a) utilisée en semaine
- ☐ 12 cl de lait (d) utilisé en semaine
- ☐ 100 g de féta (e) utilisée en semaine
- ☐ 4 œufs (e) utilisés en semaine

VIANDE ET CHARCUTERIE

- ☐ 1 filet de dinde de 600 g environ (b)
- ☐ 1 filet mignon de porc ou de veau (c)
- ☐ 4 tranches de poitrine fumée (c)

LES ACCOMPAGNEMENTS À PRÉVOIR

- Servez des pâtes fraîches ou du boulgour avec la dinde.
- Vous pouvez accompagner le filet mignon avec une salade verte et/ou des crudités.

LUNDI
MARDI
VENDREDI

MERCREDI
JEUDI

Les préparations DU WEEK-END

1

DÉCOUPEZ ET PRÉPAREZ LES INGRÉDIENTS DES PREMIÈRES RECETTES

Pelez et dégermez les gousses d'ail. Coupez-en 1 en 2.

Épluchez l'oignon et ciselez-le finement.

(b/e) Épluchez et émincez finement les échalotes.

(b) Coupez le filet de dinde en gros cubes.

2

LANCEZ LA DINDE AU COOKEO

(b) Dans la cuve du Cookeo, faites revenir 1 échalote et les cubes de dinde dans un filet d'huile de colza 2 min en **mode dorer**, en remuant. Ajoutez les châtaignes égouttées, 2 c. à soupe de miel, 1 c. à café de cannelle, 1 cube de de bouillon de volaille et 20 cl d'eau. Lancez le **mode sous pression** pour 20 min. Rectifiez l'assaisonnement.

♦ Laissez refroidir, puis placez dans un contenant hermétique au frais.

3

PENDANT CE TEMPS, PRÉPAREZ LA SUITE DES INGRÉDIENTS

Préchauffez le four à 180 °C.

(c) Coupez la botte de blette et séparez les feuilles des côtes. Retirez toutes les nervures des feuilles et hachez-les. Détaillez les côtes en petits tronçons de 0,5 cm.

(d) Épluchez les panais et coupez-les en cubes.

(d) Épluchez les topinambours et coupez-les en cubes.

(a/c/d) Épluchez les pommes de terre, coupez-en 600 g en cubes et le reste en 4.

(c) Coupez la mozzarella en 8 tranches.

(c) Coupez les tranches de poitrine fumée en 2 dans la longueur.

4

PRÉPAREZ LE FILET MIGNON (HORS COOKEO)

(c) Entaillez le filet mignon dans la largeur tous les 2 cm et intercalez dans les entailles 1 tranche de mozzarella et ½ tranche de poitrine fumée pliée en 2. À l'aide d'une cuillère, ajoutez le hachis de feuilles de blettes entre la mozzarella et la poitrine fumée.

Frottez un plat allant au four avec la gousse d'ail coupée en 2, puis graissez-le avec 1 c. à soupe d'huile d'olive. Déposez le filet mignon farci dans le plat et répartissez les côtes de blette et les quartiers de pommes de terre tout autour. Salez, poivrez, arrosez d'un filet d'huile d'olive et parsemez de thym. Enfournez pour 30 à 40 min, selon la taille du filet mignon.

♦ Laissez refroidir, puis placez dans un contenant hermétique au frais.

5

ENCHAÎNEZ AVEC LE VELOUTÉ AU COOKEO

(d) Rincez la cuve du Cookeo. Mettez-y les panais, les topinambours, 200 g de cubes de pommes de terre, mouillez à hauteur avec de l'eau et salez généreusement. Lancez le **mode sous pression** pour 20 min. Retirez les légumes à l'aide d'une écumoire et mixez-les avec un peu d'eau de cuisson.

♦ Laissez refroidir, puis placez dans un contenant hermétique au frais.

6

PENDANT CE TEMPS, PRÉPAREZ LA SUITE DES INGRÉDIENTS

(a) Épluchez les navets et coupez-les en cubes.

(a) Épluchez la carotte et coupez-la en rondelles.

(a) Brossez les champignons et coupez-les en lamelles.

(a) Coupez les poissons en gros dés.

8

PENDANT CE TEMPS, PRÉPAREZ LE RESTE DES INGRÉDIENTS

(e) Pelez la courge, retirez les graines et coupez-la en cubes.

7

ENCHAÎNEZ AVEC LE NAVARIN AU COOKEO

(a) Rincez la cuve du Cookeo. Faites-y revenir l'oignon jaune dans un filet d'huile d'olive en **mode dorer**. Ajoutez les cubes de navets, le reste de cubes de pommes de terre et la carotte en rondelles. Ajoutez le fumet de poisson et lancez le **mode sous pression** pour 7 min. Ajoutez les morceaux de poissons, les fruits de mer surgelés et les champignons, puis lancez le **mode sous pression** pour 10 min.

♦ Laissez refroidir, puis placez dans un contenant hermétique au frais.

9

TERMINEZ AVEC LA CHAKCHOUKA AU COOKEO

(e) Rincez la cuve du Cookeo. Faites-y revenir 3 échalotes et 1 gousse d'ail dans un peu d'huile d'olive en **mode dorer**. Ajoutez les cubes de courge, salez et mouillez à hauteur avec de l'eau. Lancez le **mode sous pression** pour 10 min. Mixez la courge en rajoutant un peu de jus de cuisson, vous devez obtenir une texture épaisse entre la purée et la soupe. Ajoutez les pois chiches égouttés, puis rectifiez l'assaisonnement en sel, poivre et cumin.

♦ Laissez refroidir, puis placez dans un contenant hermétique au frais.

Les assemblages
À FAIRE EN SEMAINE

Lundi **(a)**

NAVARIN DE LA MER

Ma préparation : le navarin de la mer

› *J'ajoute : 20 cl de crème épaisse, 1 jaune d'œuf*

Versez le jus du navarin dans une casserole et portez à frémissement. Dans un bol, fouettez la crème épaisse avec le jaune d'œuf. Versez la préparation dans le jus de cuisson et laissez épaissir en remuant. Ajoutez tous les ingrédients dans la cocotte, rectifiez l'assaisonnement et réchauffez 5 min à feu doux en remuant.

Mardi **(b)**

DINDE AUX CHÂTAIGNES ET CRÈME

Ma préparation : la dinde aux châtaignes

› *J'ajoute : 20 cl de crème liquide*

Réchauffez la dinde à la casserole à feu doux ou au Cookeo en ajoutant la crème liquide.

Servez bien chaud éventuellement avec des pâtes fraîches ou du boulgour.

Mercredi **(c)**

FILET MIGNON AUX BLETTES, LARD FUMÉ ET COMTÉ

Ma préparation : le filet mignon

Réchauffez le filet mignon 15 min au four à 160 °C à couvert.

Servez éventuellement avec une salade verte et/ou des crudités.

Jeudi **(d)**

VELOUTÉ DE PANAIS ET TOPINAMBOURS

Ma préparation : le velouté de panais

› *J'ajoute : 10 cl de crème liquide, 12 cl de lait*

Ajoutez la crème au velouté, puis le lait jusqu'à obtenir la consistance souhaitée. Réchauffez-le à la casserole à feu très doux et rectifiez l'assaisonnement.

Vendredi **(e)**

CHAKCHOUKA À LA COURGE

Ma préparation : la chakchouka

› *J'ajoute : 4 œufs, 100 g de feta*

Dans une sauteuse, portez la chakchouka à frémissement, puis creusez 4 cavités et cassez-y les œufs. Couvrez et laissez cuire à feu doux pendant une dizaine de minutes, jusqu'à ce que le blanc soit pris. Parsemez de feta au moment de servir.

menu 41

Le menu de la semaine

LUNDI (A)

TARTIFLETTE

2 jours au réfrigérateur, peut être congelée

MARDI (B)

GRATIN DE PÂTES
FAÇON CHILI CON CARNE

2-3 jours au réfrigérateur, peut être congelé

MERCREDI (C)

CURRY DE PATATES DOUCES
ET CAROTTES AUX CACAHUÈTES

4-5 jours au réfrigérateur, peut être congelé

JEUDI (D)

GRATIN DE PATATES DOUCES
AU CHÈVRE ET NOISETTES

4-5 jours au réfrigérateur, peut être congelé

VENDREDI (E)

ORZO SAUTÉ
AUX LÉGUMES D'HIVER

4-5 jours au réfrigérateur, peut être congelé

La liste des courses
POUR 4 PERSONNES

Coût : environ 55 €

FRUITS ET LÉGUMES

- ☐ 600 g de pommes de terre (a)
- ☐ 3 oignons jaunes (a : 1/c : 1/e : 1)
- ☐ 4 gousses d'ail (c : 2/e : 2)
- ☐ 2 carottes (c)
- ☐ 1 kg de patate douce (c : 0.5/d : 0.5)
- ☐ 2 cm de gingembre frais (c/e)
- ☐ 300 g de courge (e)
- ☐ 500 g de champignons de Paris (e)
- ☐ 2 choux pak choï ou blettes (e)
- ☐ 1 citron vert (c) utilisé en semaine

VIANDE ET CHARCUTERIE

- ☐ 300 g de lardons fumés (a)
- ☐ 350 g de bœuf haché (b)

DANS VOTRE PLACARD

- ☐ Sel, poivre, herbes de Provence, curcuma
- ☐ 70 cl de bouillon de légumes (c : 50/e : 20)
- ☐ Sauce soja (e) utilisée en semaine
- ☐ Huile d'olive

LES ACCOMPAGNEMENTS À PRÉVOIR

- Prévoyez une salade verte pour accompagner la tartiflette.
- Servez le curry de patates douces et carottes avec la céréale de votre choix.
- Vous pouvez accompagner le gratin de patates douces de la protéine de votre choix : œufs, viande grillée, tofu, etc.

ÉPICERIE

- ☐ 300 g de penne ou autres pâtes courtes (b)
- ☐ 200 g de haricots rouges en boîte (b)
- ☐ 100 g de maïs doux en boîte (b)
- ☐ 600 g de tomates concassées (b : 400/c : 200)
- ☐ 20 cl de crème de coco (c)
- ☐ 200 g de pois chiches en boîte (c)
- ☐ 2 c. à café de pâte de curry rouge (c)
- ☐ 2 c. à soupe de beurre de cacahuète (c)
- ☐ 350 g d'orzo (e)
- ☐ 10 cl de vin blanc sec (a) utilisé en semaine
- ☐ 30 g de cacahuètes grillées (c) utilisées en semaine
- ☐ 30 g de noisettes (d) utilisées en semaine

CRÉMERIE

- ☐ 1 bûche de chèvre (d)
- ☐ 20 cl de crème liquide (d)
- ☐ 1 petit reblochon (a) utilisé en semaine
- ☐ 2 c. à soupe de crème épaisse (a) utilisée en semaine
- ☐ 100 g de fromage râpé (b) utilisé en semaine
- ☐ 50 g de parmesan râpé (d) utilisé en semaine

MARDI
LUNDI

MERCREDI
VENDREDI
JEUDI

Les préparations DU WEEK-END

1

LANCEZ LES POMMES DE TERRE AU COOKEO

(a) Épluchez les pommes de terre et mettez-les dans le panier vapeur du Cookeo. Versez 20 cl d'eau dans la cuve, puis placez-y le panier. Lancez le **mode sous pression** pour 25 min. Réservez.

2

DÉCOUPEZ ET PRÉPAREZ LES INGRÉDIENTS DES PREMIÈRES RECETTES

Épluchez les oignons et ciselez-les finement.

Pelez et dégermez les gousses d'ail.

(e) Pelez la courge et coupez-la en cubes d'environ 1 cm.

(e) Brossez les champignons et coupez-les en lamelles.

(e) Retirez le pied des pak choï, puis émincez-les en tronçons d'environ 1 cm.

(c/d) Épluchez les patates douces, puis coupez-les en cubes d'environ 1 cm.

3

ENCHAÎNEZ AVEC LA PURÉE DE PATATES DOUCES AU COOKEO

(d) Mettez la moitié des cubes de patates douces dans le panier vapeur du Cookeo. Versez 20 cl d'eau dans la cuve, placez-y le panier et lancez le **mode sous pression** pour 10 min. Égouttez, écrasez en purée et réservez.

4

PENDANT CE TEMPS, PRÉPAREZ LA SUITE DES INGRÉDIENTS

Préchauffez le four à 180 °C.

(c) Épluchez les carottes et coupez-les en cubes.

(c/e) Pelez le gingembre et râpez-le.

(d) Coupez le chèvre en rondelles.

5

ENCHAÎNEZ AVEC L'ORZO AU COOKEO

(e) Rincez la cuve du Cookeo. Faites-y revenir 1 oignon, 2 gousses d'ail pressées et la moitié du gingembre dans un filet d'huile d'olive en **mode dorer**. Ajoutez les cubes de courge et mélangez bien. Laissez cuire environ 2 min en remuant, puis ajoutez les champignons, les pak choï, l'orzo et 20 cl de bouillon de légumes. Lancez le **mode sous pression** pour la moitié du temps indiqué sur le paquet d'orzo. Rectifiez l'assaisonnement et mélangez.

♦ Laissez refroidir, puis placez dans un contenant hermétique au frais.

6

PENDANT CE TEMPS, PRÉPAREZ LE GRATIN DE PATATES DOUCES (HORS COOKEO)

(d) Ajoutez la crème liquide à la purée de patates douces, salez et poivrez et mélangez bien. Répartissez la moitié de la purée dans un plat à gratin. Recouvrez de la moitié du chèvre, puis refaites une couche de purée et de chèvre. Enfournez pour 10 min.

♦ Laissez refroidir, puis couvrez et placez au frais.

7

ENCHAÎNEZ AVEC LE GRATIN DE PÂTES AU COOKEO

(b) Rincez la cuve du Cookeo. Faites-y revenir le bœuf haché dans un filet d'huile d'olive 2 min en **mode dorer**. Ajoutez les haricots rouges et le maïs égouttés, puis 400 g de tomates concassées. Mélangez bien et rectifiez l'assaisonnement en sel, poivre et herbes de Provence. Ajoutez les penne, mélangez bien, puis lancez le **mode sous pression** pour la moitié du temps indiqué sur le paquet de pâtes.

♦ Laissez refroidir, puis placez dans un contenant hermétique au frais.

8

PENDANT CE TEMPS, PRÉPAREZ LA TARTIFLETTE (HORS COOKEO)

(a) Dans une poêle, faites dorer les lardons fumés avec 1 oignon jaune ciselé, jusqu'à ce qu'ils soient bien dorés. Coupez les pommes de terre cuites en grosses rondelles et mettez-en la moitié dans un plat à gratin. Recouvrez avec les oignons et les lardons, puis le reste des pommes de terre.

♦ Laissez refroidir, puis couvrez et placez au frais.

9

TERMINEZ AVEC LE CURRY AU COOKEO

(c) Rincez la cuve du Cookeo. Faites-y revenir 1 oignon et 2 gousses d'ail pressées dans un filet d'huile d'olive en **mode dorer**. Ajoutez 2 c. à café de pâte de curry, le reste du gingembre et 1 c. à café de curcuma, mélangez bien et laissez cuire 1 min. Ajoutez 200 g de tomates concassées, le beurre de cacahuète, la crème de coco, le reste des cubes de patate douce, les cubes de carottes et 50 cl de bouillon de légumes. Lancez le **mode sous pression** pour 7 min. À la fin de la cuisson, ajoutez les pois chiches égouttés.

♦ Laissez refroidir, puis placez dans un contenant hermétique au frais.

Les assemblages
À FAIRE EN SEMAINE

Lundi **(a)**

TARTIFLETTE

Ma préparation : la tartiflette

› *J'ajoute : 2 c. à soupe de crème épaisse, 10 cl de vin blanc, 1 petit reblochon*

Nappez la tartiflette de crème épaisse, poivrez et salez légèrement. Versez le vin blanc par-dessus, puis coupez le reblochon en 2 dans la hauteur et disposez-le, croûte vers le haut, sur le dessus du plat. Faites gratiner la tartiflette 10 min au four à 230 °C, jusqu'à ce qu'elle soit bien dorée.

Servez éventuellement avec une salade verte.

Mardi **(b)**

GRATIN DE PÂTES FAÇON CHILI CON CARNE

Ma préparation : le gratin de pâtes

› *J'ajoute : 100 g de fromage râpé*

Ajoutez le fromage râpé sur le gratin, puis enfournez pour 15 min à 190 °C en couvrant de papier sulfurisé si la surface brunit trop vite.

Mercredi **(c)**

CURRY DE PATATES DOUCES ET CAROTTES AUX CACAHUÈTES

Ma préparation : le curry

› *J'ajoute : 1 citron vert, 30 g de cacahuètes grillées*

Réchauffez le curry à la casserole à feu doux.

Au moment de servir, ajoutez un trait de jus de citron vert et parsemez de cacahuètes concassées.

Servez éventuellement avec la céréale de votre choix.

Jeudi **(d)**

GRATIN DE PATATES DOUCES AU CHÈVRE ET NOISETTES

Ma préparation : le gratin

› *J'ajoute : 50 g de parmesan râpé, 30 g de noisettes*

Saupoudrez le gratin de parmesan et de noisettes concassées. Enfournez pour 15 min à 190 °C en couvrant de papier sulfurisé si la surface brunit trop vite.

Vendredi **(e)**

ORZO SAUTÉ AUX LÉGUMES D'HIVER

Ma préparation : l'orzo

› *J'ajoute : de la sauce soja*

Réchauffez l'orzo dans une sauteuse à feu vif en ajoutant un filet de sauce soja.

menu 42

Le menu de la semaine

LUNDI (A)

SOURIS D'AGNEAU CONFITES
AUX DATTES

2 jours au réfrigérateur, peuvent être congelées

MARDI (B)

ONE PAN DE POULET
À LA MOUTARDE

2-3 jours au réfrigérateur, peut être congelé

MERCREDI (C)

CHILI CON CARNE

3 jours au réfrigérateur, peut être congelé

JEUDI (D)

CHOU-FLEUR
À L'INDIENNE

4-5 jours au réfrigérateur, peut être congelé

VENDREDI (E)

PURÉE DE POTIMARRON
AUX NOISETTES ET ŒUFS

4-5 jours au réfrigérateur, peut être congelée

La liste des courses
POUR 4 PERSONNES

Coût : environ 65 €

FRUITS ET LÉGUMES

- ☐ 1 panais (a)
- ☐ 6 petits navets boule d'or (a)
- ☐ 4 carottes (a : 2/b : 2)
- ☐ 2 oignons rouges (a : 1/b : 1)
- ☐ 6 gousses d'ail (a : 2/c : 3/e : 1)
- ☐ 300 g de courge butternut (b)
- ☐ 1 petit brocoli (b)
- ☐ 2 oignons jaunes (c : 1/d : 1)
- ☐ 750 g de chou-fleur (d)
- ☐ 500 g de potimarron (e)
- ☐ 500 g de pommes de terre (e)

ÉPICERIE

- ☐ 12 grosses dattes (a)
- ☐ 400 g de haricots rouges en boîte (c)
- ☐ 200 g de maïs doux en boîte (c)
- ☐ 70 g de concentré de tomate (c)
- ☐ 1 bocal de poivrons marinés (c)
- ☐ 800 g de tomates concassées (c : 400/d : 400)
- ☐ 2 c. à café de pâte de curry rouge (d)
- ☐ 20 cl de crème de coco (d)
- ☐ 60 g de noix de cajou (d) utilisées en semaine
- ☐ 30 g de noix (e) utilisées en semaine

DANS VOTRE PLACARD

- ☐ Sel, poivre, cannelle, gingembre en poudre, cumin, paprika fumé, curry, muscade moulue
- ☐ Miel (a/b)
- ☐ 80 cl de bouillon de légumes (a)
- ☐ 1 cube de bouillon de volaille (d)
- ☐ Sauce soja (b)
- ☐ Moutarde à l'ancienne (b)
- ☐ Sauce Worcestershire (c)
- ☐ Huile d'olive, huile de colza

CRÉMERIE

- ☐ 100 g de comté râpé (e) utilisé en semaine
- ☐ 4 œufs (e) utilisés en semaine

VIANDE

- ☐ 4 souris d'agneau (a)
- ☐ 4 escalopes de poulet (b)
- ☐ 500 g de viande hachée (c)

LES ACCOMPAGNEMENTS À PRÉVOIR

- Servez le chili con carne avec du riz basmati.
- Vous accompagner le chou-fleur à l'indienne de boulgour ou de la céréale de votre choix.

MERCREDI
VENDREDI
LUNDI

MARDI
JEUDI

Les préparations DU WEEK-END

1

LANCEZ LES PREMIÈRES PRÉPARATIONS

(e) Coupez le potimarron en 2 et retirez les graines. Coupez-le en gros cubes (s'il est bio, inutile de l'éplucher).

(e) Épluchez les pommes de terre et coupez-les en cubes.

2

LANCEZ LA PURÉE DE COURGE AU COOKEO

(e) Placez le potimarron et les pommes de terre dans le panier vapeur du Cookeo. Versez 20 cl d'eau dans la cuve et placez-y le panier vapeur. Lancez le **mode sous pression** pour 20 min. Mixez la purée et ajoutez 1 gousse d'ail pelée et pressée, 1 pincée de muscade, du sel et du poivre.

♦ Laissez refroidir, puis placez dans un contenant hermétique au frais.

3

DÉCOUPEZ ET PRÉPAREZ LES INGRÉDIENTS DES PREMIÈRES RECETTES

Épluchez les oignons jaunes et ciselez-les finement.

Pelez et dégermez les 5 gousses d'ail restantes.

Pelez et émincez les oignons rouges.

(a/b) Épluchez les carottes et coupez-les en rondelles.

(a) Épluchez le panais et coupez-le en cubes.

(a) Épluchez les navets et coupez-les en cubes.

(a) Dénoyautez les dattes et coupez-en la moitié en petits cubes.

♦ Placez le reste dans un contenant hermétique au frais.

4

ENCHAÎNEZ AVEC L'AGNEAU AU COOKEO

(a) Rincez la cuve du Cookeo. Faites-y revenir les souris d'agneau de tous les côtés dans un filet d'huile d'olive en **mode dorer**. Lorsqu'elles sont bien grillées, réservez. Ajoutez 1 oignon rouge et 2 gousses d'ail pressées, laissez dorer 1 min, puis ajoutez 1 c. à café de cannelle, 1 c. à café de gingembre en poudre, ½ c. à café de cumin et 1 c. à soupe de miel. Mélangez bien pour tout enrober. Ajoutez la moitié des carottes en rondelles, les cubes de panais, de navet et de dattes. Mélangez bien, remettez les souris d'agneau dans la cuve, ajoutez 80 cl de bouillon de légumes et lancez le **mode sous pression** pour 25 min.

♦ Laissez refroidir, puis placez dans un contenant hermétique au frais.

5

PENDANT CE TEMPS, PRÉPAREZ LA SUITE DES INGRÉDIENTS

Préchauffez le four à 180 °C.

(b) Pelez la courge et coupez la chair en petits dés.

(b) Détachez les fleurettes du brocoli.

6

PRÉPAREZ LE ONE PAN (HORS COOKEO)

(b) Entaillez les escalopes de poulet dans la largeur sans aller jusqu'au bout. Recouvrez une ou plusieurs plaque(s) de papier sulfurisé et déposez-y les fleurettes de brocoli, le reste des rondelles de carottes, les dés de courge et 1 oignon rouge, salez et poivrez, puis arrosez généreusement d'huile d'olive. Ajoutez le poulet sur les légumes. Mélangez 1 c. à soupe de moutarde à l'ancienne, 1 c. à soupe de sauce soja et 3 c. à soupe de miel puis nappez-en les escalopes de poulet. Enfournez pour 30 à 35 min en surveillant la cuisson.

♦ Laissez refroidir, puis placez dans un contenant hermétique au frais.

7

ENCHAÎNEZ AVEC LE CHILI AU COOKEO

(c) Rincez la cuve du Cookeo. Faites-y revenir 1 oignon jaune et 3 gousses d'ail pressées dans un filet d'huile d'olive 1 min en **mode dorer**. Ajoutez la viande hachée et laissez dorer 3 min. Ajoutez les haricots rouges et le maïs égouttés, 400 g de tomates concassées, le concentré de tomate, les poivrons marinés égouttés, 2 c. à café de paprika fumé, ½ c. à café de cumin et 2 c. à soupe de sauce Worcestershire. Salez et poivrez. Mélangez bien, puis lancez le **mode sous pression** pour 10 min.

♦ Laissez refroidir, puis placez dans un contenant hermétique au frais.

8

PENDANT CE TEMPS, PRÉPAREZ LE RESTE DES INGRÉDIENTS

(d) Détaillez le chou-fleur en fleurettes.

9

TERMINEZ AVEC LE CHOU-FLEUR À L'INDIENNE AU COOKEO

(d) Rincez la cuve du Cookeo. Faites-y revenir 1 oignon jaune dans un filet d'huile de colza 1 min en **mode dorer**. Ajoutez le chou-fleur, 2 c. à café de pâte de curry rouge et 3 c. à soupe de curry, mélangez bien pour tout enrober. Ajoutez 400 g de tomates concassées, 1 cube de bouillon de volaille émietté, 10 cl d'eau et la crème de coco. Mélangez et lancez le **mode sous pression** pour 5 min.

♦ Laissez refroidir, puis placez dans un contenant hermétique au frais.

Les assemblages
À FAIRE EN SEMAINE

Lundi **(a)**

SOURIS D'AGNEAU
CONFITES AUX DATTES

Mes préparations : les souris d'agneau confites, les dattes dénoyautées

› *J'ajoute : un peu de cannelle*

Réchauffez les souris d'agneau à la casserole à feu moyen en remuant pour faire réduire la sauce, puis ajoutez les dattes.

Dressez les légumes et les souris sur les assiettes, nappez de sauce et parsemez d'un peu de cannelle.

Mardi **(b)**

ONE PAN DE POULET
À LA MOUTARDE

Ma préparation : le one pan de poulet

Réchauffez le one pan 15 min au four à 160 °C en couvrant de papier sulfurisé.

Mercredi **(c)**

CHILI CON CARNE

Ma préparation : le chili

Réchauffez le chili à la casserole à feu doux.

Servez éventuellement avec du riz basmati.

Jeudi **(d)**

CHOU-FLEUR
À L'INDIENNE

Ma préparation : le chou-fleur à l'indienne

› *J'ajoute : 60 g de noix de cajou*

Réchauffez le chou-fleur à la casserole à feu doux.

Servez parsemé de noix de cajou concassées, éventuellement avec la céréale de votre choix.

Vendredi **(e)**

PURÉE DE POTIMARRON
AUX NOISETTES ET ŒUFS

Ma préparation : la purée de potimarron

› *J'ajoute : 100 g de comté râpé, 4 œufs, 30 g de noix*

Déposez la purée de potimarron dans 4 ramequins beurrés, faites un creux et déposez 1 œuf sur chaque gratin. Recouvrez de comté et enfournez pour 10 min à 180 °C.

À la sortie du four, parsemez de noix concassées et servez aussitôt.

menu 43

Le menu de la semaine

LUNDI (A)

SAUTÉ DE BŒUF
AUX POMMES DE TERRE

♦ 2-3 jours au réfrigérateur, peut être congelé

MARDI (B)

PÂTES À LA COURGE
ET PANCETTA

♦ 3-4 jours au réfrigérateur, congélation déconseillée

MERCREDI (C)

HACHIS
PARMENTIER

♦ 3 jours au réfrigérateur, peut être congelé

JEUDI (D)

GRATIN DE CHOU-FLEUR
AU BACON

♦ 3-4 jours au réfrigérateur, peut être congelé

VENDREDI (E)

SOUPE DE POTIRON, CAROTTE, ORANGE
ET SALADE DE QUINOA

♦ 4-5 jours au réfrigérateur, la soupe peut être congelée

La liste des courses
POUR 4 PERSONNES

Coût : environ 60 €

FRUITS ET LÉGUMES

- ☐ 2 oignons jaunes (a : 1/b : 1)
- ☐ 1 kg de pommes de terre (a : 0,4/c : 0,6)
- ☐ 6 carottes (a : 2/e : 4)
- ☐ 750 g de potiron (b : 300/e : 450) (poids épépiné et épluché)
- ☐ 2 gousses d'ail (c)
- ☐ 1 chou-fleur (d)
- ☐ 1 orange (e) utilisée en semaine
- ☐ 2 endives (e) utilisées en semaine
- ☐ Quelques brins de coriandre (e) utilisés en semaine

DANS VOTRE PLACARD

- ☐ Sel, poivre, herbes de Provence
- ☐ 40 g de farine (d) utilisée en semaine
- ☐ 1 cube de bouillon de bœuf (a), 1 cube de bouillon de légumes (e)
- ☐ Vinaigre de cidre
- ☐ Huile d'olive, huile de colza, huile de noix

ÉPICERIE

- ☐ 70 g de concentré de tomate (c)
- ☐ 100 g de lentilles vertes (e)
- ☐ 150 g de quinoa (e)

CRÉMERIE

- ☐ 25 cl de crème liquide (c)
- ☐ 35 cl de crème épaisse (a : 25/b : 10) utilisée en semaine
- ☐ 400 g de pâtes fraîches (b) utilisées en semaine
- ☐ 50 g de parmesan râpé (b) utilisé en semaine
- ☐ 150 g de gruyère râpé (c : 100/d : 50) utilisé en semaine
- ☐ 50 cl de lait (d) utilisé en semaine
- ☐ 40 g de beurre (d) utilisé en semaine
- ☐ 100 g de feta (e) utilisée en semaine

VIANDE ET CHARCUTERIE

- ☐ 600 g de paleron de bœuf (a)
- ☐ 150 g de pancetta (b)
- ☐ 600 g de viande hachée (c)
- ☐ 150 g d'allumettes de bacon (d) utilisées en semaine

LES ACCOMPAGNEMENTS À PRÉVOIR

- Vous pouvez prévoir de la charcuterie ou une viande grillée pour accompagner la soupe.

VENDREDI
MERCREDI
LUNDI

MARDI
VENDREDI
JEUDI
MARDI

Les préparations

DU WEEK-END

1

LANCEZ LES PREMIÈRES CUISSONS AU COOKEO

(e) Dans la cuve du Cookeo, mettez les lentilles vertes et le quinoa, couvrez largement d'eau, puis lancez le **mode sous pression** pour 10 min. Rincez et égouttez.

♦ Laissez refroidir, puis placez dans un contenant hermétique au frais.

(d) Détaillez le chou-fleur en fleurettes et déposez-les dans le panier vapeur du Cookeo. Versez 20 cl d'eau dans la cuve et placez-y le panier. Lancez le **mode sous pression** pour 8 min.

♦ Laissez refroidir, puis placez dans un contenant hermétique au frais.

2

DÉCOUPEZ ET PRÉPAREZ LES INGRÉDIENTS DES PREMIÈRES RECETTES

Épluchez les oignons, coupez-en 1 en rondelles et ciselez l'autre finement.

Pelez et dégermez les gousses d'ail.

(b/e) Épluchez le potiron, retirez les graines, puis coupez-le en cubes.

3

ENCHAÎNEZ AVEC LA PURÉE DE POTIRON AU COOKEO

(b) Rincez la cuve du Cookeo. Mettez 300 g de potiron dans le panier vapeur. Versez 20 cl d'eau dans la cuve et placez-y le panier. Lancez le **mode sous pression** pour 8 min. Réduisez en purée.

♦ Laissez refroidir, puis placez dans un contenant hermétique au frais.

4

PENDANT CE TEMPS, PRÉPAREZ LE RESTE DES INGRÉDIENTS

(a/c) Épluchez les pommes de terre et coupez-les en dés.

(a/e) Épluchez les carottes et coupez-les en rondelles.

(a) Coupez le paleron de bœuf en dés.

(b) Coupez la pancetta en tranches.

5

ENCHAÎNEZ AVEC LE SAUTÉ DE BOEUF AU COOKEO

(a) Rincez la cuve du Cookeo. Faites-y revenir l'oignon jaune ciselé et les cubes de bœuf dans un filet d'huile d'olive 3 min en **mode dorer**. Salez, poivrez et mélangez bien. Ajoutez 1 cube de bouillon de bœuf émietté et 50 cl d'eau, mélangez et lancez le **mode sous pression** pour 20 min. Ajoutez 400 g de cubes de pommes de terre et 2 carottes en rondelles, mélangez, puis lancez le **mode sous pression** pour 10 min.

♦ Laissez refroidir, puis placez dans un contenant hermétique au frais.

6

PENDANT CE TEMPS, PRÉPAREZ LA VIANDE DU HACHIS (HORS COOKEO)

(c) Dans une sauteuse, faites dorer les gousses d'ail pressées avec un filet d'huile de colza pendant 1 min. Ajoutez la viande hachée et faites dorer jusqu'à ce qu'elle soit bien cuite. Ajoutez le concentré de tomates, 1 c. à café d'herbes de Provence, salez et poivrez. Mélangez bien et versez dans un plat à gratin. Réservez.

7

ENCHAÎNEZ AVEC LA PURÉE DU HACHIS AU COOKEO

(c) Rincez la cuve du Cookeo. Déposez-y le reste de cubes de pomme de terre, la crème liquide, 10 cl d'eau, salez et poivrez. Lancez le **mode sous pression** pour 15 min. Écrasez en purée à la fourchette et répartissez sur la viande.

♦ Laissez refroidir, puis couvrez et placez au frais.

8

PENDANT CE TEMPS, PRÉPAREZ LA PANCETTA ET L'OIGNON GRILLÉS (HORS COOKEO)

(b) Dans une poêle, faites griller la pancetta à sec. Débarrassez sur du papier absorbant. Dans la même poêle, faites fondre l'oignon en rondelles jusqu'à ce qu'il soit translucide.

♦ Laissez refroidir, puis placez dans un contenant hermétique au frais.

9

ENCHAÎNEZ AVEC LA SOUPE AU COOKEO

(e) Rincez la cuve du Cookeo. Faites-y revenir le reste de potiron et de rondelles de carottes dans un filet d'huile d'olive 2 min en **mode dorer**. Ajoutez 1 cube de bouillon de légumes émietté et 1 l d'eau. Mélangez et lancez le **mode sous pression** pour 20 min. Retirez les légumes à l'aide d'une écumoire et mixez-les dans un blender avec un peu d'eau de cuisson (plus ou moins selon votre goût).

♦ Laissez refroidir, puis placez dans un contenant hermétique au frais.

10

TERMINEZ AVEC LA VINAIGRETTE (HORS COOKEO)

(e) Mélangez 3 c. à soupe d'huile de noix et 3 c. à soupe de vinaigre de cidre, salez et poivrez.

♦ Placez dans un bocal hermétique au frais.

Les assemblages
À FAIRE EN SEMAINE

Lundi **(a)**

SAUTÉ DE BŒUF
AUX POMMES DE TERRE

Ma préparation : le sauté de bœuf

› *J'ajoute : 25 cl de crème épaisse*

Réchauffez le sauté de bœuf à la casserole à feu doux en ajoutant la crème épaisse. Rectifiez l'assaisonnement.

Mardi **(b)**

PÂTES À LA COURGE
ET PANCETTA

Mes préparations : la purée de courge, la pancetta et l'oignon

› *J'ajoute : 400 g de pâtes fraîches, 10 cl de crème épaisse, 50 g de parmesan râpé*

Faites cuire les pâtes 3 min environ. Égouttez en réservant une louche d'eau de cuisson et ajoutez-la à la purée de courge. Incorporez la crème, salez, poivrez et mélangez bien. Remettez les pâtes dans la casserole avec la sauce à la courge et réchauffez.

Dressez les assiettes avec les pâtes, la pancetta, les oignons et le parmesan.

Mercredi **(c)**

HACHIS PARMENTIER

Ma préparation : le hachis Parmentier

› *J'ajoute : 100 g de gruyère râpé*

Saupoudrez le hachis de fromage râpé et enfournez pour 10 min à 200 °C.

Jeudi **(d)**

GRATIN DE CHOU-FLEUR
AU BACON

Ma préparation : le chou-fleur cuit

› *J'ajoute : 150 g d'allumettes de bacon, 50 cl de lait, 40 g de farine, 40 g de beurre, 50 g de gruyère râpé*

Mettez le chou-fleur dans un plat à gratin avec les allumettes de bacon.

Préparez une béchamel : dans une casserole, faites fondre le beurre et ajoutez la farine. Mélangez bien et laissez cuire quelques instants avant d'ajouter le lait tout en fouettant. Laissez épaissir, puis, hors du feu, assaisonnez en sel, poivre et noix de muscade. Versez sur le chou-fleur, parsemez de fromage râpé et enfournez pour 20 min à 200 °C.

Vendredi **(e)**

SOUPE DE POTIRON, CAROTTE, ORANGE
ET SALADE DE QUINOA

Mes préparations : la soupe, le mélange de quinoa et lentilles, la vinaigrette

› *J'ajoute : 1 orange, 2 endives, 100 g de feta, quelques brins de coriandre*

Réchauffez la soupe à la casserole à feu doux. Ajoutez le jus de l'orange fraîchement pressée et rectifiez l'assaisonnement.

Pendant ce temps, coupez les endives en tronçons et la feta en dés, mélangez au quinoa et aux lentilles, puis arrosez de vinaigrette.

Parsemez la soupe de coriandre au moment de servir.

menu 44

Le menu de la semaine

LUNDI (A)

FILET MIGNON FAÇON ORLOFF

À LA COPPA ET MOZZARELLA

2 jours au réfrigérateur, peut être congelé

MARDI (B)

BALLOTTINES DE POULET

AUX DEUX PURÉES

2 jours au réfrigérateur, peuvent être congelées

MERCREDI (C)

QUICHE AU BROCOLI

ET LARDONS

3 jours au réfrigérateur, peut être congelée

JEUDI (D)

CURRY DE BUTTERNUT

ET POIS CHICHES

4-5 jours au réfrigérateur, peut être congelé

VENDREDI (E)

SOUPE AUX LENTILLES CORAIL

ET LÉGUMES

4-5 jours au réfrigérateur, peut être congelée

La liste des courses
POUR 4 PERSONNES

Coût : environ 60 €

FRUITS ET LÉGUMES

- ☐ 2 brocolis (a/c/e)
- ☐ 4 oignons jaunes (a : 2/d : 1/e : 1)
- ☐ 1 céleri-rave (b)
- ☐ 1 kg de carottes (b/e)
- ☐ 5 gousses d'ail (d : 2/e : 3)
- ☐ 1 kg de courge butternut (d : 0.5/e : 0.5)
- ☐ 100 g de pousses d'épinards (d) utilisées en semaine

VIANDE ET CHARCUTERIE

- ☐ 1 filet mignon de porc ou de veau (a)
- ☐ 10 tranches de coppa (a)
- ☐ 4 escalopes de poulet (b)
- ☐ 4 tranches de jambon fumé (b)
- ☐ 125 g de lardons fumés (c)

DANS VOTRE PLACARD

- ☐ Sel, poivre, curcuma, 5 feuilles de sauge
- ☐ 2 cubes de bouillon de légumes (e)
- ☐ Huile d'olive

ÉPICERIE

- ☐ 15 cl de vin blanc sec (a)
- ☐ 200 g de pois chiches en boîte (d)
- ☐ 30 cl de crème de coco (d)
- ☐ 400 g de tomates concassées (d)
- ☐ 2 c. à soupe de pâte de curry rouge (d)
- ☐ 200 g de lentilles corail (e)
- ☐ 70 g de concentré de tomate (e)

CRÉMERIE

- ☐ 1 boule de mozzarella (a)
- ☐ 50 cl de lait (b)
- ☐ 100 g de fromage frais ail et fines herbes (b)
- ☐ 15 g de beurre (b)
- ☐ 35 cl de crème liquide (b : 10/c : 25)
- ☐ 4 œufs (c)
- ☐ 1 pâte brisée (c)
- ☐ 30 g de cheddar râpé (c) (facultatif)

LES ACCOMPAGNEMENTS À PRÉVOIR

- Prévoyez une salade verte et/ou des crudités pour accompagner la quiche. Vous pouvez aussi la servir avec la soupe sur 2 repas.
- Servez le curry avec la céréale de votre choix.
- Vous pouvez accompagner la soupe de pain frais et de charcuterie.

MARDI
VENDREDI
MARDI
JEUDI

MERCREDI
LUNDI

Les préparations DU WEEK-END

1

LANCEZ LA PURÉE DE CAROTTES AU COOKEO

(b) Épluchez les carottes et coupez-les en rondelles. Réservez 1 carotte et mettez le reste dans le panier vapeur. Versez 20 cl d'eau dans la cuve du Cookeo et placez-y le panier. Lancez le mode **sous pression** pour 10 min. Égouttez les carottes, ajoutez 10 cl de crème liquide, puis mixez finement. Rectifiez l'assaisonnement.

♦ Laissez refroidir, puis placez dans un contenant hermétique au frais.

2

DÉCOUPEZ ET PRÉPAREZ LES INGRÉDIENTS DES PREMIÈRES RECETTES

Épluchez les oignons, ciselez-en 2 finement et coupez les 2 autres en demi-rondelles.

Pelez et dégermez les gousses d'ail.

(d/e) Coupez la courge en 2, retirez les graines, épluchez-la et coupez-la en petits cubes.

(b) Épluchez le céleri et coupez-le en petits dés.

3

ENCHAÎNEZ AVEC LA PURÉE DE CÉLERI AU COOKEO

(b) Rincez la cuve du Cookeo. Faites-y revenir les dés de céleri dans 15 g de beurre quelques minutes en **mode dorer**. Ajoutez le lait et un peu d'eau si besoin pour bien couvrir le céleri. Lancez le **mode sous pression** pour 8 min. Mixez avec un peu de liquide de cuisson et rectifiez l'assaisonnement.

♦ Laissez refroidir, puis placez dans un contenant hermétique au frais.

4

PENDANT CE TEMPS, PRÉPAREZ LA SUITE DES INGRÉDIENTS

Préchauffez le four à 180 °C.

(a) Coupez la mozzarella en 8 tranches.

(a/c/e) Détaillez les brocolis en petites fleurettes, puis coupez les pieds en petits cubes.

5

ENCHAÎNEZ AVEC LE CURRY AU COOKEO

(d) Rincez la cuve du Cookeo. Faites-y revenir 1 oignon ciselé et 2 gousses d'ail pressées dans un peu d'huile d'olive en **mode dorer**. Laissez cuire 2 min en remuant, puis ajoutez 2 c. à soupe de pâte de curry rouge et mélangez. Ajoutez la moitié des cubes de butternut, les tomates concassées et la crème de coco, puis mélangez. Lancez le **mode sous pression** pour 15 min. À la fin de la cuisson, ajoutez les pois chiches égouttés et rectifiez l'assaisonnement.

♦ Laissez refroidir, puis placez dans un contenant hermétique au frais.

6

PRÉPAREZ LE FILET MIGNON (HORS COOKEO)

(a) Incisez le filet mignon sur toute sa longueur sans aller jusqu'au bout de façon à ce que les tranches restent attachées à leur base. Dans chaque incision, intercalez les tranches de mozzarella, les tranches de coppa et les feuilles de sauge. Répartissez les oignons en rondelles et la moitié des fleurettes de brocolis dans le fond d'un plat allant au four, placez le filet par-dessus, arrosez du vin blanc et assaisonnez en sel et poivre. Enfournez pour 30 min en arrosant régulièrement avec le jus de cuisson.

♦ Laissez refroidir, puis placez dans un contenant hermétique au frais.

7

ENCHAÎNEZ AVEC LA QUICHE AU COOKEO, PUIS À ENFOURNER AVEC LE FILET MIGNON

(c) Rincez la cuve du Cookeo. Faites-y revenir les lardons fumés 2 min en **mode dorer**. Ajoutez le reste des fleurettes de brocoli, mélangez et ajoutez 10 cl d'eau. Lancez le **mode sous pression** pour 3 min.

Pendant ce temps, mélangez les œufs avec 25 cl de crème liquide, salez et poivrez. Vous pouvez assaisonner avec l'épice de votre choix (du curcuma par exemple) et ajouter du cheddar râpé. Garnissez un moule à tarte beurré de la pâte brisée, puis déposez-y le brocoli et les lardons égouttés. Recouvrez de la préparation aux œufs et enfournez pour 25 à 30 min.

♦ Laissez refroidir, puis couvrez et placez au frais.

8

ENCHAÎNEZ AVEC LA SOUPE AU COOKEO

(e) Rincez la cuve du Cookeo. Faites-y revenir 1 oignon ciselé et 3 gousses d'ail pressées dans un filet d'huile d'olive 2 min en **mode dorer**. Ajoutez le reste des cubes de butternut, la carotte en rondelles réservée, le pied du brocoli, le concentré de tomate, les lentilles corail et 2 cubes de bouillon de légumes émiettés. Couvrez avec 1 l d'eau, puis lancez le **mode sous pression** pour 15 min. Mixez et rectifiez l'assaisonnement.

♦ Laissez refroidir, puis placez dans un contenant hermétique au frais.

9

TERMINEZ AVEC LES BALLOTTINES (HORS COOKEO)

(b) Déposez les escalopes de poulet sur une feuille de film alimentaire, puis aplatissez-les légèrement avec un attendrisseur ou un rouleau à pâtisserie. Salez et poivrez. Recouvrez de 1 tranche de jambon fumé, ajoutez un peu de fromage frais et roulez en vous aidant du film alimentaire. Serrez bien, puis faites un nœud à chaque extrémité et coupez l'excédent de film. Pochez les ballotines 10 min dans de l'eau bouillante.

♦ Laissez refroidir, puis placez dans un contenant hermétique au frais.

Les assemblages
À FAIRE EN SEMAINE

Lundi **(a)**

FILET MIGNON FAÇON ORLOFF À LA COPPA ET MOZZARELLA

Ma préparation : le filet mignon

Réchauffez le filet mignon 15 min au four à 160 °C en couvrant de papier sulfurisé.

Mardi **(b)**

BALLOTTINES DE POULET AUX DEUX PURÉES

Mes préparations : les ballottines, la purée de céleri, la purée de carottes

Réchauffez les purées à feu doux à la casserole ou au micro-ondes.

Pendant ce temps, réchauffez les ballottines en les plongeant quelques minutes dans de l'eau bouillante.

Déballez les ballottines et coupez-les en tranches avant de servir avec les purées.

Mercredi **(c)**

QUICHE AU BROCOLI ET LARDONS

Ma préparation : la quiche

Réchauffez la quiche 15 min au four à 160 °C. Si la surface brunit trop, couvrez de papier sulfurisé.

Servez éventuellement avec une salade verte et/ou des crudités.

Jeudi **(d)**

CURRY DE BUTTERNUT ET POIS CHICHES

Ma préparation : le curry

› *J'ajoute : 100 g de pousses d'épinards*

Réchauffez le curry à la casserole à feu doux. Lorsqu'il est bien chaud, ajoutez les pousses d'épinards équeutées et mélangez rapidement.

Servez éventuellement avec la céréale de votre choix.

Vendredi **(e)**

SOUPE AUX LENTILLES CORAIL ET LÉGUMES

Ma préparation : la soupe

Réchauffez la soupe à la casserole à feu doux ou au micro-ondes.

Servez éventuellement avec du pain et de la charcuterie.

menu 45

Le menu de la semaine

LUNDI (A)

AGNEAU À L'ÉTOUFFÉE
FAÇON PORTUGAISE

2 jours au réfrigérateur, peut être congelé

MARDI (B)

POULET AU JAMBON SEC
ET POMMES

2 jours au réfrigérateur, peut être congelé

MERCREDI (C)

BOULETTES DE VIANDE
À LA SUÉDOISE

2-3 jours au réfrigérateur, peuvent être congelées

JEUDI (D)

ORZO
À LA MÉDITERRANÉENNE

4-5 jours au réfrigérateur, peut être congelé

VENDREDI (E)

SALADE DE LENTILLES,
POIRE ET AVOCAT

4-5 jours au réfrigérateur, ne pas congeler

La liste des courses

POUR 4 PERSONNES

Coût : environ 70 €

FRUITS ET LÉGUMES

- ☐ 15 petites pommes de terre type rattes (a)
- ☐ 2 carottes (a)
- ☐ 1 oignon rouge (a)
- ☐ 2 pommes (b)
- ☐ 3 échalotes (b : 2/d : 1)
- ☐ 6 gousses d'ail (b : 4/d : 2)
- ☐ 1 chou rouge (b/e)
- ☐ 2 citrons jaunes (b : 1/e : 1)
- ☐ 125 g de champignons de Paris (c)
- ☐ 1 oignon jaune (c)
- ☐ 200 g de pousses d'épinards (d)
- ☐ 1 avocat (e) utilisé en semaine
- ☐ 1 poire (e) utilisée en semaine

DANS VOTRE PLACARD

- ☐ Sel, poivre, thym séché, piment de Cayenne, noix de muscade râpée, herbes de Provence
- ☐ Sucre semoule (b)
- ☐ 50 g de farine (c) utilisée en semaine
- ☐ 70 g de chapelure (c)
- ☐ Miel (e)
- ☐ 50 cl de bouillon de bœuf (c), 50 cl de bouillon de légumes (d)
- ☐ Moutarde à l'ancienne (c/e)
- ☐ Sauce Worcestershire (c)
- ☐ Vinaigre de cidre
- ☐ Huile d'olive

ÉPICERIE

- ☐ 32 cl de vin blanc sec (a : 20/ b : 12)
- ☐ 300 g d'orzo (d)
- ☐ 50 g de poivrons marinés en bocal (d)
- ☐ 70 g de concentré de tomate (d)
- ☐ 400 g de tomates concassées (d)
- ☐ 200 g de pois chiches en boîte (d)
- ☐ 200 g de lentilles beluga (e)
- ☐ 15 olives noires (a) utilisées en semaine

CRÉMERIE

- ☐ 1 œuf (c)
- ☐ 60 g de beurre (c) utilisé en semaine
- ☐ 20 cl de crème épaisse (c) utilisée en semaine
- ☐ 200 g de feta (d : 100/e : 100) utilisée en semaine

VIANDE ET CHARCUTERIE

- ☐ 800 g de gigot d'agneau sans os découpé en gros cubes (a)
- ☐ 150 g de chorizo (a)
- ☐ 4 escalopes de poulet (b)
- ☐ 8 tranches de jambon sec (b)
- ☐ 650 g de veau haché (c)

LES ACCOMPAGNEMENTS À PRÉVOIR

- Servez les boulettes avec du riz basmati.
- Vous pouvez prévoir la protéine de votre choix (charcuterie, œufs, tofu…) pour accompagner l'orzo et la salade.

MARDI
VENDREDI
JEUDI
VENDREDI

MERCREDI
LUNDI
MARDI

Les préparations
DU WEEK-END

1

LANCEZ LA PREMIÈRE CUISSON

(e) Faites cuire les lentilles beluga 25 min dans de l'eau bouillante non salée. Égouttez.

♦ Laissez refroidir, puis placez dans un contenant hermétique au frais.

2

DÉCOUPEZ ET PRÉPAREZ LES INGRÉDIENTS DES PREMIÈRES RECETTES

Préchauffez le four à 180 °C.

Épluchez les oignons et ciselez-les finement.

Pelez et dégermez les gousses d'ail.

Épluchez les échalotes. Coupez-en 1 en 2 et ciselez les autres finement.

(b) Coupez les escalopes de poulet en 2.

(b) Coupez les pommes en quartiers, retirez le cœur et arrosez-les du jus de 1 citron jaune.

(b/e) Émincez le chou rouge.

♦ Placez-en la moitié dans un contenant hermétique au frais.

3

LANCEZ LE CHOU ROUGE AU COOKEO

(b) Dans la cuve du Cookeo, faites revenir 1 échalote ciselée dans un peu d'huile d'olive en **mode dorer**, en remuant. Ajoutez le reste du chou rouge, salez, poivrez et mélangez. Ajoutez 2 quartiers de pomme, 1 c. à soupe de vinaigre de cidre, 1 c. à soupe de sucre semoule et 20 cl d'eau. Mélangez, puis lancez le **mode sous pression** pour 25 min.

♦ Laissez refroidir, puis placez dans un contenant hermétique au frais.

4

PENDANT CE TEMPS, PRÉPAREZ LE POULET (HORS COOKEO)

(b) Badigeonnez les escalopes de poulet d'un peu d'huile d'olive, salez et poivrez, puis enveloppez chacune dans 1 tranche de jambon sec. Déposez-les dans un plat allant au four. Ajoutez l'échalote coupée en 2, 4 gousses d'ail juste écrasées du plat du couteau et le reste de quartiers de pommes. Ajoutez du thym séché, 12 cl de vin blanc et 1 c. à soupe de vinaigre de cidre. Enfournez pour 20 min.

♦ Laissez refroidir, puis placez dans un contenant hermétique au frais.

5

PENDANT CE TEMPS, PRÉPAREZ LA SUITE DES INGRÉDIENTS

(d) Équeutez les épinards et hachez-les grossièrement.

(a) Épluchez les carottes et coupez-les en cubes.

(a) Coupez la viande d'agneau en cubes d'environ 4 à 5 cm.

(a) Coupez le chorizo en rondelles.

6

ENCHAÎNEZ AVEC L'ORZO AU COOKEO

(d) Rincez la cuve du Cookeo. Faites-y revenir 1 échalote ciselée et 2 gousses d'ail pressées dans un peu d'huile d'olive en **mode dorer**. Ajoutez les épinards et les poivrons marinés. Laissez dorer 2 min, puis ajoutez les tomates concassées, le concentré de tomate, les pois chiches égouttés, l'orzo et 50 cl de bouillon de légumes. Lancez le **mode sous pression** pour 4 min.

♦ Laissez refroidir, puis placez dans un contenant hermétique au frais.

7

PENDANT CE TEMPS, PRÉPAREZ LE RESTE DES INGRÉDIENTS

(c) Brossez les champignons et coupez-les en 4.

9

PENDANT CE TEMPS, PRÉPAREZ LA VINAIGRETTE (HORS COOKEO)

(e) Mélangez 1 c. à soupe de moutarde à l'ancienne, 1 c. à café de miel, le jus de 1 citron et 4 c. à soupe d'huile d'olive. Salez et poivrez.

♦ Placez dans un bocal hermétique au frais.

8

ENCHAÎNEZ AVEC LES BOULETTES AU COOKEO

(c) Mélangez le veau haché, 70 g de chapelure, l'œuf, 1 pincée de piment de Cayenne, 1 pincée de muscade râpée et 1 c. à soupe d'herbes de Provence. Salez et poivrez. Façonnez des boulettes de la taille d'une grosse noix.

Rincez la cuve du Cookeo. Faites-y revenir les boulettes dans un filet d'huile d'olive 3 min en **mode dorer** en remuant. Ajoutez l'oignon jaune, les champignons, 10 cl d'eau et lancez le **mode sous pression** pour 3 min.

♦ Laissez refroidir, puis placez dans un contenant hermétique au frais.

10

TERMINEZ AVEC L'AGNEAU AU COOKEO

(a) Rincez la cuve du Cookeo. Faites-y revenir l'agneau sur toutes les faces dans un filet d'huile d'olive en **mode dorer**. Ajoutez l'oignon rouge et le chorizo et faites cuire 1 min. Déglacez avec 20 cl de vin blanc, laissez réduire 1 min, puis ajoutez les pommes de terre rattes entières et les cubes de carottes. Salez et poivrez, puis lancez le **mode sous pression** pour 40 min.

♦ Laissez refroidir, puis placez dans un contenant hermétique au frais.

Les assemblages
À FAIRE EN SEMAINE

Lundi **(a)**

AGNEAU À L'ÉTOUFFÉE
FAÇON PORTUGAISE

Ma préparation : l'agneau

› *J'ajoute : 15 olives noires*

Ajoutez les olives noires à l'agneau, puis réchauffez doucement à la casserole ou 15 min au four à 160 °C.

Mardi **(b)**

POULET AU JAMBON SEC
ET POMMES

Mes préparations : le poulet, le chou rouge cuit

Réchauffez le poulet à la poêle ou à four doux et le chou rouge à la casserole à feu doux.

Mercredi **(c)**

BOULETTES DE VIANDE
À LA SUÉDOISE

Ma préparation : les boulettes

› *J'ajoute : 60 g de beurre, 50 g de farine, 50 cl de bouillon de bœuf, 20 cl de crème épaisse, 1 c. à café de sauce Worcestershire, 1 c. à café de moutarde à l'ancienne*

Dans une poêle, faites chauffer le beurre, puis ajoutez la farine et fouettez. Ajoutez doucement le bouillon, la crème, la sauce Worcestershire et la moutarde. Laissez épaissir, puis ajoutez les boulettes. Laissez cuire 3 à 4 min.

Servez éventuellement avec du riz basmati.

Jeudi **(d)**

ORZO
À LA MÉDITERRANÉENNE

Ma préparation : l'orzo

› *J'ajoute : 100 g de feta*

Réchauffez l'orzo à la casserole à feu doux ou au micro-ondes.

Parsemez de feta au moment de servir.

Vendredi **(e)**

SALADE DE LENTILLES,
POIRE ET AVOCAT

Mes préparations : les lentilles cuites, le chou rouge cru, la vinaigrette

› *J'ajoute : 1 poire, 1 avocat, 100 g de feta*

Coupez la poire et l'avocat en petits dés. Dressez les assiettes avec le chou rouge, les lentilles, les dés d'avocat et de poire. Arrosez de vinaigrette et parsemez de feta.

menu 46

Le menu de la semaine

LUNDI (A)

ENCORNETS FARCIS
AU RIZ

1-2 jours au réfrigérateur, peuvent être congelés

MARDI (B)

LAPIN AU MIEL
ET MOUTARDE

2 jours au réfrigérateur, peut être congelé

MERCREDI (C)

GRATIN DE CHOU-FLEUR
ET POULET

3-4 jours au réfrigérateur, peut être congelé

JEUDI (D)

CROZETS AUX POIREAUX
ET CAROTTES

4-5 jours au réfrigérateur, peuvent être congelés

VENDREDI (E)

CHILI
SIN CARNE

4-5 jours au réfrigérateur, peut être congelé

La liste des courses

POUR 4 PERSONNES

Coût : environ 65 €

FRUITS ET LÉGUMES

- ☐ 4 échalotes (a : 2/d : 2)
- ☐ 5 gousses d'ail (a : 1/e : 4)
- ☐ 1 chou-fleur (c)
- ☐ 2 oignons jaunes (c : 1/e : 1)
- ☐ 2 poireaux (d)
- ☐ 4 carottes (d : 2/e : 2)
- ☐ 100 g de champignons de Paris (e)
- ☐ 1 petit piment vert (facultatif) (e)

POISSON

- ☐ 8 encornets (a)

SURGELÉS

- ☐ 100 g de petits pois (a)

DANS VOTRE PLACARD

- ☐ Sel, poivre, 1 dose de safran, muscade râpée, estragon séché, cumin, coriandre moulue, origan séché, graines de moutarde
- ☐ Miel (b)
- ☐ 1 l de bouillon de légumes (a : 0,8/e : 0,2), 25 cl de bouillon de volaille (b)
- ☐ Moutarde à l'ancienne (b)
- ☐ Sauce Worcestershire (e)
- ☐ Huile d'olive

ÉPICERIE

- ☐ 300 g de riz rond (a)
- ☐ 70 g de concentré de tomate (a)
- ☐ 800 g de tomates concassées (a : 400/e : 400)
- ☐ 30 cl de vin blanc sec (a : 20/d : 10)
- ☐ 200 g de crozets (d)
- ☐ 120 g de riz complet (e)
- ☐ 50 g de poivrons marinés (e)
- ☐ 200 g de haricots rouges en boîte (e)
- ☐ 50 g de maïs doux en boîte (e)
- ☐ 50 g de lentilles corail (e)
- ☐ 50 g de quinoa (e)

CRÉMERIE

- ☐ 300 g de pâtes fraîches (b) utilisées en semaine
- ☐ 150 g de fromage râpé (c : 100/d : 50) utilisé en semaine
- ☐ 40 cl de crème liquide (c : 20/d : 20) utilisée en semaine

VIANDE ET CHARCUTERIE

- ☐ 1 lapin en morceaux (b)
- ☐ 2 escalopes de poulet (c)
- ☐ 200 g d'allumettes de bacon (d)

LES ACCOMPAGNEMENTS À PRÉVOIR

- Prévoyez une salade verte et/ou des crudités pour accompagner les gratins de chou-fleur et de crozets.

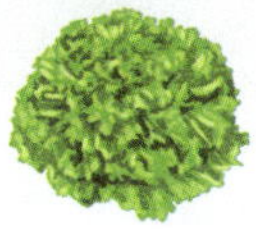

JEUDI
LUNDI
MARDI

MERCREDI
VENDREDI
LUNDI

Les préparations DU WEEK-END

1

LANCEZ LES PREMIÈRES CUISSONS

(d) Faites cuire les crozets en suivant les indications du paquet. Rafraîchissez-les sous un filet d'eau froide et égouttez. Réservez.

(e) Dans la cuve du Cookeo, mettez le riz complet et couvrez largement d'eau salée. Lancez le **mode sous pression** pour 9 min.

♦ Laissez refroidir, puis placez dans un contenant hermétique au frais.

2

PRÉPAREZ LE LAPIN (HORS COOKEO)

Préchauffez le four à 180 °C.

(b) Dans une cocotte, saisissez les morceaux de lapin sur toutes les faces dans un filet d'huile d'olive. Salez et poivrez, puis réservez dans un plat allant au four.

Dans un bol, mélangez 25 cl de bouillon de volaille, 4 c. à soupe de moutarde à l'ancienne, 1 c. à soupe de miel et 1 c. à café d'estragon, puis versez le tout sur la viande. Enfournez pour 1 h en retournant le lapin à mi-cuisson.

♦ Laissez refroidir, puis placez dans un contenant hermétique au frais.

3

DÉCOUPEZ ET PRÉPAREZ LES INGRÉDIENTS DES PREMIÈRES RECETTES

Épluchez les oignons et ciselez-les finement.

Pelez et dégermez les gousses d'ail.

(a/d) Ciselez les échalotes.

(e) Brossez les champignons et coupez-les en lamelles.

(d/e) Épluchez les carottes et coupez-les en petits cubes.

(e) Émincez le piment vert (facultatif).

4

ENCHAÎNEZ AVEC LE CHILI SIN CARNE AU COOKEO

(e) Rincez la cuve du Cookeo. Faites-y revenir 1 oignon émincé dans un peu d'huile d'olive en **mode dorer**. Ajoutez 4 gousses d'ail juste écrasées du plat du couteau, 2 carottes en dés, les poivrons marinés, les champignons émincés et éventuellement le piment vert. Laissez dorer en remuant pendant 3 min, puis ajoutez 400 g de tomates concassées, 20 cl de bouillon de légumes, les haricots rouges et le maïs égouttés, les lentilles et le quinoa. Assaisonnez avec 1 c. à soupe de sauce Worcestershire, 1 c. à soupe de cumin, 1 c. à soupe d'origan, 1 c. à café de coriandre moulue et 1 c. à café de graines de moutarde. Salez et poivrez, puis mélangez bien et lancez le **mode sous pression** pour 10 min.

♦ Laissez refroidir, puis placez dans un contenant hermétique au frais.

5

PENDANT CE TEMPS, PRÉPAREZ LES ENCORNETS (HORS COOKEO)

(a) Nettoyez soigneusement les encornets. Détachez la tête des corps, coupez les tentacules, puis lavez-les sous un filet d'eau. Réservez. Videz les poches, puis frottez-les avec du sel fin pour décoller la peau plus facilement. Rincez-les sous de l'eau froide et détachez les nageoires. Retournez les poches sur elles-mêmes et frottez l'intérieur au sel fin. Rincez et retournez à nouveau. Coupez les tentacules et les nageoires en petits morceaux et réservez-les.

♦ Placez les poches d'encornets dans un contenant hermétique au frais.

6

ENCHAÎNEZ AVEC LA FARCE DES ENCORNETS AU COOKEO

(a) Rincez la cuve du Cookeo. Faites-y revenir 1 échalote ciselée, les tentacules et les nageoires des encornets dans un filet d'huile d'olive en **mode dorer**. Laissez dorer 1 min, puis ajoutez le riz rond. Mélangez bien, laissez cuire 1 min, puis ajoutez 20 cl de vin blanc. Laissez évaporer en mélangeant. Ajoutez 1 dose de safran, les petits pois surgelés et 80 cl de bouillon de légumes. Mélangez bien, puis lancez le **mode sous pression** pour 10 min.

♦ Laissez refroidir, puis placez dans un contenant hermétique au frais.

7

ENCHAÎNEZ AVEC LA SAUCE TOMATE AU COOKEO

(a) Rincez rapidement la cuve du Cookeo. Faites-y revenir 1 échalote et 1 gousse d'ail pressée dans un filet d'huile d'olive 1 min en **mode dorer**. Ajoutez 400 g de tomates concassées et le concentré de tomate. Salez et poivrez, puis lancez le **mode sous pression** pour 3 min.

♦ Laissez refroidir, puis placez dans un contenant hermétique au frais.

8

PENDANT CE TEMPS, PRÉPAREZ LA SUITE DES INGRÉDIENTS

(d) Nettoyez les poireaux et émincez-les en fines rondelles.

9

ENCHAÎNEZ AVEC LA GARNITURE DES CROZETS AU COOKEO

(d) Rincez la cuve du Cookeo. Faites-y revenir 2 échalotes et les allumettes de bacon dans un peu d'huile d'olive en **mode dorer**. Ajoutez les poireaux et le reste des carottes, puis arrosez de 10 cl de vin blanc. Assaisonnez bien, mélangez et lancez le **mode sous pression** pour 5 min. À la fin de la cuisson, ajoutez les crozets cuits et mélangez.

♦ Laissez refroidir, puis placez dans un contenant hermétique au frais.

10

PENDANT CE TEMPS, PRÉPAREZ LE RESTE DES INGRÉDIENTS

(c) Ôtez les feuilles du chou-fleur et détaillez-le en fleurettes.

(c) Coupez le poulet en cubes.

11

TERMINEZ AVEC LE GRATIN AU COOKEO

(c) Rincez la cuve du Cookeo. Faites-y revenir 1 oignon jaune ciselé et les dés de poulet dans un filet d'huile d'olive en **mode dorer**, jusqu'à ce qu'ils soient dorés de tous les côtés. Ajoutez les fleurettes de chou-fleur et 20 cl d'eau. Salez et poivrez, ajoutez 1 pincée de muscade, puis lancez le **mode sous pression** pour 10 min.

♦ Laissez refroidir, puis placez dans un contenant hermétique au frais.

Les assemblages
À FAIRE EN SEMAINE

Lundi **(a)**

ENCORNETS FARCIS AU RIZ

Mes préparations : les poches d'encornets, le riz aux encornets, la sauce tomate

Farcissez les encornets avec le riz sans trop tasser, puis fermez avec un cure-dents. Dans la cuve du Cookeo, mettez la sauce tomate. Déposez les encornets farcis dans la sauce, puis lancez le **mode sous pression** pour 25 min.

Mardi **(b)**

LAPIN AU MIEL ET À LA MOUTARDE

Ma préparation : le lapin

› *J'ajoute : 300 g de pâtes fraîches*

Réchauffez le lapin 15 à 20 min au four à 160 °C.

Pendant ce temps, préparez les pâtes en suivant les indications du paquet.

Mercredi **(c)**

GRATIN DE CHOU-FLEUR ET POULET

Ma préparation : la garniture au chou-fleur

› *J'ajoute : 20 cl de crème liquide, 100 g de fromage râpé*

Versez la garniture au chou-fleur dans un plat à gratin. Ajoutez la crème liquide et mélangez bien. Parsemez de fromage râpé et enfournez pour 15 min à 180 °C.

Servez éventuellement avec une salade verte et/ou des crudités.

Jeudi **(d)**

CROZETS AUX POIREAUX ET CAROTTES

Ma préparation : les crozets

› *J'ajoute : 20 cl de crème liquide, 50 g de fromage râpé*

Versez les crozets dans un plat à gratin. Ajoutez la crème liquide et mélangez bien. Parsemez de fromage râpé et enfournez pour 20 min à 180 °C.

Servez éventuellement avec une salade verte et/ou des crudités.

Vendredi **(e)**

CHILI SIN CARNE

Mes préparations : le chili, le riz cuit

Réchauffez le chili à la casserole à feu doux et le riz complet au micro-ondes.

menu 47

Le menu de la semaine

LUNDI (A)

FILET MIGNON DE VEAU FARCI
AU FROMAGE FRAIS

2 jours au réfrigérateur, peut être congelé

MARDI (B)

RAGOÛT DE POULET
AUX LÉGUMES

2-3 jours au réfrigérateur, peut être congelé

MERCREDI (C)

ONE PAN QUINOA
À LA MEXICAINE

3-4 jours au réfrigérateur, peut être congelé

JEUDI (D)

SALADE HIVERNALE
AUX ENDIVES ET KIWIS

4-5 jours au réfrigérateur, peut être congelée

VENDREDI (E)

BOLOGNAISE VÉGÉTARIENNE
AU CHOU-FLEUR

4-5 jours au réfrigérateur, peut être congelée

La liste des courses
POUR 4 PERSONNES

Coût : environ 60 €

FRUITS ET LÉGUMES

- ☐ 100 g de roquette (a)
- ☐ 250 g de champignons de Paris (b)
- ☐ 2 carottes (b)
- ☐ 250 g de pommes de terre (b)
- ☐ 1 oignon rouge (b)
- ☐ 6 gousses d'ail (b : 2/c : 2/e : 2)
- ☐ 1 piment végétarien (c)
- ☐ 1 petit potimarron (d)
- ☐ 4 endives (d)
- ☐ 1 chou-fleur (e)
- ☐ 1 oignon jaune (e)
- ☐ 1 avocat pas trop mûr (c) utilisé en semaine
- ☐ 1 citron vert (c) utilisé en semaine
- ☐ 1 bouquet de coriandre fraîche (c) utilisé en semaine
- ☐ 2 kiwis gold (d) utilisés en semaine

DANS VOTRE PLACARD

- ☐ Sel, poivre, 2 feuilles de laurier, paprika, thym séché, piment doux, piment d'Espelette, cumin, paprika fumé, origan séché
- ☐ 1 c. à soupe de farine (b) utilisée en semaine
- ☐ 1 morceau de sucre (e)
- ☐ Sirop d'érable (d)
- ☐ 2 cubes de bouillon de légumes (b)
- ☐ 25 cl de bouillon de légumes (c)
- ☐ Vinaigre balsamique, vinaigre de cidre
- ☐ Huile d'olive

ÉPICERIE

- ☐ Quelques tomates séchées (a)
- ☐ 20 cl de vin rouge (b)
- ☐ 140 g de concentré de tomate (b : 70/e : 70)
- ☐ 160 g de quinoa (c)
- ☐ 250 g de haricots rouges en boîte (c)
- ☐ 250 g de tomates concassées (c)
- ☐ 100 g de maïs doux en boîte (c)
- ☐ 100 g de boulgour (d)
- ☐ 600 g de tomates pelées en boîte (e)
- ☐ 50 cl de coulis de tomate (e)
- ☐ 125 g de lentilles corail (e)
- ☐ 300 g de pâtes sèches (e) utilisées en semaine

CRÉMERIE

- ☐ 150 g de fromage frais ail et fines herbes (a)
- ☐ 1 crottin de chèvre affiné (d) utilisé en semaine

VIANDE ET CHARCUTERIE

- ☐ 1 filet mignon de veau (a)
- ☐ 12 tranches de poitrine fumée (a)
- ☐ 8 pilons de poulet ou 4 cuisses de poulet (b)

LES ACCOMPAGNEMENTS À PRÉVOIR

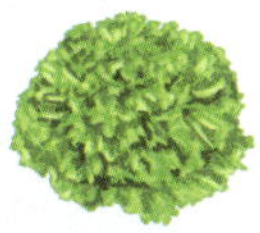

Prévoyez une salade verte, des crudités et /ou une poêlée de légumes pour accompagner le filet mignon.

LUNDI
VENDREDI
JEUDI
MARDI

MERCREDI
JEUDI
JEUDI

Les préparations DU WEEK-END

1

LANCEZ LES PREMIÈRES PRÉPARATIONS ET CUISSONS

Préchauffez le four à 180 °C.

(a) Coupez le filet mignon en 2 dans la longueur, sans aller jusqu'au bout, pour l'ouvrir en portefeuille. Recouvrez-le de film alimentaire, puis tapez dessus avec un rouleau à pâtisserie pour l'aplatir. Alignez les tranches de poitrine fumée sur du film alimentaire en les superposant légèrement et déposez-y la viande. Tartinez de fromage frais, puis déposez les feuilles de roquette et les tomates séchées. Roulez la viande sur elle-même avec le lard pour former un rôti. Ficelez et serrez le tout dans le film alimentaire. Réservez 1 h au frais.

(d) Coupez le potimarron en 2, retirez les graines, puis découpez-le en tranches de 0,5 cm d'épaisseur (s'il est bio, il n'est pas nécessaire de l'éplucher). Déposez-les sur une plaque recouverte de papier sulfurisé. Arrosez d'huile d'olive, salez et poivrez et ajoutez éventuellement un peu de piment d'Espelette. Enfournez pour 25 à 30 min en retournant régulièrement.

♦ Laissez refroidir, puis placez dans un contenant hermétique au frais.

(d) Dans la cuve du Cookeo, mettez le boulgour et couvrez largement d'eau salée. Lancez le **mode sous pression** pour la moitié du temps indiqué sur le paquet. Égouttez.

♦ Laissez refroidir, puis placez dans un contenant hermétique au frais.

2

DÉCOUPEZ ET PRÉPAREZ LES INGRÉDIENTS DES PREMIÈRES RECETTES

Épluchez les oignons et ciselez-les finement.

Pelez et dégermez les gousses d'ail.

(b) Épluchez les pommes de terre, puis coupez-les en 4 ou en 8 dans la longueur selon la taille.

(b) Brossez les champignons, coupez le pied puis coupez-les en 4.

(b) Épluchez les carottes et coupez-les en rondelles.

(c) Coupez le piment végétarien en rondelles.

3

ENCHAÎNEZ AVEC LE RAGOÛT AU COOKEO

(b) Rincez la cuve du Cookeo. Faites-y revenir le poulet dans un peu d'huile d'olive en **mode dorer**. Lorsque la peau a bien coloré, ajoutez l'oignon rouge, 2 feuilles de laurier et un peu de thym séché. Laissez cuire 2 min en remuant jusqu'à ce que l'oignon soit fondant. Ajoutez 2 gousses d'ail pressées, 70 g de concentré de tomate, 2 cubes de bouillon de légumes émiettés et 1 c. à café de paprika fumé. Mélangez bien, puis ajoutez les champignons, les carottes en rondelles, les pommes de terre en quartiers, le vin rouge et 50 cl d'eau. Lancez le **mode sous pression** pour 25 min.

♦ Laissez refroidir, puis placez dans un contenant hermétique au frais.

4

PENDANT CE TEMPS, PRÉPAREZ LA SUITE DES INGRÉDIENTS

(d) Ôtez le pied des endives et creusez un peu l'intérieur pour retirer le cœur dur et amer. Retirez les premières feuilles, coupez-les en 2 dans la longueur, puis émincez en tronçons.

♦ Placez dans un contenant hermétique au frais.

5

PRÉPAREZ LA SEMOULE DE CHOU-FLEUR (HORS COOKEO)

(e) Retirez le pied du chou-fleur, puis coupez-le en gros morceaux. Passez les morceaux dans un robot muni d'une lame pour obtenir une « semoule » de chou-fleur, avec de plus gros morceaux. Ne cherchez pas à avoir un résultat homogène. Si vous n'avez pas de robot, coupez-le en très petites fleurettes. Réservez.

6

ENFOURNEZ LE RÔTI APRÈS LES COURGES (HORS COOKEO)

(a) Déposez le rôti (sans le film alimentaire) dans un plat et enfournez pour 30 min en le retournant à mi-cuisson.

♦ Laissez refroidir, puis placez dans un contenant hermétique au frais.

7

ENCHAÎNEZ AVEC LE QUINOA AU COOKEO

(c) Rincez la cuve du Cookeo. Faites-y revenir 2 gousses d'ail pressées et le piment dans un filet d'huile d'olive en **mode dorer**. Laissez cuire 1 min en remuant, puis ajoutez le quinoa, les haricots rouges égouttés, les tomates concassées, le maïs égoutté, 1 c. à café de piment doux, ½ c. à café de cumin et 25 cl de bouillon de légumes. Mélangez bien, puis lancez le **mode sous pression** pour 10 min.

♦ Laissez refroidir, puis placez dans un contenant hermétique au frais.

8

PRÉPAREZ LA VINAIGRETTE (HORS COOKEO)

(d) Mélangez 4 c. à soupe d'huile d'olive, 4 c. à soupe de vinaigre de cidre, 1 c. à soupe de sirop d'érable et 1 pincée de paprika fumé. Assaisonnez en sel et poivre.

♦ Placez dans un bocal hermétique au frais.

9

TERMINEZ AVEC LA BOLOGNAISE AU COOKEO

(e) Rincez la cuve du Cookeo. Faites-y revenir l'oignon jaune dans un peu d'huile d'olive en **mode dorer**. Ajoutez la semoule de chou-fleur et laissez cuire en remuant jusqu'à ce qu'elle prenne une couleur dorée. Ajoutez 2 gousses d'ail pressées, les tomates pelées, le coulis de tomate, 70 g de concentré de tomate, les lentilles corail, 1 c. à café de thym séché, 1 c. à café d'origan séché, 1 c. à soupe de vinaigre balsamique et 1 morceau de sucre. Salez et poivrez, puis mélangez bien. Lancez le **mode sous pression** pour 15 min.

♦ Laissez refroidir, puis placez dans un contenant hermétique au frais.

Les assemblages
À FAIRE EN SEMAINE

Lundi **(a)**

FILET MIGNON DE VEAU
FARCI AU FROMAGE FRAIS

Ma préparation : le filet mignon

Réchauffez le filet mignon 15 à 20 min au four à 180 °C, jusqu'à ce qu'il soit bien doré.

Servez éventuellement avec des crudités et/ou une poêlée de légumes.

Mardi **(b)**

RAGOÛT DE POULET
AUX LÉGUMES

Ma préparation : le ragoût

› *J'ajoute : 1 c. à soupe de farine*

Réchauffez le ragoût à la casserole à feu doux. À frémissement, saupoudrez de farine, mélangez bien et laissez cuire 5 min pour faire épaissir la sauce.

Mercredi **(c)**

ONE PAN QUINOA
À LA MEXICAINE

Ma préparation : le one pan quinoa

› *J'ajoute : 1 avocat, 1 bouquet de coriandre, 1 citron vert*

Réchauffez le quinoa à la casserole à feu doux.

Ajoutez l'avocat coupé en cubes, la coriandre ciselée et arrosez d'un filet de jus de citron vert. Mélangez et servez aussitôt.

Jeudi **(d)**

SALADE HIVERNALE
AUX ENDIVES ET KIWIS

Mes préparations : le boulgour cuit, le potimarron, les endives, la vinaigrette

› *J'ajoute : 2 kiwis gold, 1 crottin de chèvre affiné*

Épluchez les kiwis et coupez-les en petits cubes. Coupez le chèvre en petits cubes. Dressez les assiettes avec le boulgour, les tranches de potimarron, les endives, les cubes de kiwi et de chèvre. Arrosez de vinaigrette et servez aussitôt.

Vendredi **(e)**

BOLOGNAISE VÉGÉTARIENNE
AU CHOU-FLEUR

Ma préparation : la bolognaise

› *J'ajoute : 300 g de pâtes sèches*

Faites cuire les pâtes en suivant les indications du paquet.

Pendant ce temps, réchauffez la bolognaise à la casserole à feu doux.

menu 48

Le menu de la semaine

LUNDI (A)

BŒUF BOURGUIGNON
EXPRESS

2 jours au réfrigérateur, peut être congelé

MARDI (B)

GRATIN
AUX LÉGUMES D'HIVER

3 jours au réfrigérateur, peut être congelé

MERCREDI (C)

TAJINE DE POULET
AUX PRUNEAUX ET ÉPICES

3-4 jours au réfrigérateur, peut être congelé

JEUDI (D)

TACOS VÉGÉTARIENS
AU CHOU-FLEUR ET PATATE DOUCE

4-5 jours au réfrigérateur, peuvent être congelés

VENDREDI (E)

SOUPE AUX LENTILLES
ET PATATES DOUCES

4-5 jours au réfrigérateur, peut être congelée

La liste des courses
POUR 4 PERSONNES

Coût : environ 60 €

FRUITS ET LÉGUMES

- ☐ 400 g de champignons de Paris (a)
- ☐ 4 oignons jaunes (a : 1/b : 1/c : 1/e : 1)
- ☐ 6 carottes soit environ 600 g (a : 3/b : 1/e : 2)
- ☐ 1 panais (b)
- ☐ 1,05 kg de patates douces (b : 0,35/d : 0,35/e : 0,35)
- ☐ 6 gousses d'ail (b : 1/d : 1/e : 4)
- ☐ 1 chou-fleur (d)
- ☐ 2 citrons verts (d) dont 1 utilisé en semaine
- ☐ 2 branches de céleri (e)
- ☐ 1 petit bouquet de coriandre (c) utilisé en semaine
- ☐ 1 avocat (d) utilisé en semaine

ÉPICERIE

- ☐ 30 cl de vin rouge (a)
- ☐ 6 tranches de pain de mie (b)
- ☐ 100 g de châtaignes en bocal (b)
- ☐ 50 g de cranberries séchées (b)
- ☐ 50 g de pain d'épices (c)
- ☐ 250 g de pruneaux (c)
- ☐ 250 g d'abricot secs (c)
- ☐ 200 g de haricots rouges en boîte (d)
- ☐ 50 g de noix de cajou (d)
- ☐ 200 g de lentilles beluga ou vertes (e)
- ☐ 100 g de semoule (c) utilisée en semaine
- ☐ 20 g d'amandes effilées (c) utilisées en semaine
- ☐ 8 tortillas de maïs (d) utilisées en semaine

DANS VOTRE PLACARD

- ☐ Sel, poivre, herbes de Provence, étoile de badiane, bâtons de cannelle, cannelle moulue, gingembre moulu, cumin, piment d'Espelette, paprika fumé, origan séché, ail semoule, coriandre moulue, 1 bouquet garni
- ☐ Farine (a)
- ☐ 2 c. à soupe de miel (c)
- ☐ 1,85 l de bouillon de légumes (b : 0,35/e : 1,5), 30 cl de bouillon de volaille (c)
- ☐ Moutarde (b)
- ☐ Vinaigre balsamique (b)
- ☐ Huile d'olive

VIANDE ET CHARCUTERIE

- ☐ 800 g de bœuf pour bourguignon (a)
- ☐ 200 g de poitrine fumée (a)
- ☐ 1 kg de hauts de cuisses de poulet (c)

LES ACCOMPAGNEMENTS À PRÉVOIR

- Vous pouvez servir le bœuf bourguignon avec des pâtes fraîches.
- Accompagnez les tacos de salade verte et/ou de crudités.

VENDREDI
MARDI
JEUDI

MERCREDI
MARDI
LUNDI
JEUDI
Moulinex
cookeo

Les préparations DU WEEK-END

1

DÉCOUPEZ ET PRÉPAREZ LES INGRÉDIENTS DES PREMIÈRES RECETTES

Épluchez les oignons et ciselez-les finement.

Pelez et dégermez les gousses d'ail.

(b) Pelez le panais et coupez-le en bâtonnets.

(b) Retirez la croûte du pain de mie et coupez-le en cubes.

(a/b/e) Épluchez les carottes et coupez-en 3 en rondelles, 1 en bâtonnets et 2 en petits dés.

(b/d/e) Épluchez la patate douce, coupez-en les deux tiers en gros cubes et le reste en petits dés.

2

LANCEZ LA GARNITURE DU GRATIN AU COOKEO

(b) Dans la cuve du Cookeo, faites revenir ½ oignon jaune et 1 gousse d'ail pressée dans un filet d'huile d'olive en **mode dorer**. Ajoutez la moitié des gros cubes de patate douce, 1 carotte et le panais en bâtonnets, 1 c. à café d'herbes de Provence, salez et poivrez. Mélangez et laissez dorer 3 min en remuant. Ajoutez 1 c. à soupe de vinaigre balsamique, 1 c. à café de moutarde et 25 cl de bouillon de légumes, mélangez bien, puis lancez le **mode sous pression** pour 10 min. À la fin de la cuisson, ajoutez les châtaignes égouttées.

♦ Laissez refroidir, puis placez dans un contenant hermétique au frais.

3

PENDANT CE TEMPS, PRÉPAREZ LA SUITE DES INGRÉDIENTS

(e) Épluchez le céleri et coupez-le en tronçons, puis hachez grossièrement les feuilles.

4

PRÉPAREZ LE TOPPING DU GRATIN (HORS COOKEO)

(b) Dans une poêle, faites revenir ½ oignon jaune dans un peu d'huile d'olive. Ajoutez les cranberries séchées et les cubes de pain de mie. Parsemez d'herbes de Provence, salez et poivrez. Mélangez bien et ajoutez 10 cl de bouillon de légumes. Faites cuire à feu vif 2 min en remuant délicatement pour ne pas réduire le pain en bouillie.

♦ Laissez refroidir, puis placez dans un contenant hermétique au frais.

5

ENCHAÎNEZ AVEC LA SOUPE AU COOKEO

(e) Rincez la cuve du Cookeo. Faites-y revenir 1 oignon ciselé et 4 gousses d'ail pressées dans un filet d'huile d'olive en **mode dorer**. Ajoutez les 2 carottes et 350 g de patates douces en petits dés et les tronçons de céleri. Saupoudrez de 1 c. à café de cumin, ½ c. à café de paprika, ½ c. à café de coriandre et 1 pincée de cannelle, salez et poivrez. Laissez cuire en remuant 2 min, puis couvrez de 1,5 l de bouillon de légumes. Ajoutez les lentilles, mélangez, puis lancez le **mode sous pression** pour 12 min. À la fin de la cuisson, lancez le **mode maintien au chaud** et prélevez la moitié de la soupe pour la mixer. Remettez la soupe mixée avec les feuilles du céleri dans la cuve et mélangez bien. Faites cuire encore 2 min en **mode mijoter**.

♦ Laissez refroidir, puis placez dans un contenant hermétique au frais.

6

PENDANT CE TEMPS, PRÉPAREZ LE RESTE DES INGRÉDIENTS

(a) Brossez les champignons et coupez-les en lamelles.

(a) Coupez la poitrine fumée en gros lardons.

(c) Coupez le pain d'épices en petits cubes.

(d) Ôtez les feuilles du chou-fleur et détaillez-le en fleurettes.

7

ENCHAÎNEZ AVEC LE BOURGUIGNON AU COOKEO

(a) Rincez la cuve du Cookeo. Faites-y revenir les lardons avec 1 oignon ciselé 2 min en **mode dorer**. Ajoutez la viande pour bourguignon et laissez dorer de tous les côtés. Ajoutez les rondelles de carottes, les lamelles de champignons et 1 bouquet garni, mélangez bien et laissez cuire encore 2 min en remuant. Saupoudrez de 2 c. à soupe de farine, mélangez, puis ajoutez le vin rouge et 10 cl d'eau. Salez et poivrez, mélangez bien et lancez le **mode sous pression** pour 35 min.

♦ Laissez refroidir, puis placez dans un contenant hermétique au frais.

8

PENDANT CE TEMPS, PRÉPAREZ LA GARNITURE DES TACOS (HORS COOKEO)

Préchauffez le four à 180 °C.

(d) Dans un saladier, mélangez les fleurettes de chou-fleur et le reste des cubes de patate douce et arrosez généreusement d'huile d'olive. Ajoutez ½ c. à café de cumin, 1 pincée de piment d'Espelette, 1 c. à café d'ail semoule et 1 c. à café d'origan séché. Mélangez bien, puis versez le mélange sur une plaque recouverte de papier sulfurisé. Enfournez pour 20 à 25 min en remuant de temps en temps. À la sortie du four, ajoutez les haricots rouges égouttés.

♦ Laissez refroidir, puis placez dans un contenant hermétique au frais.

9

PRÉPAREZ LA SAUCE DES TACOS (HORS COOKEO)

(d) Mettez les noix de cajou dans un mixeur ou un blender. Ajoutez 1 gousse d'ail, ½ c. à café de paprika fumé, ½ c. à café de cumin, 1 pincée de sel et le jus de 1 citron vert. Ajoutez un tout petit peu d'eau et mixez. Ajoutez de l'eau petit à petit jusqu'à obtenir une sauce crémeuse.

♦ Placez dans un bocal hermétique au frais.

10

TERMINEZ AVEC LE TAJINE AU COOKEO

(c) Rincez la cuve du Cookeo. Faites-y revenir 1 oignon, le pain d'épices, les pruneaux et les abricots secs dans un peu d'huile d'olive 5 min en **mode dorer**. Retirez de la cuve, puis mettez le poulet à dorer sur toutes les faces (au besoin rajoutez un peu d'huile d'olive) avec les 2 bâtons de cannelle, 1 étoile de badiane, 1 c. à café de gingembre moulu et ½ c. à café de cumin. Ajoutez 2 c. à soupe de miel, puis laissez caraméliser légèrement. Remettez les fruits dans la cuve et ajoutez 30 cl de bouillon de volaille. Rectifiez l'assaisonnement et lancez le **mode sous pression** pour 30 min.

♦ Laissez refroidir, puis placez dans un contenant hermétique au frais.

Les assemblages
À FAIRE EN SEMAINE

Lundi **(a)**

BŒUF BOURGUIGNON EXPRESS

Ma préparation : le bœuf bourguignon

Réchauffez le bœuf bourguignon à la casserole à feu doux ou au Cookeo.

Servez éventuellement avec des pâtes fraîches.

Mardi **(b)**

GRATIN AUX LÉGUMES D'HIVER

Mes préparations : la garniture de légumes, le topping de pain de mie et cranberries

Déposez la garniture dans un plat à gratin ou dans des petits bocaux individuels, puis ajoutez le topping aux cranberries. Enfournez pour 20 à 25 min à 180 °C. Si le dessus brunit trop, couvrez de papier sulfurisé.

Mercredi **(c)**

TAJINE DE POULET AUX PRUNEAUX ET ÉPICES

Ma préparation : le tajine

› *J'ajoute : 100 g de semoule, 20 g d'amandes effilées, 1 petit bouquet de coriandre*

Réchauffez le tajine à la casserole à feu doux ou au Cookeo.

Pendant ce temps, préparez la semoule en suivant les indications du paquet.

Servez parsemé de coriandre ciselée avec la semoule garnie d'amandes effilées.

Jeudi **(d)**

TACOS VÉGÉTARIENS AU CHOU-FLEUR ET PATATE DOUCE

Mes préparations : la garniture des tacos, la sauce

› *J'ajoute : 8 tortillas de maïs, 1 avocat, 1 citron vert, piment d'Espelette*

Réchauffez les tortillas et la garniture au chou-fleur au four à 160 °C ou au micro-ondes.

Pendant ce temps, écrasez l'avocat avec le jus de citron vert. Assaisonnez en sel, poivre et piment d'Espelette. Garnissez les tortillas avec les légumes, un peu de purée d'avocat et nappez de la sauce aux noix de cajou.

Servez éventuellement avec une salade verte et/ou des crudités.

Vendredi **(e)**

SOUPE AUX LENTILLES ET PATATES DOUCES

Ma préparation : la soupe

Réchauffez la soupe à la casserole à feu doux.

menu 49

Le menu de la semaine

LUNDI (A)

CARBONADE FLAMANDE

2-3 jours au réfrigérateur, peut être congelée

MARDI (B)

RAMEN AU POULET

2-3 jours au réfrigérateur, peut être congelé

MERCREDI (C)

NUGGETS DE POIS CHICHES ET CRUDITÉS

3-4 jours au réfrigérateur, peuvent être congelés

JEUDI (D)

RIZ AUX ÉPICES, POIS CHICHES ET RAISINS

4-5 jours au réfrigérateur, peut être congelé

VENDREDI (E)

POTÉE DE HARICOTS ET PATATES DOUCES

4-5 jours au réfrigérateur, peut être congelée

La liste des courses

POUR 4 PERSONNES

Coût : environ 60 €

FRUITS ET LÉGUMES

- ☐ 5 carottes (a : 2/b : 1/c : 2)
- ☐ 4 oignons jaunes (a : 1/b : 1/c : 1/d : 1)
- ☐ 2 citrons verts (b : 1/c : 1)
- ☐ 1 petit brocoli (b/e)
- ☐ 1 petit poireau (c)
- ☐ 1 betterave rouge (c)
- ☐ 4 gousses d'ail (c : 2/e : 2)
- ☐ 800 g de patates douces (e)
- ☐ 1 oignon rouge (e)
- ☐ 2 brins de coriandre (b) utilisés en semaine
- ☐ 200 g de mâche (c) utilisée en semaine

DANS VOTRE PLACARD

- ☐ Sel, poivre, origan séché, paprika fumé, graines de cumin, curry, cannelle, coriandre moulue, curcuma, 1 bouquet garni
- ☐ 1 c. à soupe de vergeoise ou de cassonade (a)
- ☐ 2 c. à soupe de farine (a)
- ☐ 50 g de chapelure (c)
- ☐ 30 cl de bouillon de légumes (e)
- ☐ Moutarde à l'ancienne
- ☐ Sauce soja (b)
- ☐ Vinaigre doux
- ☐ Huile d'olive, huile de colza, huile de sésame, huile de friture

ÉPICERIE

- ☐ 30 cl de bière ambrée (a)
- ☐ 2 tranches de pain d'épices (a)
- ☐ 1 c. à soupe de pâte de curry vert (b)
- ☐ 10 cl de lait de coco (b)
- ☐ 1 c. à soupe de tahini (c)
- ☐ 10 cl de crème de coco (c)
- ☐ 650 g de pois chiches en boîte (c : 400/d : 250)
- ☐ 350 g de riz sauvage (d)
- ☐ 50 g de raisins secs (d)
- ☐ 400 g de haricots rouges en boîte (e)
- ☐ 400 g de tomates concassées (e)
- ☐ 70 g de concentré de tomate (e)
- ☐ 200 g de nouilles ramen (b) utilisées en semaine
- ☐ 30 g de cacahuètes grillées à sec (b) utilisées en semaine
- ☐ 30 g de noix (c) utilisées en semaine

CRÉMERIE

- ☐ 2 œufs (c)

VIANDE ET CHARCUTERIE

- ☐ 600 g de paleron de bœuf (a)
- ☐ 150 g de lardons fumés (a)
- ☐ 4 escalopes de poulet (b)

LES ACCOMPAGNEMENTS À PRÉVOIR

- Vous pouvez accompagner la carbonade de frites et/ou de salade verte.
- Vous pouvez servir le riz aux épices sous forme de « buddha bowl » en y ajoutant des crudités et la protéine de votre choix : viande grillée, œuf au plat, tofu...
- Prévoyez du riz ou du quinoa pour accompagner la potée.

MERCREDI
LUNDI
MERCREDI
JEUDI

VENDREDI
MERCREDI
MARDI
MERCREDI

Les préparations DU WEEK-END

1

LANCEZ LA PREMIÈRE PRÉPARATION

(b) Coupez le poulet en dés d'environ 3 cm et mettez-les dans un plat. Arrosez du jus de 1 citron vert, ajoutez 1 c. à soupe d'huile de sésame et 1 c. à soupe de sauce soja. Mélangez bien et laissez mariner 30 min au frais.

2

DÉCOUPEZ ET PRÉPAREZ LES INGRÉDIENTS DES PREMIÈRES RECETTES

Épluchez les oignons et ciselez-les finement.

Pelez et dégermez les gousses d'ail.

3

LANCEZ LE RIZ AUX ÉPICES AU COOKEO

(d) Dans la cuve du Cookeo, faites revenir 1 oignon jaune ciselé dans un peu d'huile d'olive 1 min en **mode dorer**. Ajoutez le riz sauvage et mélangez pour bien enrober les grains. Ajoutez les raisins secs, 2 c. à café de graines de cumin, 1 c. à café de curry, ½ c. à café de cannelle et 40 cl d'eau. Salez et poivrez. Lancez le **mode sous pression** pour 9 min. À la fin de la cuisson, retirez l'excédent d'eau et ajoutez 250 g de pois chiches égouttés.

♦ Laissez refroidir, puis placez dans un contenant hermétique au frais.

4

PENDANT CE TEMPS, PRÉPAREZ LA SUITE DES INGRÉDIENTS

(e) Épluchez la patate douce et coupez-la en cubes.

(b/e) Détachez les fleurettes du brocoli, épluchez le pied et détaillez-le en petits cubes.

5

ENCHAÎNEZ AVEC LA POTÉE AU COOKEO

(e) Rincez la cuve du Cookeo. Faites-y revenir l'oignon rouge ciselé et 2 gousses d'ail pressées dans un peu d'huile d'olive 1 min en **mode dorer**. Ajoutez les cubes de patate douce et le pied de brocoli, ½ c. à café de coriandre moulue, ½ c. à café de curcuma, ½ c. à café de paprika, salez et poivrez. Mélangez bien et laissez cuire 2 min. Ajoutez les tomates concassées, le concentré de tomate, les haricots rouges égouttés et 30 cl de bouillon de légumes. Lancez le **mode sous pression** pour 10 min.

♦ Laissez refroidir, puis placez dans un contenant hermétique au frais.

6

PENDANT CE TEMPS, PRÉPAREZ LA SUITE DES INGRÉDIENTS

(a/b/c) Épluchez les carottes. Coupez-en 1 en bâtonnets, 2 en rondelles et râpez-en 2.

(c) Ôtez les premières feuilles du poireau, coupez-le en 4 dans la longueur et nettoyez-le bien. Taillez-le en julienne fine.

7

PRÉPAREZ LES NUGGETS DE POIS CHICHES (HORS COOKEO)

(c) Mettez dans le bol d'un mixeur 1 carotte râpée, le poireau en julienne, 400 g de pois chiches égouttés, les œufs, 50 g de chapelure, 1 oignon jaune ciselé, 2 gousses d'ail, 1 c. à café d'origan séché, 1 c. à soupe de paprika fumé, 1 c. à soupe d'huile d'olive, salez et poivrez. Mixez jusqu'à obtenir une pâte homogène épaisse qui reste collante (ajoutez de la chapelure si elle est trop liquide). Réservez au frais.

8

ENCHAÎNEZ AVEC LA GARNITURE DES RAMEN AU COOKEO

(b) Rincez la cuve du Cookeo. Faites-y revenir 1 oignon jaune ciselé dans un filet d'huile d'olive en **mode dorer**. Ajoutez le poulet et sa marinade et faites bien dorer sur toutes les faces pendant 2 min. Ajoutez la carotte en bâtonnets et les fleurettes de brocoli et faites cuire encore 1 min. Ajoutez 1 c. à soupe de pâte de curry vert, le lait de coco et 30 cl d'eau. Mélangez bien, puis lancez le **mode sous pression** pour 5 min.

♦ Laissez refroidir, puis placez dans un contenant hermétique au frais.

9

PENDANT CE TEMPS, PRÉPAREZ LE RESTE DES INGRÉDIENTS

(a) Coupez le paleron de bœuf en gros cubes.

(c) Épluchez la betterave et râpez-la.

♦ Placez-la dans un contenant hermétique au frais avec la carotte râpée restante.

10

ENCHAÎNEZ AVEC LA CARBONADE AU COOKEO

(a) Rincez la cuve du Cookeo. Faites-y revenir les cubes de bœuf dans un filet d'huile de colza 2 min en **mode dorer** en remuant. Réservez, puis mettez dans la cuve 1 oignon jaune ciselé, les rondelles de carottes et les lardons fumés. Laissez cuire 1 min, puis remettez la viande. Saupoudrez de 2 c. à soupe de farine et mélangez bien. Ajoutez la bière ambrée, le bouquet garni et 1 c. à soupe de vergeoise, puis mélangez bien. Tartinez les tranches de pain d'épices de moutarde et déposez-les sur la viande, côté moutarde vers le bas. Lancez le **mode sous pression** pour 40 min.

♦ Laissez refroidir, puis placez dans un contenant hermétique au frais.

11

FAITES CUIRE LES NUGGETS (HORS COOKEO)

(c) Prélevez la pâte aux pois chiches à l'aide de 2 c. à soupe et façonnez des croquettes. Déposez-les dans une sauteuse bien chaude avec un fond d'huile de friture. Faites cuire 3 min de chaque côté, puis déposez sur un papier absorbant.

♦ Laissez refroidir, puis placez dans un contenant hermétique au frais.

12

PRÉPAREZ LA SAUCE DES NUGGETS (HORS COOKEO)

(c) Mélangez 1 c. à soupe de tahini, la crème de coco et le jus de 1 citron vert. Salez et poivrez.

♦ Placez dans un bocal hermétique au frais.

13

TERMINEZ AVEC LA VINAIGRETTE (HORS COOKEO)

(c) Mélangez 5 c. à soupe de vinaigre doux, 1 c. à soupe de moutarde à l'ancienne et 5 c. à soupe d'huile d'olive. Salez et poivrez.

♦ Placez dans un bocal hermétique au frais.

Les assemblages
À FAIRE EN SEMAINE

Lundi **(a)**

CARBONADE FLAMANDE

Ma préparation : la carbonade

Réchauffez la carbonade à la casserole à feu doux.

Servez éventuellement avec des frites et/ou une salade verte.

Mardi **(b)**

RAMEN AU POULET

Ma préparation : la préparation au poulet

› *J'ajoute : 200 g de ramen, 30 g de cacahuètes grillées, 2 brins de coriandre*

Faites cuire les ramen en suivant les indications du paquet.

Pendant ce temps, réchauffez le poulet à la casserole.

Égouttez les pâtes puis ajoutez-les au poulet et mélangez. Servez bien chaud en agrémentant de coriandre et de cacahuètes concassées.

Mercredi **(c)**

NUGGETS DE POIS CHICHES ET CRUDITÉS

Mes préparations : les nuggets, les crudités, la sauce des nuggets, la vinaigrette

› *J'ajoute : 200 g de mâche, 30 g de noix*

Réchauffez les nuggets au four ou au micro-ondes.

Dans un saladier, mélangez la mâche avec les carottes et betteraves râpées, les noix et la vinaigrette. Servez avec la sauce tahini.

Jeudi **(d)**

RIZ AUX ÉPICES, POIS CHICHES ET RAISINS

Ma préparation : le riz aux épices

Réchauffez le riz aux épices à la casserole à feu doux ou au micro-ondes.

Servez avec des crudités et/ou la protéine de votre choix.

Vendredi **(e)**

POTÉE DE HARICOTS ET PATATES DOUCES

Ma préparation : la potée

Réchauffez la potée à la casserole à feu doux.

Servez éventuellement avec du riz ou du quinoa.

menu 50

Le menu de la semaine

LUNDI (A)

SOUPE CRÉMEUSE
AU BROCOLI

2-3 jours au réfrigérateur, peut être congelée

MARDI (B)

IRISH BEEF
STEW

2-3 jours au réfrigérateur, peut être congelé

MERCREDI (C)

CURRY DE CHOU-FLEUR
AU LAIT DE COCO

3-4 jours au réfrigérateur, peut être congelé

JEUDI (D)

POTIMARRON RÔTI,
QUINOA ET CHÈVRE

4-5 jours au réfrigérateur, peut être congelé

VENDREDI (E)

DAHL DE LENTILLES VERTES,
PATATES DOUCES ET POTIMARRON

4-5 jours au réfrigérateur, peut être congelé

La liste des courses
POUR 4 PERSONNES

Coût : environ 50 €

FRUITS ET LÉGUMES

- ☐ 1 brocoli (a)
- ☐ 7 gousses d'ail (a : 2/b : 1/d : 4)
- ☐ 4 carottes (a : 1/b : 2/e : 1)
- ☐ 1 chou-fleur (a/c)
- ☐ 3 oignons jaunes (a : 1/c : 1/e : 1)
- ☐ 200 g de champignons de Paris (b)
- ☐ 3 petits navets boule d'or (b)
- ☐ 4 échalotes (b)
- ☐ 200 g de pousses d'épinards (c)
- ☐ 1 gros potimarron ou 2 petits (d/e)
- ☐ 400 g de patate douce (e)

DANS VOTRE PLACARD

- ☐ Sel, poivre, 1 branche de romarin séché, zaatar, curry, garam masala, curcuma, bâtons de cannelle, 2 feuilles de laurier
- ☐ 70 g de farine (a : 50 g/ b : 2 c. à soupe)
- ☐ 1,2 l de bouillon de légumes (a : 1/b : 0,2)
- ☐ Moutarde (a)
- ☐ Huile d'olive, huile de colza, huile de pépins de courge (d)

ÉPICERIE

- ☐ 12,5 cl de vin rouge (b)
- ☐ 200 g de pois chiches en boîte (c)
- ☐ 1,2 kg de tomates concassées (c : 0,4/b : 0,8)
- ☐ 50 cl de lait de coco (c : 20/e : 30)
- ☐ 120 g de quinoa (d)
- ☐ 100 g de lentilles noires beluga (ou de lentilles vertes) (e)
- ☐ 200 g de lentilles vertes (e)
- ☐ 30 g de noisettes (d) utilisées en semaine
- ☐ 80 g de semoule (e) utilisée en semaine

CRÉMERIE

- ☐ 40 cl de lait (a)
- ☐ 100 g de cheddar (a) utilisé en semaine
- ☐ 300 g de pâtes fraîches (b) utilisées en semaine
- ☐ 2 crottins de chèvre affinés (d) utilisés en semaine

VIANDE

- ☐ 900 g de paleron de bœuf (b)

LES ACCOMPAGNEMENTS À PRÉVOIR

- Pour un plat plus complet, vous pouvez ajouter des petites pâtes (type vermicelles ou langues d'oiseau) dans la soupe au moment de la réchauffer.
- Vous pouvez ajouter une protéine au potimarron rôti : une viande grillée, des œufs ou une protéine végétale.
- Prévoyez du riz ou une autre céréale (boulgour, quinoa...) pour servir avec le curry.

LUNDI
JEUDI

VENDREDI
MARDI
MERCREDI

Les préparations DU WEEK-END

1

LANCEZ LES PREMIÈRES PRÉPARATIONS ET CUISSONS

Préchauffez le four à 180 °C en chaleur tournante (ou 200 °C en statique).

(d) Rincez le quinoa. Mettez-le dans la cuve du Cookeo avec les lentilles noires, couvrez largement d'eau salée et lancez le **mode sous pression** pour 8 min. Égouttez.

♦ Laissez refroidir, puis placez dans un contenant hermétique au frais.

(d/e) Coupez le potimarron en 2 et retirez les graines (s'il est bio il n'est pas nécessaire de le peler). Coupez-en les trois quarts en lamelles et le reste en petits dés.

(d) Déposez les lamelles de potimarron sur une plaque recouverte de papier sulfurisé, ajoutez 4 gousses d'ail écrasées du plat du couteau, 1 branche de romarin séché, salez et poivrez, puis arrosez généreusement d'huile d'olive. Enfournez pour 25 min en retournant à mi-cuisson.

♦ Laissez refroidir, puis placez dans un contenant hermétique au frais.

2

DÉCOUPEZ ET PRÉPAREZ LES INGRÉDIENTS DES PREMIÈRES RECETTES

Épluchez les oignons et ciselez-les finement.

Coupez les échalotes en 4 dans la longueur.

Pelez et dégermez les gousses d'ail restantes.

(e) Épluchez la patate douce et coupez-la en petits dés.

(a/b/e) Épluchez les carottes et coupez-les en petits dés.

3

LANCEZ LE DAHL AU COOKEO

(e) Rincez la cuve du Cookeo. Faites-y revenir 1 oignon jaune dans un filet d'huile de colza en **mode dorer**. Ajoutez les petits dés de potimarron, de patate douce et de 1 carotte, 1 c. à café de curry, 1 c. à café de garam masala et 2 bâtons de cannelle. Mélangez, puis ajoutez les lentilles vertes, 30 cl de lait de coco et 10 cl d'eau. Salez et poivrez, mélangez bien, puis lancez le **mode sous pression** pour 15 min.

♦ Laissez refroidir, puis placez dans un contenant hermétique au frais.

4

PENDANT CE TEMPS, PRÉPAREZ LA SUITE DES INGRÉDIENTS

(a/c) Détachez les fleurettes du chou-fleur.

(c) Équeutez les épinards et hachez-les grossièrement.

5

ENCHAÎNEZ AVEC LE CURRY AU COOKEO

(c) Rincez la cuve du Cookeo. Faites-y revenir 1 oignon jaune dans un filet d'huile d'olive en **mode dorer**. Ajoutez les épinards, 1 c. à soupe de curry, 1 c. à café de curcuma, salez et poivrez, puis laissez cuire 2 à 3 min en remuant. Ajoutez les trois quarts du chou-fleur, les pois chiches égouttés, 20 cl de lait de coco et 400 g de tomates concassées. Mélangez bien et rectifiez l'assaisonnement. Lancez le **mode sous pression** pour 15 min.

♦ LLaissez refroidir, puis placez dans un contenant hermétique au frais.

6

PENDANT CE TEMPS, PRÉPAREZ LA SUITE DES INGRÉDIENTS

(a) Détachez les fleurettes du brocoli, épluchez le pied et coupez-le en cubes.

(b) Épluchez les navets et coupez-les en quartiers.

7

ENCHAÎNEZ AVEC LA SOUPE AU COOKEO

(a) Rincez la cuve du Cookeo. Faites-y revenir 1 oignon jaune, 2 gousses d'ail pressées et 1 carotte dans un filet d'huile de colza en **mode dorer**. Laissez cuire 2 à 3 min en mélangeant, puis saupoudrez de 50 g de farine et mélangez bien pour enrober. Ajoutez 1 c. à soupe de moutarde, puis le lait petit à petit en remuant pour obtenir un roux qui va épaissir la soupe. Ajoutez enfin 1 l de bouillon de légumes, les fleurettes et le pied du brocoli et le reste du chou-fleur (vous pouvez réserver quelques fleurettes à ajouter dans la soupe mixée pour une touche de croquant). Lancez le **mode sous pression** pour 15 min. Mixez.

♦ Laissez refroidir, puis placez dans un contenant hermétique au frais.

8

PENDANT CE TEMPS, PRÉPAREZ LE RESTE DES INGRÉDIENTS

(b) Brossez les champignons et coupez-les en 4.

(b) Coupez le bœuf en cubes d'environ 3 cm, salez et poivrez les morceaux.

9

TERMINEZ AVEC L'IRISH BEEF STEW AU COOKEO

(b) Rincez la cuve du Cookeo. Faites-y revenir les cubes de bœuf sur toutes les faces dans un filet d'huile d'olive en **mode dorer**. Ajoutez les échalotes et laissez caraméliser 2 min, puis ajoutez les champignons, le reste de carottes en dés, les navets, 1 gousse d'ail pressée et 2 feuilles de laurier. Saupoudrez avec 2 c. à soupe de farine et laissez cuire 1 min en remuant. Ajoutez le vin rouge, 20 cl de bouillon de légumes et 800 g de tomates concassées. Grattez bien le fond de la cuve avec une cuillère en bois pour détacher tous les sucs, puis lancez le **mode sous pression** pour 30 min.

♦ Laissez refroidir, puis placez dans un contenant hermétique au frais.

Les assemblages
À FAIRE EN SEMAINE

Lundi **(a)**

SOUPE CRÉMEUSE AU BROCOLI

Ma préparation : la soupe

› *J'ajoute : 100 g de cheddar*

Réchauffez la soupe à la casserole à feu doux, puis ajoutez le cheddar et laissez fondre.

Servez aussitôt.

Mardi **(b)**

IRISH BEEF STEW

Ma préparation : le ragoût de bœuf

› *J'ajoute : 300 g de pâtes fraîches*

Réchauffez le ragoût à la casserole à feu doux.

Pendant ce temps, faites cuire les pâtes fraîches en suivant les indications du paquet.

Mercredi **(c)**

CURRY DE CHOU-FLEUR AU LAIT DE COCO

Ma préparation : le curry

Réchauffez le curry à la casserole à feu doux.

Servez éventuellement avec du riz ou une autre céréale.

Jeudi **(d)**

POTIMARRON RÔTI, QUINOA ET CHÈVRE

Mes préparations : le quinoa et les lentilles, le potimarron grillé

› *J'ajoute : 2 crottins de chèvre affinés, 30 g de noisettes, huile de pépins de courge*

Réchauffez le quinoa, les lentilles et les tranches de potimarron au micro-ondes.

Dressez les assiettes, ajoutez les crottins de chèvre coupés en dés. Assaisonnez d'un filet d'huile de pépins de courge (ou d'huile de votre choix) et parsemez de noisettes concassées.

Vendredi **(e)**

DAHL DE LENTILLES VERTES, PATATES DOUCES ET POTIMARRON

Ma préparation : le dahl

› *J'ajoute : 80 g de semoule*

Réchauffez le dahl à la casserole à feu doux.

Pendant ce temps, préparez la semoule en suivant les indications du paquet.

menu 51

Le menu de la semaine

LUNDI (A)

POULET
CHOW MEIN

2 jours au réfrigérateur, peut être congelé

MARDI (B)

LENTILLES BOLOGNAISES
AU CHORIZO

3 jours au réfrigérateur, peuvent être congelées

MERCREDI (C)

BOULETTES DE BŒUF
CARAMÉLISÉES

3 jours au réfrigérateur, peuvent être congelées

JEUDI (D)

PÂTES ALFREDO
AU CHOU-FLEUR

4 jours au réfrigérateur, peuvent être congelées

VENDREDI (E)

COCOTTE DE LÉGUMES
AU BOULGOUR

5 jours au réfrigérateur, peut être congelée

La liste des courses
POUR 4 PERSONNES

Coût : environ 55 €

FRUITS ET LÉGUMES

- ☐ 100 g de pois mange-tout (frais ou surgelés) (a)
- ☐ 150 g de germes de soja (a)
- ☐ 2 oignons nouveaux (a)
- ☐ 4 carottes (a : 1/b : 3)
- ☐ 1 brocoli (a/e)
- ☐ 1 oignon jaune (b)
- ☐ 250 g de champignons de Paris (c)
- ☐ 1 oignon rouge (c)
- ☐ 1 échalote (c)
- ☐ 3 gousses d'ail (c : 1/d : 2)
- ☐ 1 citron jaune (d)
- ☐ 350 g de courge au choix (e)
- ☐ 1 petit rutabaga (e)
- ☐ 5 topinambours (e)
- ☐ 3 tiges de blettes (e)

CRÉMERIE

- ☐ 1 œuf (c)

DANS VOTRE PLACARD

- ☐ Sel, poivre, paprika fumé, herbes de Provence
- ☐ 3 c. à soupe de chapelure (c)
- ☐ 1 c. à soupe de fécule de maïs (a) utilisée en semaine
- ☐ 2 cubes de bouillon de légumes (b : 1/e : 1).
  1 cube de bouillon de volaille (a)
- ☐ Moutarde à l'ancienne (c)
- ☐ Sauce soja salée (a),
  sauce nuoc-mâm (a)
- ☐ Huile d'olive, huile de sésame

ÉPICERIE

- ☐ 30 g de champignons parfumés ou shiitakés séchés (a)
- ☐ 400 g de lentilles vertes ou blondes (b)
- ☐ 400 g de tomates concassées (b)
- ☐ 100 g de sauce barbecue (c)
- ☐ 40 g de sirop d'érable (c)
- ☐ 30 g de noix de cajou non salées (d) à faire tremper la veille
- ☐ 150 g de boulgour (e)
- ☐ 10 châtaignes cuites en bocal (e)
- ☐ 200 g de nouilles chinoises aux œufs (a) utilisées en semaine
- ☐ 300 g de pâtes sèches (d) utilisées en semaine

VIANDE ET CHARCUTERIE

- ☐ 4 filets de poulet (a)
- ☐ 1 chorizo doux ou fort selon votre goût (b)
- ☐ 500 g de viande hachée (c)

SURGELÉS

- ☐ 200 g de haricots verts (c)
- ☐ 300 g de fleurettes de chou-fleur (d)

LES ACCOMPAGNEMENTS À PRÉVOIR

- Vous pouvez accompagner les lentilles bolognaises de la céréale de votre choix.
- Vous pouvez agrémenter la sauce alfredo de petits pois surgelés au moment de réchauffer, ou de jambon sec grillé.
- Servez la cocotte de légumes avec 1 c. à soupe de cream cheese pour un côté gourmand et fondant.

MARDI
MERCREDI

VENDREDI
JEUDI
LUNDI
cookeo

Les préparations DU WEEK-END

1

LANCEZ LES PREMIÈRES PRÉPARATIONS ET CUISSONS

(a) Faites tremper les champignons séchés dans un bol d'eau bouillante.

(a) Découpez le poulet en morceaux et mettez-les dans un plat. Arrosez de 1 c. à soupe de sauce soja, 1 c. à soupe d'huile de sésame et 1 c. à café de sauce nuoc-mâm. Mélangez et laissez mariner 20 min au frais.

(d) Mettez les fleurettes de chou-fleur surgelées dans le panier vapeur du Cookeo. Versez 20 cl d'eau dans la cuve, puis placez-y le panier vapeur. Lancez le **mode sous pression** pour 10 min. Égouttez et réservez.

2

DÉCOUPEZ ET PRÉPAREZ LES INGRÉDIENTS DES PREMIÈRES RECETTES

Épluchez les oignons et ciselez-les finement.

Épluchez l'échalote et ciselez-la finement.

Pelez et dégermez les gousses d'ail.

(a/e) Détachez les fleurettes du brocoli et coupez le pied en petits cubes.

(a/b) Épluchez les carottes, taillez-en 1 en julienne et coupez les 3 autres en rondelles.

(a) Coupez les pois mange-tout en tronçons d'environ 2 cm.

(c) Coupez les champignons en 4.

(b) Coupez le chorizo en rondelles.

3

ENCHAÎNEZ AVEC LE POULET AU COOKEO

(a) Rincez la cuve du Cookeo. Faites-y revenir le poulet avec sa marinade dans un filet d'huile de sésame en **mode dorer**. Lorsque le poulet est bien doré, ajoutez les oignons nouveaux, les champignons réhydratés, les fleurettes de brocoli, la carotte en julienne et les pois mange-tout, laissez dorer 3 min en remuant. Ajoutez 1 cube de bouillon de volaille émietté, les germes de soja et 40 cl d'eau. Lancez le **mode sous pression** pour 5 min.

♦ Laissez refroidir, puis placez dans un contenant hermétique au frais.

4

PENDANT CE TEMPS, PRÉPAREZ LES BOULETTES (HORS COOKEO)

(c) Dans un bol, mélangez la viande hachée, 3 c. à soupe de chapelure, l'échalote ciselée, 1 gousse d'ail, 1 œuf et 1 c. à café d'herbes de Provence. Salez et poivrez généreusement, puis mélangez bien. Façonnez des boulettes d'environ 30 g (ajoutez de la chapelure si la farce est trop humide). Réservez au frais.

5

ENCHAÎNEZ AVEC LES LENTILLES AU COOKEO

(b) Rincez la cuve du Cookeo. Faites-y revenir l'oignon jaune émincé et les rondelles de chorizo et de carottes dans un peu d'huile d'olive 2 min en **mode dorer**. Ajoutez les lentilles et les tomates concassées, puis mélangez bien. Ajoutez 1 cube de bouillon de légumes émietté et 15 cl d'eau. Lancez le **mode sous pression** pour 12 min. Rectifiez l'assaisonnement à votre goût (avec un peu de sauce Worcestershire et de paprika fumé, par exemple).

♦ Laissez refroidir, puis placez dans un contenant hermétique au frais.

6

PENDANT CE TEMPS, FINALISEZ LES BOULETTES (HORS COOKEO)

Préchauffez le four à 180 °C.

(c) Dans un bol, mélangez la sauce barbecue, le sirop d'érable et 1 c. à soupe de moutarde à l'ancienne. Ajoutez les boulettes dans la sauce, enrobez-les bien, puis déposez-les sur une plaque recouverte de papier sulfurisé. Ajoutez autour les quartiers de champignons, l'oignon rouge émincé et les haricots verts encore surgelés. Arrosez d'un filet d'huile d'olive et enfournez pour 20 à 25 min.

♦ Laissez refroidir, puis placez dans un contenant hermétique au frais.

7

PENDANT CE TEMPS, PRÉPAREZ LA SUITE DES INGRÉDIENTS

(e) Pelez et épépinez la courge, puis coupez-la en petits cubes (1 cm).

(e) Épluchez le rutabaga, les topinambours et les blettes, puis coupez-les en petits cubes (1 cm).

8

ENCHAÎNEZ AVEC LA COCOTTE DE LÉGUMES AU COOKEO

(e) Rincez la cuve du Cookeo. Faites-y revenir les cubes de courge, rutabaga, topinambours et blettes, le pied du brocoli et 1 cube de bouillon de légumes émietté dans un filet d'huile d'olive en **mode dorer**. Laissez cuire 3 min en remuant, puis ajoutez 15 cl d'eau et lancez le **mode sous pression** pour 10 min. À la fin de la cuisson, ajoutez le boulgour (ajoutez de l'eau pour couvrir au besoin), puis relancez le **mode sous pression** pour 5 min. Ajoutez les châtaignes égouttées.

♦ Laissez refroidir, puis placez dans un contenant hermétique au frais.

9

TERMINEZ AVEC LA SAUCE AU CHOU-FLEUR (HORS COOKEO)

(d) Mettez le chou-fleur cuit dans un blender avec les noix de cajou trempées, le jus du citron jaune et 2 gousses d'ail, puis mixez finement. Ajoutez si besoin un peu d'eau pour obtenir une sauce épaisse. Rectifiez l'assaisonnement en sel, poivre et herbes de Provence.

♦ Placez dans un contenant hermétique au frais.

Les assemblages
À FAIRE EN SEMAINE

Lundi **(a)**

POULET CHOW MEIN

Ma préparation : la garniture au poulet

› *J'ajoute : 200 g de nouilles chinoises aux œufs, 1 c. à soupe de fécule de maïs*

Placez les nouilles chinoises dans un saladier et couvrez d'eau bouillante, laissez-les tremper 5 min.

Pendant ce temps, réchauffez la garniture au poulet dans un wok ou une sauteuse, puis portez à frémissement. Délayez 1 c. à soupe de fécule de maïs dans un peu du bouillon, puis versez dans le wok, remuez et laissez épaissir à frémissement. Ajoutez les nouilles égouttées et laissez cuire 2 min en remuant.

Mardi **(b)**

LENTILLES BOLOGNAISES AU CHORIZO

Ma préparation : les lentilles au chorizo

Réchauffez les lentilles à la casserole à feu doux en remuant.

Servez éventuellement avec la céréale de votre choix.

Mercredi **(c)**

BOULETTES DE BŒUF CARAMÉLISÉES

Ma préparation : les boulettes et légumes

Réchauffez les boulettes et les légumes 10 à 15 min au four à 160 °C en couvrant si besoin de papier sulfurisé.

Jeudi **(d)**

PÂTES ALFREDO AU CHOU-FLEUR

Ma préparation : la sauce au chou-fleur

› *J'ajoute : 300 g de pâtes sèches*

Faites cuire les pâtes 1 min de moins que les indications du paquet. Égouttez rapidement, puis remettez dans la casserole avec la sauce. Faites réchauffer 1 min à feu doux.

Vendredi **(e)**

COCOTTE DE LÉGUMES AU BOULGOUR

Ma préparation : la cocotte de légumes

Réchauffez la cocotte à la casserole à feu doux.

menu 52

Le menu de la semaine

LUNDI (A)

BOLOGNAISE
EXPRESS

2-3 jours au réfrigérateur, peut être congelée

MARDI (B)

COUSCOUS
EXPRESS

2-3 jours au réfrigérateur, peut être congelé

MERCREDI (C)

RIZ
CANTONAIS

3-4 jours au réfrigérateur, peut être congelé

JEUDI (D)

LENTILLES
AUX ÉPICES DOUCES

4-5 jours au réfrigérateur, peuvent être congelées

VENDREDI (E)

GRATIN DE LÉGUMES
AU CHÈVRE

4-5 jours au réfrigérateur, peut être congelé

La liste des courses

POUR 4 PERSONNES

Coût : environ 50 €

FRUITS ET LÉGUMES

- ☐ 6 oignons jaunes (a : 1/b : 2/c : 1/d : 1/e : 1)
- ☐ 4 gousses d'ail (a : 2/c : 1/d : 1)
- ☐ 450 g de carottes (b : 200/c : 50/d : 200)
- ☐ 4 grosses pommes de terre (e)

SURGELÉS

- ☐ 600 g de courgettes en rondelles (b : 300/e : 300)
- ☐ 100 g de petits pois (c)

DANS VOTRE PLACARD

- ☐ Sel, poivre, ras el-hanout, 2 feuilles de laurier, cumin, curcuma, cannelle
- ☐ Sauce Worcestershire (a)
- ☐ Sauce soja (c)
- ☐ 4 cubes de bouillon de légumes (b : 3/e : 1)
- ☐ 30 cl de bouillon de légumes (d)
- ☐ Huile d'olive, huile de sésame

ÉPICERIE

- ☐ 400 g de tomates concassées (a)
- ☐ 50 cl de coulis de tomate (a)
- ☐ 280 g de concentré de tomate (a : 70/b : 70/d : 140)
- ☐ 200 g de pois chiches en boîte (b)
- ☐ 240 g de riz thaï (c)
- ☐ 100 g de maïs doux en boîte (c)
- ☐ 300 g de lentilles vertes (d)
- ☐ 300 g de pâtes sèches (a) utilisées en semaine
- ☐ 80 g de semoule (b) utilisée en semaine

CRÉMERIE

- ☐ 3 œufs (c) utilisés en semaine
- ☐ 1 bûche de chèvre (e) utilisée en semaine

VIANDE ET CHARCUTERIE

- ☐ 600 g de viande hachée (a)
- ☐ 4 hauts de cuisse de poulet (b)
- ☐ 200 g de dés de jambon (c)
- ☐ 150 g de lardons fumés (e)
- ☐ 8 merguez (b) utilisées en semaine

LES ACCOMPAGNEMENTS À PRÉVOIR

- Vous pouvez servir le riz cantonais avec des nems surgelés.
- Vous pouvez prévoir la protéine de votre choix pour servir avec les lentilles : steak, volaille grillée, œuf au plat...

MARDI
VENDREDI
LUNDI

JEUDI
MERCREDI

Les préparations DU WEEK-END

1

DÉCOUPEZ ET PRÉPAREZ LES INGRÉDIENTS DES PREMIÈRES RECETTES

Épluchez les oignons et ciselez-les finement.

Pelez et dégermez les gousses d'ail.

(b/c/d) Épluchez les carottes et coupez-les en rondelles.

2

LANCEZ LE COUSCOUS AU COOKEO

(b) Dans la cuve du Cookeo, faites revenir 2 oignons jaunes ciselés dans un peu d'huile d'olive 1 min en **mode dorer**, puis ajoutez les hauts de cuisses de poulet. Laissez bien dorer sur toutes les faces, puis ajoutez 1 l d'eau et 3 cubes de bouillon de légumes émiettés, 70 g de concentré de tomate et 200 g de carottes en rondelles. Assaisonnez en ras el-hanout, sel et poivre. Lancez le **mode sous pression** pour 20 min.

3

PENDANT CE TEMPS, PRÉPAREZ LE GRATIN (HORS COOKEO)

(e) Pelez les pommes de terre et coupez-les en cubes d'environ 1 cm. Dans une sauteuse, faites revenir 1 oignon jaune et les lardons fumés. Ajoutez les cubes de pommes de terre et la moitié des courgettes encore surgelées. Ajoutez 1 cube de bouillon de légumes émietté et 10 cl d'eau. Laissez cuire à couvert environ 10 min, jusqu'à ce que les pommes de terre soient tendres.

♦ Laissez refroidir, puis placez dans un contenant hermétique au frais.

5

ENCHAÎNEZ AVEC LA BOLOGNAISE AU COOKEO

(a) Rincez la cuve du Cookeo. Faites-y revenir 1 oignon jaune et 2 gousses d'ail pressées dans un filet d'huile d'olive en **mode dorer**. Ajoutez la viande hachée, salez, poivrez et laissez dorer. Ajoutez les tomates concassées, le coulis de tomate, 70 g de concentré de tomate, 1 c. à soupe de sauce Worcestershire et rectifiez l'assaisonnement. Lancez le **mode sous pression** pour 10 min.

♦ Laissez refroidir, puis placez dans un contenant hermétique au frais.

4

FINALISEZ LA GARNITURE DU COUSCOUS AU COOKEO

(b) À la fin de la cuisson du couscous, ajoutez dans la cuve le reste des courgettes surgelées et les pois chiches égouttés, puis lancez le **mode sous pression** pour 10 min.

♦ Laissez refroidir, puis placez dans un contenant hermétique au frais.

6

ENCHAÎNEZ AVEC LE RIZ CANTONAIS AU COOKEO

(c) Rincez la cuve du Cookeo. Faites-y revenir 1 oignon jaune ciselé et 1 gousse d'ail pressée dans un filet d'huile de sésame en **mode dorer**. Ajoutez 50 g de rondelles de carottes, les dés de jambon, les petits pois surgelés, le maïs égoutté et 1 c. à soupe de sauce soja, puis laissez cuire 1 min en remuant. Ajoutez le riz thaï et 33 cl d'eau, remuez bien, puis lancez le **mode sous pression** pour 7 min.

♦ Laissez refroidir, puis placez dans un contenant hermétique au frais.

7

TERMINEZ AVEC LES LENTILLES AU COOKEO

(d) Rincez la cuve du Cookeo. Faites-y revenir 1 oignon jaune et 1 gousse d'ail pressée dans un peu d'huile d'olive 1 min en **mode dorer**. Ajoutez 140 g de concentré de tomate, 1 feuille de laurier, ½ c. à café de cumin, ½ c. à café de curcuma et ½ c. à café de cannelle. Ajoutez les lentilles vertes, le reste de carottes en rondelles et mouillez à hauteur avec 30 cl de bouillon de légumes. Lancez le **mode sous pression** pour 25 min. Rectifiez l'assaisonnement.

♦ Laissez refroidir, puis placez dans un contenant hermétique au frais.

Les assemblages
À FAIRE EN SEMAINE

Lundi **(a)**

BOLOGNAISE EXPRESS

Ma préparation : la sauce bolognaise

› *J'ajoute : 300 g de pâtes sèches*

Réchauffez la sauce à feu doux à la casserole ou au Cookeo.

Pendant ce temps, faites cuire les pâtes en suivant les indications du paquet.

Mardi **(b)**

COUSCOUS EXPRESS

Ma préparation : la garniture du couscous

› *J'ajoute : 8 merguez, 80 g de semoule*

Dans une poêle, faites griller les merguez.

Pendant ce temps, préparez la semoule en suivant les indications du paquet et réchauffez le bouillon, les légumes et le poulet à la casserole.

Mercredi **(c)**

RIZ CANTONAIS

Ma préparation : le riz cantonais

› *J'ajoute : 3 œufs*

Dans une poêle, faites cuire les œufs battus en omelette, puis découpez-les en petits morceaux. Pendant ce temps, réchauffez le riz cantonais à la casserole à feu doux. Ajoutez les œufs dans le riz, mélangez et servez chaud.

Jeudi **(d)**

LENTILLES AUX ÉPICES DOUCES

Ma préparation : les lentilles

Réchauffez les lentilles à la casserole à feu doux.

Servez éventuellement avec la protéine de votre choix.

Vendredi **(e)**

GRATIN DE LÉGUMES AU CHÈVRE

Ma préparation : la garniture aux pommes de terre et courgettes

› *J'ajoute : 1 bûche de chèvre*

Versez la préparation dans un plat à gratin et couvrez de la bûche de chèvre en rondelles. Enfournez pour 20 min à 180 °C.

Index PAR INGRÉDIENT

Vous souhaitez découvrir de nouvelles recettes pour toutes les occasions, spécialement adaptées

à votre cookeo ?

Retrouvez vite les autres titres déjà parus dans la collection :